国际数字之都4

数字化赋能产教融合

张礼立　王晓刚　主编

中国出版集团 东方出版中心

图书在版编目(CIP)数据

国际数字之都. 4, 数字化赋能产教融合 / 张礼立,
王晓刚主编. -- 上海 : 东方出版中心, 2025. 2.
ISBN 978-7-5473-2666-4

Ⅰ. F299.275.1-62

中国国家版本馆 CIP 数据核字第 2025FD0882 号

国际数字之都 4：数字化赋能产教融合

主　　编　张礼立　王晓刚
责任编辑　万　骏
封面设计　钟　颖

出 版 人　陈义望
出版发行　东方出版中心
地　　址　上海市仙霞路 345 号
邮政编码　200336
电　　话　021-62417400
印 刷 者　上海盛通时代印刷有限公司

开　　本　890mm×1240mm　1/32
印　　张　12.375
字　　数　275 千字
版　　次　2025 年 4 月第 1 版
印　　次　2025 年 4 月第 1 次印刷
定　　价　69.80 元

东方职业教育与产业经济研究院
Oriental Education & Economics Research Institute

《国际数字之都4》编委会

（按姓氏笔画排序）

马张霞	马 波	王佑镁	孔 勇	甘 漫	代 晨	包文君	邢志刚	朱晓姝
朱海华	刘 勇	刘晨霞	许 劼	孙兴洋	杜玉虎	李双全	李双琦	李宁宇
李欢冬	杨 丽	杨继宇	吴 芳	吴 杏	吴 敏	何军辉	何笑丛	张 珂
张洪斌	张恒礼	张恒熙	张 敏	陈 臣	邵 良	郁丽倩	侍大明	周明安
周瑞明	庞 波	赵志群	姜晓敏	洪 林	祝智庭	姚大伟	徐 青	徐 烜
徐 琳	高春津	郭 扬	陶姣姣	黄玉璟	黄慧婷	梅 林	曹佳宜	章晓兰
彭宏春	董建功	韩 生	詹先明	黎 莉	颜如玉			

《国际数字之都4》荣誉评审委员会

（按姓氏笔画排序）

于庆峰　舍弗勒中国区工业事业群研发及新兴业务事业部副总裁
马张霞　江苏省相城中等专业学校校长
王寿斌　江苏职业教育智库首席专家、苏州工业园区职业技术学院副校长
王佑镁　浙江东方职业技术学院校长、党委副书记
王晓刚　江苏中教科信息技术有限公司总经理
方海林　盐城工学院党委书记
石 安　罗克韦尔（中国）有限公司总裁
邢志刚　上海楚豫生物科技有限公司执行董事
吕 忠　清琢智能科技浙江有限公司副总经理
朱坚民　上海出版印刷高等专科学校党委书记
朱桃福　上海市职业教育协会秘书长
朱海华　圣东尼（上海）针织机器有限公司人力资源部行政主管

任君庆　全国高等职业学校校长联席会议秘书长、宁波职业技术学院原副校长

刘　勇　上海博保汽车科技有限公司执行董事

刘晓敏　上海旅游高等专科学校党委书记

江子平　北京煊坤博文图书有限公司董事长

江　冉　北京烨城博文文化传播有限公司总经理

孙兴洋　中国开发区协会人力资源服务与产教融合专委会主任、无锡科技职业学院原校长

苏霄飞　苏州健雄职业技术学院党委书记

李　江　上海工程技术大学党委书记

李琦明　上海市工业技术学校党委书记

李　斌　宣城职业技术学院党委书记

杨七平　上海市聋哑青年技术学校校长

杨晓红　上海市群星职业技术学校党支部书记、校长

余剑珍　上海职工医学院原副院长、上海市卫生学校原副校长

沈　蓝　上海市逸夫职业技术学校校长

沈燕华　上海行健职业学院党委书记

张礼立　上海市海外经济技术促进会会长

林明晖　上海建设管理职业技术学院党委书记

金伟国　上海工商职业技术学院党委书记

金　怡　上海市职业教育协会副会长兼中职分会会长、上海市材料工程学校党委书记

周　凤　上海市现代流通学校校长

周　胜　上海科学技术职业学院党委书记

姜晓敏　上海市产教融合促进会会长、上海市贸易学校原校长

姚秀平　上海工商外国语职业学院校长

贺　瑛　上海东海职业技术学院校长、党委副书记

顾兰英　上海电影艺术职业学院党总支书记

徐　斌　上海里雅投资管理有限公司董事长

高　炬　上海现代化工职业学院党委书记

高春津　中国开发区协会人力资源服务与产教融合专委会专家委员会副主任委员、全国开
　　　　发区职业教育研究院副院长

郭庆松　上海应用技术大学党委书记

郭　杨　上海职业教育协会会长

黄玉璟　中华职业学校党总支副书记、校长

彭广泽　盘古智库成渝院秘书长

褚　敏　上海城建职业学院党委书记

推荐序一

当今世界，科技革命和产业变革加速演进，知识创新加速推进，给教育带来全新的机遇和挑战。中国拥有丰富的科技与应用场景，海量的教育数据资源和终身学习的强大需求，为教育数字化转型、高质量发展和学习型社会构建开辟了广阔空间。2023年，习近平总书记在中共中央政治局第五次集体学习时指出，教育数字化是开辟教育发展新赛道和塑造教育发展新优势的重要突破口，要进一步推进数字教育，为个性化学习、终身学习、扩大优质教育资源覆盖面和教育现代化提供有效支撑。

适应科技革命、数字革命、产业变革新挑战，终身学习与职业能力的重要性日益凸显，职业教育正成为与人的全面发展和经济社会可持续发展关系最紧密的教育类型，支撑中国向制造强国、人才强国、创新强国迈进。当前，中国把职业教育作为国民教育体系和人力资源开发的重要组成部分，把加快发展现代职业教育摆在更加突出的位置，建成了世界上规模最大的现代职业教育体系，形成了政府主导、学校主体、产教融合的职教发展模式，赋予了培养多样化人才、传承技能、促进就业创业的职教功能使命，构建了同产业发展相协调、同市场需求相适应、同社会结构相匹配的现代职业教育体系，致力于培养更多高素质技术技能人才、能工巧匠、大国工匠。同时，积极推动职业教育对外开放，统筹职业教育"引进来"和"走出去"，搭建国际交流合作平台，分享中国职教方案，凝聚职业教育发展共识，携手各国共同推进职业教育发展。

产教融合作为职业教育发展的核心路径，是打通教育链、产业链、人才链的关键举措。企业深度参与人才培养和评价的全过程，提供实践场地、设备和资金支持，将实际需求和行业的最新发展趋势融入专业设置、课程建设以及实践教学、实习就业等各个环节，让学生的学习过程沉浸在真实的工作场景和项目中，熟悉行业的最新技术和操作规范，切实提高人才培养的针对性、实用性和有效性，使学生实现从学校到职场的顺利过渡。

数字化则全方位赋能职业教育的发展和变革，为产教融合的深化提供了强大助力。数字技术的应用能够打破传统产教融合中的信息壁垒，实现教育资源与产业需求的精准对接，通过区块链构建去中心化的产教融合共同体平台，确保共同体内的数据交换、资源共享和协作决策过程更加高效和透明，真正实现资源共建共享，提升各参与主体的价值共创意愿，这将是职业教育深化产教融合的新方向。

未来已来。进入数智时代，我们应充分发挥数字化和人工智能的作用，进一步深化产教融合，扩大国际合作与交流，为职业教育变革和发展注入新的活力。衷心期望社会各界能够积极支持职业教育产教融合和国际合作交流，共同为现代职业教育体系建设贡献力量！

刘利民　博士

中国教育交流协会会长、世界职教联盟主席

推荐序二

习近平总书记在党的十九大报告中强调要"完善职业教育和培训体系,深化产教融合、校企合作",这既是对中国特色职业教育深化改革的要求,也是中国特色职业教育为世界舞台提供智慧和方案的重要支撑。在数字化浪潮席卷全球的今天,教育与产业的深度融合已成为推动社会进步与经济发展的关键驱动力。作为长期关注职业教育产教融合的研究者,我深感《国际数字之都4》的出版,恰逢其时,为这一领域的研究与实践提供了宝贵资源。

几年前我在参加无锡国家高新技术开发区举办的产教融合论坛期间认识了本书的主编之一王晓刚先生,他作为全国开发区职业教育发展联盟秘书长,对于产教融合与数字化转型的独特见解以及积极推动信息技术与职业教育融合取得的成果,令人印象深刻。在新时代数字化转型背景下,他们的实践,正是数字化赋能职业教育的典型范例,也为产教融合提供了生动注解。在编委团队的共同努力下,这本书以其前瞻性和实践性,为职业教育如何应对数字化挑战提供了重要启示。

这本书立足于新时代数字化发展的宏观背景,围绕产教融合与校企合作的热点议题,分为理论研究与实践探索两大部分。该书的上篇聚焦理论研究,从数字化与产教融合的关系入手,深入探讨了数字化技术在职业教育模式创新、产业需求对接以及校企合作深化中的作用,例如华东师范大学祝智庭教授关于《数字达尔文时代的职教数字化转型:发展机遇与行动建议》等文章,具有很大的指导性。下篇的实践探索则从具体应用出发,展示了多家职业院校在数字化赋能产教融合中的成功经验与创新模式,读者可以从中汲取经验,找到适合自身发展的路径与模式,更好地应对数字化时代的机遇与挑战。

数字化赋能产教融合的核心在于构建开放、协同、可持续的生态系统。本书通过理论研究与实践案例的结合,为这一生态系统的构建提供了理论基础与实践经验。它不仅关注技术与工具的运用,更强调职业教育类型特征与产业需求的深度融合。这种系统性的视角,对于推动数字化赋能产教融合的长期发展具有重要意义。我向职业教育工作者推荐这本书,希望它能够成为推动这一领域创新发展的催化剂,为新时代的职业教育与产业深度融合注入新动能,为实现经济社会的高质量发展贡献智慧和力量。

马树超　研究员
上海市职业教育协会名誉会长、
中国高等教育学会学术发展咨询委员会委员

推荐序三

　　职业教育正处于一个历史性的转折点,其重要性日益凸显,成为推动经济社会高质量发展的关键力量。随着我国经济的快速增长和产业结构的持续升级,高素质技术技能型人才的需求愈发迫切,这为职业教育带来了前所未有的发展机遇。受张礼立院长嘱托,为其新作《国际数字之都 4》作序,借此机会,我也愿与大家分享对职业教育在新时代中的新机遇的思考。

　　近年来,国家密集出台了一系列政策,为职业教育发展提供了坚实的政策保障。这些政策不仅明确了职业教育的未来方向,也为产业界与教育界的深度协同指明了路径。产业界应主动与职业院校建立紧密合作,通过共建实训基地、参与课程设计等方式,将企业的实际需求与最新技术融入教学体系,助力培养兼具理论知识与实践能力的"双师型"教师队伍。而教育界则需加速改革创新,优化人才培养模式,围绕产业需求调整专业设置,强化师资队伍建设,并探索职业教育与普通教育的融合发展路径,从而实现教育体系的整体跃升。

　　在职业教育体系中,民办职业院校以其灵活的办学模式和对市场需求的敏锐洞察力,展现出独特的优势。这些学校以创新为驱动,在办学理念、课程设置和招生政策上大胆探索,能够迅速适应市场变化,开设紧跟行业发展的热门专业课程。同时,通过与企业建立深度合作，共建实训基地，推行订单式培养模式，民办职业院校实现了学校、企业和学生的多方共赢，成为职业教育生态中的重要力量。

展望未来，职业教育的发展前景可谓广阔。在国家政策的强力支持下，产业界与教育界的深度合作将为职业教育注入源源不断的活力。民办职业院校应继续发挥自身优势，不断提升教育质量，强化师资队伍建设，同时积极承担社会责任，为地方经济发展和社会进步贡献力量。

数字化时代的到来，为职业教育的创新发展提供了全新的可能性。职业教育应主动拥抱数字化转型，利用数字技术提升教学质量和管理效率，同时注重培养学生的数字素养和技能，以适应未来社会对数字化人才的需求。通过数字技术的赋能，职业教育不仅可以实现教学模式的变革，还能更好地服务于社会和经济的数字化转型。

在这个充满机遇与挑战的时代，产业界、教育界以及民办职业院校应携手并进，共同抓住政策红利，充分挖掘数字科技的潜力，推动职业教育的高质量发展。这不仅是对职业教育的创新突破，更是为我国经济社会高质量发展提供坚实的人才支撑。《国际数字之都 4》正是这样一部记录时代变革的作品，凝聚了对职业教育未来发展的深刻思考。

谨以此序，表达对作者的感谢，也寄望职业教育在数字化浪潮中大放异彩。

钱莹

上海新世纪教育发展有限公司董事长、

上海市民办教育协会副会长

目　录

下篇　产教融合的新实践

上篇

产教融合大家谈

数字达尔文时代的职教数字化转型：
发展机遇与行动建议

　　随着数字技术的蓬勃发展，人工智能所代表的现代信息技术正在深刻推动职业教育数字化变革。职业教育走向数字化转型已成为必然趋势，大数据、区块链、人工智能等数字技术的强势崛起将人类社会带入数字化时代，并促使教育领域产生了全方位的深刻变革。国际上，美国、德国等发达国家早已抢占数字化时代的发展先机，将数字技能人才培养、数字基础设施建设、数字资源开发利用等作为职业教育数字化转型的重点行动领域，可见数字化转型已成为国际职业教育改革发展的聚焦点。

　　数字化转型会促使教育大环境变化的不断加剧，从而适应技术时代教育的创新变革，这在一定程度上形成了一种技术爆发时代的适者生存法则，进而形成一种被称为"数字化时代的达尔文主义"现象。事实证明，达尔文的进化论思想除了可解释自然界现象的发展之外，在人类社会教育产业中也是适用的。如果不能迅速适应不断变化的教育大环境并不断提升教育变革的现实样态以适应数字化技术带来的剧变，那么所谓职业教育数字化转型也必将流于表面而不了了之。因此，有必要探讨何谓数字达尔文时代的职教数字化转型，发展机遇何在，又将如何开展和推进？

一、职业教育4.0：数字达尔文时代的教育转型

数字达尔文主义是由汤姆·古德温的书《数字达尔文主义：商业变革时代适者生存》而流行起来的一个术语，说的是当社会文化和技术的发展速度超过企业的适应能力时，它就会出现——这是由客户行为和期望的变化驱动的（而这是由外部因素驱动的，比如全球流行病），那些不能适应的就无法生存。也就是说，这是一个现代的、以商业为中心的达尔文进化论的定义，数字时代能"生存下来"的一定是"最能适应变化的"。而数字化转型指的是将数字技术融入所有活动领域，在根本上改变我们开展这些活动的方式，以及它们如何为我们和整个社会带来价值。从这个意义上讲，数字化转型并不仅仅是生产生活过程的"技术自动化"，而是有关"社会生活变化"的过程，**即技术将如何改变人类社会的习惯、行为和生活**。教育数字化转型是指通过在教育生态系统中充分利用数字技术的优势，促进教育的系统结构、功能、文化发生创变的过程，使教育系统具有更强的运作活力与更高的服务价值。教育数字化转型的效用价值便是希望能够破解教育的规模、质量和成本这三者之间的矛盾，这三者本来构成了一个"不可能三角"，而有了数字化的加持以后便有了破解这个"不可能三角"的可能。

如何进行教育数字化转型？在图1中，直线代表文化进化，曲线代表技术变革，如果做一次调整，做一次变革，那么会形成一条虚线1，但这还是难以赶上技术的变化。所以，应该采取的方式是以多条S形曲线不断叠加的方式，以这样的策略来不断推进教育数字化转型。因此我们要在数字达尔文时代下，植入新的教育文化"基

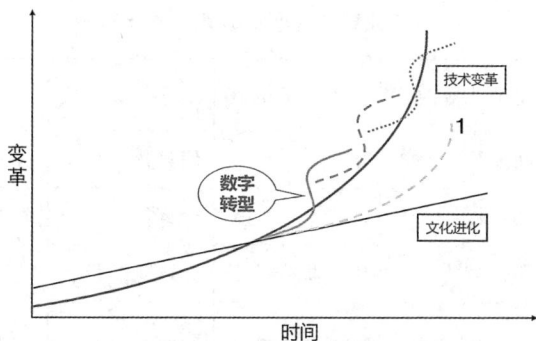

图 1　教育数字转型的变革作用图

因"，诸如学生中心、能力本位、需求驱动和开放创新等。

　　"职业教育 4.0"是德国提出并推进"工业 4.0"战略过程中形成的概念。"工业 4.0"的目的是提高德国工业竞争力，正式成型于 2013 年 4 月德国"工业 4.0"工作组发表的报告《保障德国制造业的未来：关于实施"工业 4.0"战略的建议》，并在之后上升为德国的国家战略。在数字达尔文主义影响下，各类企业需要具备快速适应环境的创新能力，以应对制造业向工业 4.0 升级转型的趋势。这种独特的创新能力要求员工的工作方式需要从单纯操作层向研究创新层转型，这意味着对技能人才的能力培养提出了新要求。工业 4.0 对教育的影响非常大，改变了就业趋向的格局，改变了技术介入的格局，改变了学生态度与行为，改变了学习需求的格局。2016 年德国联邦教育及研究部（BMBF）和德国联邦职业教育研究所（BIBB）联合倡议"职业教育 4.0"人才培养框架，强调人才数字化技能和素养的提升，目的是为了适应劳动的数字化转型，培养具有相应职业行动能力的人才，其核心内容便是"职业教育的数字化建设与发展"。我们需要借鉴德国"职业教育 4.0"理念，结合国内职业教育发展实际，顺应数字化发展趋势。

表 1 　工业革命与职业教育发展比较表

	工业 1.0 时代	工业 2.0 时代	工业 3.0 时代	工业 4.0 时代
时代特征	机械化	电气化	信息化	数字化
载体	蒸汽机	内燃机	计算机	人工智能
要素	机器替代人力	电力提升效率	计算赋能行业	数字智能转型
职业教育阶段	职业教育 1.0	职业教育 2.0	职业教育 3.0	职业教育 4.0
教育关注重点	面向日常生活	工作专业化	行动过程导向	数字化工作世界的职业导向

从数字达尔文视角来看,教育数字化转型是人为的社会文化"转基因"工程,强调在文化进化与技术革新的交汇点,植入新的教育文化基因,包括学生中心、能力本位、需求驱动、开放创新等。可以说,教育数字化转型是指通过在教育生态系统中充分利用数字技术的优势促进教育的系统结构、功能、文化发生创新变革的过程,使教育系统具有更强的运作活力与更高的服务价值。

职教数字化转型是教育数字化转型的一个子集。2022 年 5 月 1 日,新修订的《中华人民共和国职业教育法》正式施行,其中明确指出:"支持运用信息技术和其他现代化教学方式,推动职业教育信息化建设与融合应用。"数字化、信息化是未来教育的必然趋势,也是职业教育发展的重要契机。如何利用数字化、信息化推动专业建设转型升级,辐射带动专业群发展,培养更多数字化人才,是学校高质量发展的重要一环,也是数字经济下助推产业和社会变革发展的新动能。

职业教育数字化转型有最为重要的三个要素转型(见图 2):第一个要素是人员的转型,即教育者与受教育者在愿望、目标上的变化，人们不再将目光拘泥于传统职业技能的培训，更多地投向高新技术的数字化环境培训；第二个要素是技术的变化，这就要求技术的变革应用是切实可行的，能真正落地服务于职业教育的数字化；第三个要素便是商业，要具有活力，院校结合行业产业深度合作，建立多元多向链接，实现现代化产教融合。而两两要素间的相互作用则

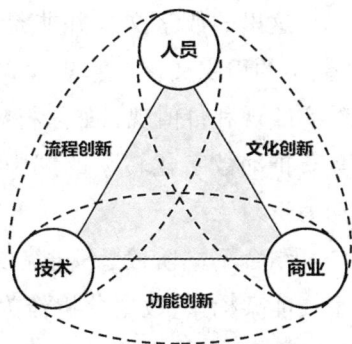

图 2 数字达尔文时代的职教
数字化转型核心要素

体现出数字达尔文时代下转型所必须体现的创新性。人们的主观能动推动技术"革新进化"，促进技术支持下的流程创新，通过商业的活力驱动发展出数字化新功能，于文化层面达到进化的教育创新，即以学生为中心的职业技能个性化学习，实现产学研用的多功能整合的学习环境和技能人才培养新模式。

二、职教数字化转型的框架模型

近年来，数字经济发展聚焦诸如信息技术、云计算、大数据、人工智能等战略性新兴产业，职业教育作为社会技术人才培养的主要力量，其人才培养过程与模式也必须紧随数字时代和市场需求变化，相关的智慧教育、智能交通等数字生态及应用场景，也需要作为职业教育的主要目标。可以预见，数字化相关技术人才的培养，会成为职业教育人才培养的主流方向，将会侧重甚至是贴合企业数字化转型需求，高端复合型数字技术人才会成为重点培养目标。因此，某些特殊的现象将会出现：拥有强大数字文化的组织，使用数字工具和数据驱动的洞察力来推动决策，并同时以客户为中心，在整个组织内进行创新和协作。

这里的数字文化并非是指"文化产业数字化",而是指一种"数字的组织文化",它表现在人们的行为和心态中,体现为人们的实践观和价值观。如果将数字文化当成高级的社会契约,它便具有推动数字化转型的默契性,成为职教数字化转型的强大驱动力。

结合不同阶段、不同院校的职业教育,选择合适的个性化数字技能架构,将数据分析作为转型的基础,以国家职业教育智慧教育平台、相关企业联合教育平台等赋能智慧职教,打造更自主的"技术技能学习中心",通过平台、数据双驱引擎提升职业教育数字化转型效能,动态调整持续优化,不断迭代完善职业教育数字化转型政策。数字文化(诸如协作、创新、数据驱动的洞察力和以学生为中心)作为职业教育转型驱动力,数字创新变革领导力作为高级战略管理能力,协同发力建成数字生态以支撑职教数字化转型。

结合职业教育教学体系,职教数字化转型应有三条路径:数字化融创、数字化联创和数字化协创。数字化融创是指职业院校与企业产业形成的将学习与工作相结合的工学融合、虚拟实训环境与真实操作环境的虚实融合、理论与实践相融合及学校和社会相结合的理实融合,以及将创新创业教育融入学生专业教育的专创融合。数字化联创是通过课堂教学与学生参加实践工作有机结合的校企联合,职业院校所学专业与实际企业产业环境对应形成专业联合。校企间高度联系的结构关系和运行方式以机制联合推

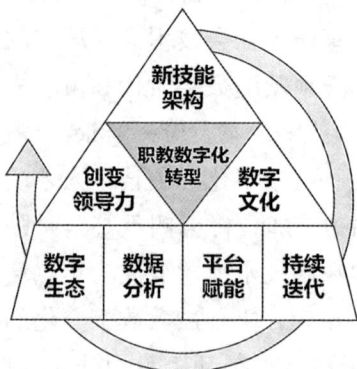

图 3　职教数字化转型思路框架

动数字化转型,不同的职业院校和企业产业进一步实现高度平台联合,扩大职业教育数字化转型规模。数字化协创则是聚焦人机协同、产教协同、数据协同和利益协同,职业院校和企业产业协调各自有效资源,对各因素之间进行整合,以人工智能、大数据等新兴技术为驱动力促成教育与产业的深度合作,最终实现提高人才培养质量、为行业与企业输送优质人才的校企共同发展目标。

职教数字化转型"三创"面向新产业、新场景、新岗位、新职业,通过数字赋能,加强数字基建,普及数字教育,提升数字能力,

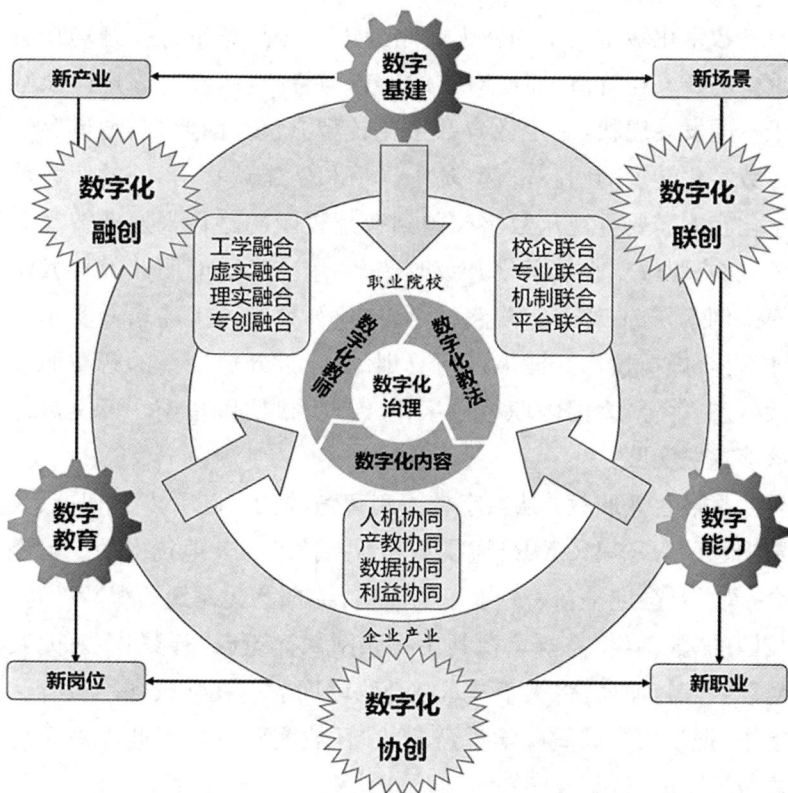

图 4　职教数字化转型"三创"模型

全方位转变教师角色、应用数字教学法与更新数字化内容,实现数字化治理。然而,理论需要落实于实践,理论发展也需要应用在实践中以谋求突破,理论推进实践路径发展,实践活动也将反作用于理论创新。"三创"模型作为探索职教数字化转型的理论框架模型,能够在总结当前数字化转型实践样态的基础上,指导职教数字化转型发展路径,并以此为准则提出行之有效的行动建议,推动职业教育数字化转型。

三、职教数字化转型的实践路径

数字化转型对于创新人才培养以及国际竞争力提升均具有重要的意义与价值,而面对新的形势与挑战,已经有许多国家基于本国发展现状,制定教育数字化转型方案。因此,归纳借鉴学习数字化转型的国际范例,基于国情和发展现状,我国的职教数字化转型需要重视从数字校园到智慧校园的路径来发展智慧职教,加快职教专业数字化升级改造,利用技术赋能职业教育教学模式创新,打造若干实践路径,如构建智慧学习工场培养实用人才,融合虚拟技术开展虚拟仿真训练,建设开放创新的智慧职教大生态,等等,为国内职教数字化转型提供实践指南。下文具体谈谈这些实践。

发展智慧职教:从数字校园到智慧校园。随着人工智能、大数据、5G、VR/AR/MR、物联网等新兴技术与其他技术的空前融合,人类社会迎来新一轮变革的门槛,结合上文提到的智慧教育,校园的"数字化"需要重视利用物联网从而迈向"智慧化"。尤其对职业院校而言,将大量技术结合物联网应用在学校各项教育活动中,把学校当成适应学生需要的"开放实验室",以此发展至更高级形态的"智慧校园"。

促进内涵提升:职教专业数字化升级改造。2021年,教育部印发《职业教育专业目录》，聚焦专业数字化改造。教育部职成司负责人表示，"推进数字化升级改造，构建未来技术技能"是新版《目录》一大特点，要优化和加强人工智能、大数据、物联网等领域的专业设置，以适应数字化转型和产业基础高级化趋势，面向各行业的人机协同、数据驱动、共创分享、跨界融合等新型智能形态，从专业名称到内涵进行全面的数字化升级改造。职业教育专业建设应主动顺应科技革命、产业变革，服务区域产业转型升级，聚焦劳动数字化转型，开展行业与职业变化的评估与适应，以信息化、智能化为引领，优化"数字技术＋专业布局"，将劳动数字化、数据保护以及信息安全等内容作为教育教学的重要组成部分，并高度协同职业院校专业群与产业群布局。同时，加快推进基于数据管理的决策体系，吸引多元主体的共同参与以及深化职业教学和管理创新，形成职业学校、企业和跨企业培训中心协作的运行机制。

推动融合创新：技术赋能教学模式创新。在信息化技术快速发展的条件下，技术赋能职业教育教学模式创新，推动教育可持续高质量发展并助力人才培养。我们需要通过平台工具、过程数据和学习资源进行学习环境的创新，以此促进教法变革形成新的

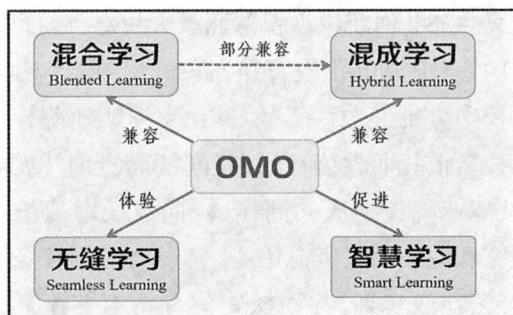

图 5　线上线下融合（OMO）融创学习模式图

教法生态。在这个教法生态中，技术、教学和学习构成了"教育金三角"并相互作用，以期达到优质教育、公平教育和高效教育的结果。2021年，线上线下融合（OMO）的学习模式首次被提出，这一满足后疫情时代学生和教师新需求的学习方式，使得在复杂和不确定的世界中实现可持续教育成为可能。

连接虚实场景：智慧学习工场培养实用人才。"学习工场"的这一概念始于"教学医院"，即医学院根据真实的医院运行模式，通过学生的现场观摩和参与，以真实的医学体验与培训，提高医学素养。学习工厂吸收了教学医院的思想，构建了新的工业人才培养模式，即企业将特定的生产问题或项目发包给学校，将工厂的生产车间复制到学校。作为迈向工业4.0的技能人才培养新模式，学习工厂也需要"智慧化"。当今时代业务流程的渐进式自动化和虚拟化、将移动和私人设备集成到整个IT生态系统以及使用社交业务工具进行现代协作。2020年教育部学校规划建设发展中心发布《智慧学习工场2020建设标准指引》，提出智慧学习工场可以和其他产学研组织广泛互联，职业教育进入到智慧教育的新时代。智慧学习工场可以构建企业仿真工作环境，赋能培训，实现高校人才培养的"校中厂""厂中校"，师生共建，产研结合，多方共赢。

开放教育生态：创新建设智慧职教大生态。教育部教育技术与资源发展中心（中央电化教育馆）提出，要在"十四五"期间，从全国职业院校中分批遴选百所"信息化支撑职业院校校企合作专业共建项目校"，依托职教公有云课程资源平台，开展职业教育数字化升级，使职业院校结成共同体，协同建设虚拟仿真实习实训中心以及国家和院校两级资源中心，建设与应用校企合作课程资源，实施混合云在线实训，共同探索信息技术支撑下的校企合作专业建设模式和人才培养模式，推动院校在新时代背景下应用信息技术开展"三教改革"。这种以资源为中心的建设途径其实还不够,需要结合前面提到的智慧学习工厂,以智慧学习为中心,打造智能世界的赋能中心,形成智慧职教生态系统。当然,现在提出"智慧职教"可能还言之过早,其发展尚处于初级阶段,建设的道路还十分漫长。但是校企联合所形成的产业学院新样态,推动探索建设开放创新的智慧职教大生态。

四、职教数字化转型的行动建议

目前"数字化转型"已经成为职业教育改革的关注点,面对数字化转型所带来的职业教育模式和学习范式的升级优化,应当部署做好以下七个方面行动,以更主动的姿态迎接数字达尔文时代下的职业教育变革的新浪潮。

顶层设计职业教育数字化转型的战略框架。教育数字化转型的实践逻辑则可视为具有价值意图支配的行为选择,在实践活动中深层次的生成原则包括:"问题驱动+理念引领"的原则、"系统进化+创新突破"的原则和"价值评估+迭代优化"的原则。政府层面需要顶层设计面向职业教育数字化转型的职业教育法律政策框架体系,国家和地方需共同制定长期的职业教育数字化建设战略。除此之外,职教数字转型方案还需要注重学生个性化体验,提供更灵活的培训环境所需的自定进度,以创建学习生态系统为目标促进职业教育可持续发展和增长。

构建职教数字化转型成熟度模型。职业教育数字化转型是深层产业商业逻辑和教育运营模式的革新,不同职业院校的发展阶段不同,与不同企业的合作机制也不同,因此,职业院校间、合作企业间的数字化转型过程不可能步调一致。职业教育数字化转型是一个比较漫长的过程,不会一蹴而就,不能急于求成,需要有条不紊地进行。我们需要在转型的进程中设置一些"里程碑",

即以数字化转型指标来进行评价,分析转型到了哪一步,剖析转型的成功之处和仍存在的短板,从诸如愿景、文化、流程、技术和数据等维度,构建出职教数字化转型的成熟度模型。并且,在确定数字化转型战略时,各职业院校都需要对自身的数字成熟度进行评估,也就是说,职业教育数字化转型路径是建立在每一所职业院校当前具体情况的数字化成熟度基础上。我们需要一种职教数字化转型成熟度模型,深刻体现职业教育的数字化转型进程,才能更准确地把握转型的节奏。

创新职业教育数字教学法。在未来,人机协同将成为新常态:人类智能以高阶思维、情感教育、创新能力、启迪智慧、合作能力等与机器智能所提供的智能学习、智能管理、智能资源、智能平台、智能校园等优势互补,创新教学模式。信息化手段赋能教学,能够以个性化赋能支持教育公平。职业教育需要在教学法上进行数字创新,将信息技术整合于教育过程,利用数字化环境开展有效教学,采用与设计多种技术赋能的教学策略,将数字媒体融入课程建设和教学实施,开发在线学习课程、数字化学习内容和数字化教材等,构建以学生为中心的学习情境,利用翻转学习、虚拟现实中的共同学习,运用生产岗位的能力发展数字系统,促进学生数字化技能培养和专业的跨界合作学习。除此之外,过去二十年来开放教育资源在全球蓬勃发展并且越来越受到重视。发展开放职业教育,能促进职业教育知识在全社会的传播,推动职业教育国际化。

培植职教数字化转型能力。数字转型本质上还是需要落实到人的数字素质与能力结构上的。新时代的职业教育教师应有"技术赋能,优质公平"的新觉悟,因为数字达尔文主义的"优胜劣汰"会产生一种结果:不懂技术的老师必将会被懂技术的老师替代。所以需要开发职业数字能力标准,提升职业教育教师数字能力,把数字化融入职业学校的教学,在企业和跨企业培训中心开展数字化技能培训。随着人类正式进入工业 4.0 时代,而新技术所推动的工业革命,使得社会和经济体系产生结构性变化,进而激发出新的智力形式以适应新的社会发展阶段,即数字智商。数字智商是一系列综合技术、认知、元认知和社会情感的复杂能力,使个人能够面对数字生活的挑战并适应其需求的一种能力素养。数字达尔文主义的时代背景要求人类发展创新能力"适应变化",这必然需要学生具备相当程度的数字智商来适应数字生活、规避数字风险、应对数字挑战。高职院校应该推进数字智商与职业教育教学的深度融合,将其纳入学业发展内容体系,进行相应的专业化培训,以数字智商教育目标框架辅助各项职业教育教学活动设计。

探索职教数字化转型的开放创新实践模式。近年来,"1+X"证书制度(即 1 个学历证书+X 个技能证书)作为国家职业教育制度的重大创新举措,助推职业院校深化改革,也会成为未来教育的新潮流。因此,"微证书"(Micro-Credential)这个术语也逐渐进入公众视野。微证书认证指特定技能或知识领域的非学位证书或能力认证,根据美国高等教育信息化协会(Educause)发布的《2022 地平线报告(教与学版)》指出,与传统的学位或证书相比,微证书通常以更短的或更灵活的时间跨度提供,而且侧重范围更窄,特别是在劳动者培训中发挥关键作用。与之相应,"毫学位""微课程证书""微专业证书"等也应运而生,学生能通过校内学习、网络自主学习、嵌入式学习、随处学习等各种各样的方式进行学习。这样一来,我们就要有"集腋成裘"的开放式新思维,积小成大,以各种"微证书"来进行职业资格认证或学历提升认证,这其实也是一种终身学习的新思路。另外,为了应对这种劳动力需求的不断发展变化,职业院校需要重新思考其课程开发过程,以及学分和非学分项目之间的关系，以及为日益多样化的学习者提供服务的方式，深入探索职教数字化转型与开放创新实践模式。

创建职教数字化转型大生态。数字经济时代以信息通信技术的高速推广普及，推动人类大规模协作的广度、深度和频率进入了新发展阶段。在数字化转型过程中，实现数字、实体经济融合、协同发展，创造生态并融入生态，正成为数字达尔文主义背景下竞争发展的新趋势和新优势。同时，由于创新是在持续变化的环境中提升竞争优势的关键，也是数字化转型中人为进化的策略和创造力的体现，因此职业院校需要通过与其他实体企业的联合创新，提供面向学生群体的创新协同机制，构建开放式创新生态系统，实现创新型合作生态下的共同价值创造，主动求变推进职业教育数字化转型升级。广大职业院校要积极参与建设职业教育数字化应用场景，通过共建共享推动教学资源质量高地建设，优化数字化教学资源配置体系。以职教数字化转型"三创"模型，即数字化融创、数字化联创、数字化协创这三条数字化转型路径，加强产教融合，充分发挥企业的先进科技能力，相互支持，相互促进，畅通院校、企业间的交流渠道，将职业教育实训基地从纯粹的教学功能拓展至院校、企业间技术研发、资源共享、社会培训等功能的实现，创建职教数字化转型大生态。

研究开放教育数字化转型的理论与促进机制。最后需要明白，新一轮科技革命的确以强劲的数字化、网络化、智能化技术的发展，拓展学习时空并极大丰富教育资源，成为教育数字化转型的基础。但若是忽视教育规律，只是一味迎合技术工具功能特征，使得技术赋能教育成为"技术跟风"现象，那么教育数字化转型就会掉入"技术主义"陷阱，这是无论哪一种教育都值得警醒的。教育数字化转型涉及到目标逻辑、价值逻辑和实践逻辑，这里面有理论问题，也有政策机制问题，相关的职教框架体系、数字化转型的布局、师生数字化能力的培养、多元主体的参与、学习场境的构建,等等,有大量的理论研究需要探讨,有大量转型促进机制需要研究。因此我们需要研究开放教育数字化转型的理论与促进机制,针对开放教育数字化转型问题,挖掘数字化转型逻辑关系,深耕教育数字化转型的理论研究,探讨职业教育数字化转型的推进路径。

祝智庭(华东师范大学)

李宁宁(温州大学)

王佑镁(浙江东方职业技术学院)

职业院校助力上海国际数字之都建设，打造"数字社区共同体"

在当今时代，随着科技的飞速发展和产业结构的不断升级，经济社会面临着前所未有的挑战与机遇。2024 年 5 月 27 日，在二十届中央政治局第十四次集体学习时，习近平总书记指出："就业是家事，更是国事。"促进高质量充分就业，是新时代新征程就业工作的新定位、新使命。但人力资源供需不匹配这一结构性就业矛盾依然凸显，"就业难"和"招工难"依然并存。这一矛盾不仅关乎民生福祉，更是制约经济高质量发展的关键因素。在此背景下，产教融合作为连接教育与产业的重要桥梁，其时代背景显得尤为突出和重要。

随着新兴产业的不断涌现和传统产业的转型升级，市场对高技能人才的需求日益迫切。然而，当前教育体系与产业发展之间存在相当程度的脱节，导致一方面企业难以找到符合需求的高素质人才，另一方面大量毕业生又面临就业难的问题。产教融合正是针对这一矛盾，通过深化教育与产业的合作，实现人才培养与产业需求的精准对接，为解决"有活没人干、有人没活干"问题提供了有效途径。

近年来，从国家到地方，各级政府纷纷出台了一系列政策文件,旨在深化产教融合,推动职业教育高质量发展。这些政策不仅明确了产教融合的战略地位和发展方向,还提出了一系列具体措施,如建立校企合作长效机制、推进实训基地建设、加强双师型教师队伍建设等,为产教融合的深入实施提供了有力保障。随着对教育与产业融合重要性认识的不断加深,越来越多的学校、企业、科研机构和社会组织开始积极参与产教融合。他们通过共建实训基地、联合研发项目、开展人才培养合作等多种形式,共同推动产教融合向纵深发展,为经济社会发展培养更多高素质技术技能人才。

一、城市数字化驱动产教融合生态创新发展

产教融合的时代背景是多方面因素共同作用的结果。它既是经济社会发展的迫切需求,也是国家政策的大力推动,更是社会各界的广泛共识和积极参与。在未来的发展中,产教融合将继续发挥重要作用,为解决"有活没人干、有人没活干"问题、推动经济高质量发展贡献智慧和力量。目前,长三角区域,相关城市区县基层都在围绕数字城市建设,结合行业治理、新农村建设等场景,打造出一批典型案例。上海市"十四五"规划中提出打造国际数字之都的愿景,数字城市、数字政府等相关政策也在持续推出。

我们也看到,在居民社区的数字化场景服务方面,还缺乏有效落地的方案。这里不是技术上的问题,而是居民社区的决策管理机制问题。具体来说,就是基层居民社区的管理主要依赖三驾马车,包括居委会、业主委员会、物业公司。其中物业公司、居委会成员,其数字化素养薄弱,更缺乏信息化平台支撑。而参与智慧城市建设的企业,主观上非常希望进入社区开展商业服务,但受制于三驾马车的漫长的决策链,其事无巨细都要集体公告表决,所以企业最终还是无法落地商业化服务项目。在这个方面,

职业院校将能助力居民社区数字化场景的有效落地。

二、打造虚拟社区学院实现数字社区场景落地

我们看到,教育部已经要求院校启动教育数字化战略。而职业教育和基础教育不同,是两种不同类型的教育。职业教育需要和区域经济发展结合,布局设立新专业。当职业教育与区域产业企业结合,就能深入开展校企合作;当职业教育与区域社区结合,就能有效进行社会化服务。因此,在上海国际数字之都的建设过程中,我们可以尝试围绕职业学校,发挥其各自专业领域优势,组建虚拟的社区学院,服务社区部分数字化场景。对学校而言,周边社区是学生实践教学、课程思政的一个非常好的场景;对社区而言,急需专业团队来支持社区治理、赋能数字化场景。譬如上海信息管理学校,可以发挥其软件信息类专业群优势,为社区居委会打造数字孪生场景,把社区治理所需要的数据整合到可视化平台上,也可以为社区物业打造小程序,服务一老一小、服务居民需求,利用平台加强沟通等;而上海材料工程学校,可以发挥其建筑材料和环境检测优势,为社区开展专业服务,如建筑外立面监测、室内装修甲醛检测、水箱水质检测等公益服务;如上海工业技术学校,可以发挥其智能制造领域优势,为社区居民开展暑托班特色项目,如 STEM(Science, Technology, Engineering, Mathematics,即科学、技术、工程和数学四门学科英文首字母的缩写)科普教育等;如上海卫生学校,可以为周边社区居民开展健康养老的场景公益服务等等。这些公益活动,实际上都能看到一些,但没有成体系化。如果这些活动都放到虚拟的社区学院内,数据放到平台中,一方面促进社会大众的认知,另一方面也让职业院校的学生有更好的实践场所,对培养学生的职业能力更有帮助。当然再有,就是推动职业院校的动手实践能力,

可以服务周边的中小学三点半课堂,开展职业体验送教上门活动,开展职业启蒙教育等。这也是让老百姓认同新时代职业教育的窗口,是把就业和产业通过社区有机结合的探索,是促进高质量充分就业的思路和举措一种尝试与实践。

张礼立(东方职业教育与产业经济研究院)

数字化赋能产教融合，精准化培养技术人才

百年大计，教育为本。党的二十大报告提出"要办好人民满意的教育"，这是新时代衡量教育发展状态的核心标准，高质量发展成为时代发展需求，成为各类学校发展的最高目标。

为推进职业教育实现高质量人才培养的目标，国家陆续出台并实施了一系列政策，促进教育和产业联动发展、推进教育数字化、推进产教融合。国务院办公厅印发的《关于深化产教融合的若干意见》指出，我国人才培养供给侧和产业需求侧在结构、质量、水平上不能完全适应，存在"两张皮"问题，进而提出"深化产教融合，促进教育链、人才链与产业链、创新链有机衔接，是当前推进人力资源供给侧结构性改革的迫切要求，对新形势下全面提高教育质量、扩大就业创业、推进经济转型升级、培育经济发展新动能具有重要意义"。

随着数字化转型在各行各业浪潮迭起，企业对高素质复合型技术技能人才需求量与日俱增，职业教育如何实现对人才的精准化培养？国家改革发展示范校上海市贸易学校依托行业办学优势，在数字化驱动、产教融合等方面做了一些积极的探索，逐步形成专业共建、人才共育、过程共管、资源共享、责任共担的校企合

作新局面。

学校上级主管单位光明食品集团近年来深入开展数字化创新应用，其智慧农业运营体系也不断取得新突破。随着数字化在农业领域的运用，企业发现招聘既懂得农业种植专业知识，又懂得物联网技术的复合型人才非常困难。针对企业用工痛点，上海市贸易学校结合物联网这个品牌专业优势，与光明集团深度合作，选择了智慧农场作为实践方向，打造了物联网智慧农业虚拟仿真实训平台。

以前物联网实训教学上存在三大难题：一是实训过程数据无法精准反馈并形成学生个性化画像；二是实训中无法展现出时空、距离、环境等多维度复杂因素；三是真实场景行业应用占地面积大，学校场地无法满足多场景需求。智慧农业虚拟仿真实训室的建设，使得这些问题迎刃而解。

物联网智慧农业虚拟仿真实训室以专业教学标准为依据；以智慧农业为应用场景，以虚拟仿真技术、5G通信技术打造虚拟仿真平台；以人工智能、大数据技术为支撑建设物联网专业教学管理平台。通过教学资源、项目、平台和师资的建设，实现项目的仿真实训，开展线上线下远程师徒互动式教学，采集学生实训数据，形成每个学生的职业能力画像，实现精准化、个性化教学。

物联网智慧农业虚拟仿真实训室拥有四大创新点：教学资源系统化、实训数据真实化、实训形式灵活化、实训评价多元化，旨在实现"农业操作型＋物联网技术型"的复合型人才的精准培养。创新一，教学资源系统化，学校首先对光明集团所属的上海农场、大丰农场、光明田园等开展调研，收集典型项目案例，与物联网系统做对接，让学生在逼真的环境中学习（加深对行业设备的接口以及协议的理解），全方位掌握所学知识，实现"看得见、进得去、能操作、可再现"的理实虚一体化实训模式。创新二，实训数据真实化,通过采集光明智慧农场的真实数据,应用于水稻种植、番茄种植等场景模型,实时同步更新数据。利用 5G 技术实现远程教学,企业工程师在农场与学生实时联动,学生实训环境拟合真实工作场景。制定学生进企实训实习工作计划和规范,形成校企数字化信息互通新模式。创新三,实训形式灵活化,虚拟仿真技术突破了物理限制,解决了实训时间周期长、空间占地大的问题。通过虚拟仿真实验室,学生可以在极短的时间内模拟农作物生长的完整过程,并充分地模拟出农作物在不同季节下的生长状态,大大提高了学习和实验的效果。创新四,实训评价多元化,对学生实训全过程的数据统一采集,建立学生实训数据库;实训过程数据和实训标准对比,得出实训节点分数及实训评价;根据分数和评价,平台为学生推送需要加强的和其他新知识的实训学习内容,并更新相应的实训评价;利用大数据分析技术,对实训数据进行数据挖掘、数据分析,形成学生的职业能力数字画像。

虚拟仿真实验室提高了学生学习的兴趣,真实项目的引入极大地引发了学生的兴趣。数字化平台的运用又让教师精准地掌握学生的学习状态与结果;教师根据学生的学习能力和学习基础,提供针对性的资源推送。学校力求培养出既懂得农业种植规律又懂得物联网技术的复合型人才,人才培养质量成效卓越。学校物联网专业的师生在省市级的各类比赛中取得了引以为豪的成绩。

学校持续不断地通过数字化助力教学模式的创新,通过职业教育更精准化地培养孩子们的能力,让他们在社会上尽可能最大化地实现价值。让每一个孩子都有无限的可能性,学校也为孩子们提供了强有力的平台,让他们在未来的职业道路上散发出耀眼的光芒!

姜晓敏(上海市职业教育产教融合促进会)

时代呼唤高质量开发区职业教育：
以上海市的开发区为例

开发区成为我国经济发展核心区域，到今天走过了 40 个春秋，开发区已经成为国家科技、经济、开放的主引擎，也是新经济、新技术的策源地。在当前新技术革命正在酝酿、国家产业发展模式正在变革的历史端口，开发区对各级人才的需求正在极速增长，其中关乎产业发展、基层人才的需求更是旺盛，本文以上海开发区为研究案例，说明当下这个伟大的时代需要高质量的开发区职业教育。

一、上海市开发区发展情况

上海市的开发区不断优化产业布局，已建立"（2＋2）＋（3＋6）＋（4＋5）"现代化产业体系，以张江为核心的"张江研发＋上海制造"的生物医药产业协同基地，张江和临港两大集成电路产业基地，"东西互动、多点联动"的人工智能产业发展格局交相辉映，四大新赛道特色开发区多点布局，形成上海市的开发区完善的产业布局。

2023 年上海市的开发区经济发展稳步向好，全市开发区实现营业收入 10.92 万亿元（本文开发区发展数据均源于《上海市开发区统计手册 2023 版》),同比增长 3.86%,规模以上工业企业完成工业总产值 3.16 万亿元,经济规模和发展潜力巨大。开发区加快各类创新要素集聚,推动形成新质生产力发展的上海园区范式。2023 年,上海市的开发区科技投入持续增长,全年 PCT(专利合作条约)国际专利申请量 5 138 件,比上年增长 4.62%。创新研发机构培育工作不断加强。截至 2023 年,全市开发区共有 193 家国家级创新研发机构,创新策源能力日益完善,助力新质生产力发展。上海市的开发区逐步向特色化、高端化、服务化发展,形成了"品牌产业区＋特色园区"相辅相成的发展格局。55 个特色产业园区成为上海市的开发区发展的后生动力,2023 年,55 个特色产业园区实现规模以上工业产值(指主营业务收入在 2 000 万元及以上的工业企业在一定时期内生产的以货币形式表现的工业最终产品和提供工业劳务活动的总价值量)7 199 亿元,营业收入超 29 800 亿元,有效提升了上海市经济密度。

但同时,上海开发区的发展也存在诸多困难,尤其是在人力资源上,由于上海生活成本升高,部分人力资源流失,且高校毕业人才留沪来沪意愿不强,为企业招聘带来难度,现行的人才引进机制和福利政策有待进一步提升,开发区人才缺口进一步增大。

二、上海市的开发区人力资源和职业教育现状

截至 2023 年底,上海市的开发区规模以上企业用工人数为 140.6 万人,其中国家级开发区规模以上企业用工人数为 46.3 万人,市级开发区规模以上企业用工人数为 55.7 万人,其余为区镇级园区规模以上企业用工;上海开发区规模以上企业研发人员 32.6 万人,其中国家级开发区规模以上企业研发人员为 16.7 万人,市级开发区规模以上企业研发人员为 10.5 万人,其余为区镇级园区规模以上企业。全市开发区研发人员占从业人员比例仅

为 23%，国家级开发区研发人员占从业人员比例为 36%，市级开发区研发人员占从业人员比例为 18.8%，可见上海市的开发区整体上的人力资源，尤其是职业技术人员比例较低，人才匮乏现象突出，其中市级开发区又远比国家级开发区人才缺乏更为严重。

在人才缺口巨大的同时，由于体制原因，上海市的开发区内的职业技术院校非常之少，根据有关数据，全国 1 518 所高职院校中，有 270 余所办在开发区，但在上海位于开发区内的高职院校数量寥寥无几。上海市的开发区从成立之日起，大都采用开发公司为主导的市场化开发区模式，管委会负责政府事务，开发公司负责具体开发区建设运营，规划面积相对较小，且主要是产业用地，城市功能非常薄弱，区内有职业技术院校的开发区非常少，甚至有联系合作对象的也不多。国家近日印发的《关于深化现代职业教育体系建设改革的意见》中指出，省级政府要以产业园区为基础，打造兼具人才培养、创新创业、促进产业经济高质量发展功能的市域产教联合体，但是目前上海仅有 14 个产教联合体，国家级产教联合体只有一个，占全市公告开发区数量仅为 23.7%。

产业园区的特色化发展需要各种层级高素质人才支撑。长三角目前各省园区都在发展特色产业，这些特色产业的发展很大程度上取决于人才的支撑力度，不仅仅院士、学者、博士是人才，大量的专业技术人员也是人才，这里面就有职业院校发挥作用的空间。上海产业发展已经走上特色化的道路，特色产业的发展更是离不开该产业领域内各级人才的支撑，鉴于上海产业发展的需求和目前产业人才供给之间的缺口，上海非常需要闯出一条符合时代要求的开发区职业教育的道路。

三、上海市的开发区发展职业教育的几点看法

鉴于上海市的开发区管理和开发体制的现状，在发展职业教

育方面,有两条思路。

第一是园区开发主体是产业和职业教育融合发展的最佳平台。因为园区开发主体拥有最广泛接触企业的便利条件,同时产业发展集成服务平台的功能定位使开发主体负有助力企业发展的天然使命,所以和开发主体合作,是职业教育助力产业发展的最佳结合。

根据上海市开发区协会最近的一个调研来看,全市国家级开发区的开发主体龙头带动作用突出。全市 14 家国家级开发区开发主体实控服务业企业 198 家,占总数的 75%,远超国家级开发区占全市产业园区规模以上工业总产值的比例(35%)。这充分体现了国家级开发区开发主体在拓展服务领域、提升服务能级方面的主动探索和担当精神,也形成了国家级开发区开发主体辐射全市、服务产业的基础能力。上海临港经济发展(集团)有限公司和上海张江(集团)有限公司作为全市两大重点园区开发主体,也是拓展服务功能的"领军企业"。其中,临港集团实控企业 76 家,张江集团实控企业 39 家,集团及下辖企业主要面向科学研究和技术服务业及金融业,赋能产业能级提升,辐射带动全市开发区全域发展。其中,国家级开发区在生产性服务业上的控制数量(145 家)远超生活性服务企业(53 家),显示出其注重促进产业结构转型升级、畅通优化经济循环、推动经济高质量发展的特点。因此园区开发主体是上海搞好开发区职业教育的最佳合作平台。

第二是与企业合作办学是提升产教融合水平的重要途径。职业教育最终目的是培养出符合企业需求的人才,从此出发职业院校和园区内企业合作办学,能满足企业和学生双方需求,是提升产教融合水平的重要途径。

开发区产教联合体是职业教育产与教在更高层次、更大范围上的融合和贯通,开发区产教联合体建设对推动职业教育与开发区产业发展互嵌互融、共生协调发展，提高职业教育人才培养的深度、参与主体的广度具有重大意义。在这方面，上海漕河泾开发区摸索出新形式，成立了政府、学校和企事业单位三位一体、相对紧密的区域性职业教育合作共同体——上海徐汇区-漕河泾新兴技术开发区产业和职业教育集团。实现了"职前职后一体化"，形成开发区职业教育发展的新增长点。而上海临港新片区则始终把产教融合作为产业高质量发展、高校高水平建设、人才高标准培养的重要路径，持续打造更加"创新、多元、开放"的产教融合体系，目前已经走出有临港特色的开发区产教融合道路。"作为上海建设国家产教融合试点城市的核心区域，现在的临港比以往任何时候，都更加需要人才供给和产业需求的精准对接，都更加需要人才链、产业链、创新链之间的有机融合，都更加需要产教融合的双向奔赴。"在 2024 年 7 月 15 日举行的上海产教融合型城市建设工作推进会暨临港新片区产教融合大会上，临港的负责同志如是表示。

以上两个园区的实践案例表明，在职业教育这一领域，尽管上海市的开发区与其他省市开发区相比有自身先天的不足，但经过艰苦的摸索，已经找到符合上海实际的道路，上海市的开发区的职业教育已经焕发出新的光彩，也必将为全市开发区的发展提供更有力的支持力量。

杜玉虎（上海市开发区协会）

上海职业教育发展：从萌芽到
数字化转型的跨越

　　以工业革命为分界线，职业教育的发展可以笼统地分为古代职业教育和现代职业教育两个阶段。古代职业教育起源于人类生产生活的需要，涵盖家传世学、学徒教育的时段，一直保持着与劳动现场和生产实际密切结合的形态。现代职业教育即自工业革命至今的学校职业教育。

　　上海作为中国的经济中心，也是现代职业教育的重要发源地之一。从清末民初的初步探索到今天的数字化转型，上海职业教育经历了从萌芽到壮大的跨越。本文将详细回顾上海职业教育的发展历程，以期为职业教育的研究者和从业者提供有价值的参考。

一、萌芽初创（1843—1949 年）：发轫之地，西学东渐

　　职业教育是随着生产、技术和科学的发展而产生和发展的。现代意义上的职业教育随着近代西方工业革命的兴起应运而生。由于使用机器的社会化大生产的出现，带来生产条件、内容和组织结构的根本变化，传统的父子或师徒相传的方式不能适应形势发展的需要了，于是 19 世纪末到 20 世纪初在一些发达的资本主

义国家出现了各种职业学校。中国没有经过资本主义社会阶段，而是自 1840 年就开始沦为了半殖民地半封建社会。因此，中国近代职业教育事业是自 1843 年上海开埠后才刚刚开始起步的，当时一些西方国家的教会在上海相继创办了护士、农业、印刷等各类早期的职业培训。最早有记载有如下几所：一是英国伦敦会的传教士洛克哈脱（M. W. Lockhart）1844 年创办西医馆（即后来的仁济医院）时附设的护士培训机构，"招收生徒"为医院培养护理人员，即后来的上海仁济护士学校；二是法国天主教会在徐家汇举办土山湾孤儿院时附设多种门类的工艺工场，实施技艺培训，使收容孤儿"获一技之长，以利谋生"；三是美国传教士琼司（Emma Jones）在虹口创办的文纪女校专门收养灾民女童，在传教的同时"教以纺织、女红等技艺"[1]。

随着清末洋务运动的开展，清政府逐渐意识到实业教育的重要性，开始在全国范围内提倡和推动实业教育。1867 年，上海江南制造局附设机械学堂成立，成为全国最早的机械职业学校之一。此后，工艺学堂、商务学堂等各类职业学校在上海陆续创办，涵盖了铁路、电报、机械、商务等多个领域。这些学校培养了大量的技术人才，推动了中国的工业化进程。

辛亥革命后，南京临时政府极为重视倡导和普及新式教育。孙中山特别重视实业教育，认为"学校之目的，于读书学问智识之外，当注重双手万能，力求实用"，强调"尽其聪明才力，各分专科""按其性之所近，授以农、工、商、技艺，使有独立谋生之材"。各地的新式教育，都有程度不同的发展。上海教育近代化的步伐也明显加快，不仅新式学校大量增加，各种形式的社会教育和各类职

---

〔1〕 上海职业技术教育志编纂委员会.上海职业技术教育志［M］.上海：上海社会科学院出版社，2005：2-8.

业学校也都应运而生,尤其是工厂、企业办学较为普遍,有的还开办中等或高等专业学校。

实业教育体制得到根本彻底改变,是随着 1917 年前后中国现代职业教育的奠基而实现的。1917 年 5 月 6 日,黄炎培联合蔡元培、梁启超、张謇、宋汉章等 48 位教育界、实业界知名人士于上海发起创立"中华职业教育社"。这是中国历史上第一个职业教育团体。次年,黄炎培先生又创办中国第一所现代意义上的职业学校——中华职业学校,拉开了中国现代职业教育的大幕,也给中国教育理念带来了一场革新。职业教育之风从上海吹到中国各地,到 1921 年,全国的职业学校及补习学校已达 700 余所。从 1929 年至 1936 年,上海各类职业教育学校(包括职业实习学校)开设的学科门类,举凡上海社会所需的职业门类几乎应有尽有。

此后的十几年时间里,全国职业教育基本上处于停滞不前的状态。截至 1949 年,全国仅有中等职业学校 564 所,学生 7.7 万人。[1]

二、巩固调整(1949—1978 年):曲折发展,体系成型

中华人民共和国成立后,职业教育进入了社会主义改造和计划经济体制下的调整期。职业教育被纳入国家教育体系,重点服务于工业化发展需求。由于当时"职业教育"这一名词被认为是资本主义制度下的产物,于是人们便不再提"职业教育",而是参照苏联改称其为"技术教育"。新中国成立初期,中等教育领域的中等专业学校和技工学校,与高等教育领域的专科学校和大学专

---

〔1〕 杨金土.职业教育兴衰与新旧教育思想更替——百年职业教育回顾[J].教育发展研究,2004(02):1-4.

修科一道,构成了比较完整的技术教育体系。职业教育的初步发展主要依托技工学校和中等专业学校,为国家培养基础技术工人和初级技能人才。

上海作为全国重要的工业基地,其职业教育体系得到了重点发展和布局。上海响应国家号召,大力发展中等专业教育、技工教育和农业中学(职业中学),涵盖了机械、化工、纺织等多个工业领域,形成了中等职业教育制度的初步框架。又以各工业主管部门和企事业单位主办的形式、以半工半读的形式、以业余的形式进行高等专科教育。例如,上海各工业局在1959年陆续建立了上海化学工业专科学校、上海轻工业专科学校、上海机电工业专科学校、上海机械工业专科学校、上海纺织工业专科学校,上海建筑材料工业学校和冶金机械工业学校也招了大专班,1960年又建立了上海仪表电讯工业专科学校和上海邮电专科学校。在刘少奇发表有关"两种教育制度、两种劳动制度"的指示后,这些专科学校又都改为半工半读专科学校。这些学校的专业设置都紧密围绕行业生产特点和要求来确定,学校的办学形式也与生产紧密结合。有的学校把专业设在对口的大厂里,如上海仪表电讯工业专科学校的仪表专业设在上海电表厂,无线电专业设在上海无线电四厂,电阻电容专业设在上海无线电一厂和六厂,医疗器械专业设在上海医疗器械厂;有的学校虽不直接这样做,但也实行课堂教学与生产劳动交替进行的办法。

半工半读开创了一条符合我国国情的具有中国特色的教育发展道路。然而,在具体政策执行中,过分强调"半"工"半"读的教育形式,使半工半读教育演化为脱离书本的劳动教育,而降低了学校教育质量。因此1961—1963年国民经济调整时期又不得不纷纷下马,上海的专科学校全部被调整为中专。

1966年后的十年期间,上海的职业学校大多停办或改为工厂，校舍被占，资源流失，职业教育体系遭到破坏。1976年后，随着社会经济各项建设事业拨乱反正，上海职业教育也开始走上了正常的轨道。

三、快速发展（1978—2010年）：战略机遇，乘势而上

改革开放以来，随着经济社会的快速发展和产业结构的不断升级，职业教育逐步获得更多关注，开始进入"复兴期"，上海职业教育迎来了转型和拓展的发展机遇。

1978年，邓小平同志在全国教育工作会议上明确指出："整个教育事业必须同国民经济发展的要求相适应，应该考虑各级各类学校发展的比例，特别是扩大农业中学、各种中等专业学校、技工学校的比例。"1985年，中共中央提出要大力发展职业技术教育，国务院发布《关于教育体制改革的决定》，明确提出"普职分流"政策，鼓励有意愿和条件的学生选择职业教育。这一政策在上海迅速落实，职业学校数量大幅增加，职业教育规模进一步扩大。同时，职业教育的办学模式也开始多样化，出现了企业办学、行业办学、联合办学等多种形式。

20世纪80年代末至90年代初，上海开始对职业教育进行改革与创新。在办学体制、管理体制、教学模式、课程设置等方面进行了一系列的改革尝试。例如，推行职业教育集团化办学，加强学校与企业的合作；实行"双证书"制度，提高学生的就业竞争力。

1996年，《中华人民共和国职业教育法》颁布，使得职业教育开始有法可依。2004年5月20日上海市第十二届人民代表大会常务委员会第十二次会议通过《上海市职业教育条例》，为上海职业教育的发展提供了地方性的法律保障。该条例明确了职业教育的定位、原则和措施，为上海职业教育的规范化发展奠定了基础。

进入新世纪后，上海职业教育以就业为导向，调整中等职业

学校的布局和专业结构。为适应上海经济发展和城市布局调整，"十一五"期间共投入 14.2 亿元，开展了"百所中等职业学校重点建设工程"和"国家级重点职业学校调整"等工作，建成了 50 所国家级重点学校，建设了 100 个与上海产业结构调整相适应的重点专业。高等职业教育得到了快速的发展，上海高校共设置高职高专专业 161 种，布点 681 个，总体上形成了与上海产业结构相匹配的专业比例结构，基本适应了本市产业结构调整的需要。先后建立现代护理、交通物流等多个行业职业教育集团，以及嘉定、徐汇等区域职业教育集团。职业教育集团充分发挥了聚集功能和辐射作用，有效推动了校企之间、区域之间优质职教资源的共享。

2005 年，国务院颁布《关于大力发展职业教育的决定》，首次提出"以服务为宗旨，以就业为导向"的办学方针，并在职业院校中大力推行"工学结合、校企合作"的培养模式。2006 年，《上海市人民政府关于大力发展职业教育的决定》颁布，将大力发展职业教育作为上海经济社会发展的重要基础和教育工作的战略重点，提出努力构建与市场需求和劳动就业紧密结合，校企合作、工学结合、结构合理、形式多样、灵活开放、自主发展的现代职业教育体系，为进一步满足人民群众终身学习和自我发展的需要奠定坚实的基础。以就业为中心，坚持学历教育和职业培训并举，统筹优化职业教育和培训资源配置，着力提高职业教育的办学质量和实习体系的社会服务功能。上海职业教育开始由学校本位向工学结合、校企合作模式转变，实现了发展方式、培养模式和教育公平的三大转变。

四、改革探索（2011 年至今）：创新引领，智育未来

随着新型工业化的推进和科学技术的发展，现代职业教育体

系越来越成为国家竞争力的重要支撑。国家加快发展现代职业教育，加快构建建设现代职业教育体系。上海职业教育抓住发展机遇，加快了改革创新的步伐，不断提升人才培养质量和服务经济社会发展的能力，职业教育发展进入了一个快车道。

2010 年以来，《国家中长期教育改革和发展规划纲要（2010—2020 年）》《现代职业教育体系建设规划（2014—2020 年）》《国家职业教育改革实施方案》（简称"职教 20 条"）和《关于深化现代职业教育体系建设的改革意见》等一系列重要文件颁布，明确提出要加快发展现代职业教育，构建具有中国特色和世界水平的现代职业教育体系。"职教 20 条"明确了职业教育是一种类型教育，《职业教育法》修订草案在"职教 20 条"基础上明确提出"职业教育与普通教育是不同教育类型，具有同等重要地位"，为推动职业教育向"类型教育"方向转变提供了重要的法律保障。上海市政府紧跟国家战略部署，结合上海实际，出台了一系列创新性政策措施，如《上海现代职业教育体系建设规划（2015—2030 年）》。《职教规划》提出，将加快完善现代职业教育体系。对现代职业教育体系框架进行系统设计，设计多样化学制路径，构建"中等职业教育—高等职业专科教育—应用技术本科教育—专业学位研究生教育"纵向衔接的职业教育学制体系。《上海职业教育高质量发展行动计划（2019—2022 年）》（简称《行动计划》）。《行动计划》提出了一系列具体目标和措施，包括优化职业教育布局结构、深化产教融合、提升人才培养质量等，为上海职业教育的高质量发展指明了方向。

完善现代职业教育体系。国家实施创新驱动发展战略对职业教育提出新定位。为此，党中央、国务院把加快发展职业教育作为国家实施创新驱动发展战略的重要支撑，《国务院关于加快发展现代职业教育的决定》明确提出，到 2020 年，要形成具有中国特色、世界水平的现代职业教育体系。上海作为全国改革开放排头兵、创新发展先行者,有义务、有责任率先构建具有世界水平、中国特色、上海特点的区域现代职业教育体系,为国家职业教育改革发展探索和积累可复制、可推广的经验成效。从 2010 年始,上海开展中高职教育贯通培养模式试点,一体化设计培养计划,打通中职与高职两个阶段。从 2014 年起,上海进一步试点中职与应用本科贯通,学生接受"3+4"总计 7 年的教育后,可获得本科学历。中等职业教育与高等职业教育课程、培养模式和学制贯通的"立交桥"建立起来,形成"中职—高职—应用本科"一体化培养体系。进一步拓展高层次技术技能人才培养通道,在工程技术等领域探索"应用型本科—专业学位硕士"贯通培养试点。推进职业教育融通发展,进一步推动学历证书与职业资格证书"双证融通"专业改革。探索职业教育与终身教育的有机融通,以上海开放大学为合作平台,在部分中等职业学校开展中高职立交桥学分银行模式的研究与试点。

优化专业设置和人才培养结构。上海职业教育在服务上海建设"五个中心"的目标中,实现职业教育的定位转变和专业转型,积极回应现代科技和社会发展,进行专业调整,撤停传统专业,开设和加强人工智能、生物医药、集成电路等专业。为进一步顺应上海产业结构的升级,促进职教人才供给与城市产业需求深度匹配,2019 年至今,上海的中职学校减少了 10 所,新增 9 所五年一贯制新型高职学校。上海的中职学校正纷纷整合、转型,在升级中寻求新的发展之路,由此带动上海整个职业教育布局的重塑。目前,9 所新型高职共有 50 多个五年一贯制专业。新型高职学校面向战略性新兴产业、先进制造业和现代服务业,开设的专业涵盖 10 个教育部专业目录内的专业大类,其中应用电子技术、虚拟现实技术、学前教育、消防救援、护理等专业紧紧围绕上海产业需求,90％以上专业服务"四大品牌""五个中心"和"3＋6"新型产业体系建设,服务城市发展功能明显增强。五年一贯制新型高职的建设,是上海在全国率先探索的职业教育人才培养新机制。相比于中高职贯通人才培养模式,5年时间里完成对学生的培养,无论是从专业体系建设,还是在人才培养方案的制定方面,都更具有连贯性和科学性。

深化产教融合。20世纪末,上海开始探索产教融合的模式,通过校企合作、工学结合等方式,实现教育与产业的初步对接。党的二十届三中全会和全国教育大会指出,要加快构建职普融通、产教融合的职业教育体系,大力培养大国工匠、能工巧匠、高技能人才。产教融合是现代职业教育的基本特征,也是最大优势。上海市推动校企合作参与人才培养,职业学校全面参与职业技能等级证书制度,加强职业教育集团化办学。2023年9月,上海市教委、市经信委、市发展改革委等多部门协同,立项建设14个市域产教联合体和15个行业产教融合共同体,不断探索创新良性互动机制,努力推动职业教育与行业进步、产业转型、区域发展同频共振。

数字化转型。上海作为全国首个教育数字化转型试点区,积极响应国家教育数字化战略,将"教育数字化"纳入二十大报告中,致力于构建纵向贯通各级教育、横向融合各类教育的数字化转型格局。上海职业教育以数字化转型为引领,推动职业教育高质量发展。2019年起,上海市职业学校开始有序开展数字学校建设,15所中等职业学校、2所高等职业院校被市教委立项为上海市教育信息化应用标杆培育校。这些学校在教育体系、教育内容、教育形式、教育方法、教育评价等方面不断实践探索与创新,为上海职业教育的数字化转型奠定了基础。2021年11月,上海市教委发布了《上海市教育数字化转型实施方案(2021—2023)》,

明确了职业教育数字化转型的方向和目标。方案强调要深化教育教学评价改革,构建"2+1+X"数字化评估支撑体系,优化专业管理手段,适应数字化转型需求。此外,方案还提出要推进职业院校数字校园建设,促进教育数字化资源共享,并创建信息化应用标杆校。上海职业教育注重培养学生的数字化思维和创新能力。通过开设数字化相关课程、引入数字化教学手段等方式,引导学生适应数字化时代的发展需求。此外,上海还注重利用信息技术提升教育管理和服务水平。围绕教育信息化"一网通办",建设数字化校园、智慧教室、易班、数字图书馆、网络教研等各类信息化平台。改善职业教育信息化基础环境,推动职业教育信息化标杆校创建和虚拟仿真实训中心建设。上海市教委相关负责人表示,未来上海职业教育将坚持人本导向,强化应用牵引,以深入推进教育教学模式改革为核心,加快推动虚拟实训资源和平台建设,高质量、深层次、全方位地推进职业教育数字化转型工作。

推动职业教育国际化。上海正建设具有世界影响力的社会主义现代化国际大都市,上海职业教育在国际合作方面有诸多举措和亮点。包括推动国际合作办学,推动德国双元制现代学徒制、英国 IMI 资格证书、澳洲 TAFE 证书、法国蓝带等项目化合作,引进和输出先进职业教学标准,加强师资国际化水平,推动国际通用职业资格证书落地,参与世界技能大赛,服务"一带一路"倡议等。例如,上海城建职业学院作为牵头院校成立了上海"一带一路"建设技术学院。近年来,学院联合上海建工集团、上海建筑职教集团,开办"一带一路"基础设施国际人才高级研修班。同时,与泰国曼谷职教中心和当地职业院校合作,设立海外分校,联合培养学生、培训教师,并选派骨干教师团队,赴印度尼西亚、马来西亚、肯尼亚开展技术和文化交流,将中国建筑工程施工技术及标准带到海外。

　　上海职业教育在服务国家战略、城市发展、产业升级和民生改善中发挥了重要作用,为上海乃至全国的职业教育改革和发展提供了宝贵经验。随着政策的不断深化和实施,上海职业教育必将在新时代实现更高质量的发展。

　　　　　　郭　　扬(上海市职业教育协会)
　　　　　　李欢冬(上海市普陀区中教科产教融合研究院)

职业教育数字化学习资源建设

职业教育专业教学资源库建设促进了职业教育的质量提升，在很大程度上带动了职业教育理念和学习方式的变革。随着新职教法和一系列政策措施的颁布实施，我国职业教育进入到了法治化、科学化和数字化的新阶段。总结回顾职业教育数字化学习资源库建设的成果，分析现有问题并展望未来，对职业教育的健康发展具有重要的意义。

一、职业教育数字化学习资源建设现状

（一）相关政策的演变和发展

我国职业教育信息化教学发轫于 21 世纪初，二十多年来，经历了从重视建设，到重视应用，再到重视质量和效益的发展过程。教育部"十五"规划开始关注信息技术在高职教育的应用，通过配备计算机和多媒体教室等措施加强基础设施建设，当时教学的关注点是《计算机应用基础》课的开设情况。2010 年开始实施专业教学资源库建设项目，旨在通过建设优质资源提升信息化水平，促进教育教学改革。2014 年开始推进信息技术改造专业课程的探索，通过仿真和数字化实训等技术手段加强信息技术与教学融

合,加强教与学过程的数据采集和效果分析,并引进开放课程资源和微课等新型信息化教学模式。2019年提出"互联网＋职业教育"概念,在在线精品课程、信息化教材和虚拟工厂等网络学习空间建设方面进行探索,提出了智慧课堂、混合式教学、个性化学习和师生信息素养等理念。2020年开始的职业教育信息化2.0建设,站在"互联网＋""智能＋"教育新形态的高度,探索学习资源共建共享机制和资源认证标准。开发网络课程等学习资源和创新教学方式,作为未来职业教育发展的重要任务,也体现在新职教法的条文中。

可以看出,职业教育信息化建设的政策措施经历了从基础设施建设、基础性教学资源开发,到优质资源共建共享平台和机制建设以及新型教学模式探索的历程,从简单提及到具体建设任务,从常规工作到统一思想后的系统化行动,提高了职业院校信息化和现代化水平,对职业教育发展起到了重要的推动作用。

(二)数字化学习资源建设实践

在国家示范性高职院校建设计划框架内,2010年启动了共建共享型教学资源库建设工作,这是我国职业教育数字化教学资源建设具有里程碑意义的事件。资源库建设基本实现了以国家战略和行业急需为目标,面向专业布点多、学生数量大、行业企业需要迫切的职业教育专业领域,为相关专业提供教改范例和优质资源的目标[1],并初步形成了职业教育资源共建共享体系和管理运行制度[2]。2010年起举办的全国中职学校信息化教学大赛与

〔1〕 孙善学,刘正宏.职业教育专业教学资源库的未来走向研究[J].中国职业技术教育,2018(23):8—11+22.
〔2〕 郭志庆等.国家级职业教育专业教学资源库建设与应用分析报告2016[M].北京:中央广播电视大学出版社,2017:1,13,85.

此有相辅相成的意义(2019 年更名为"全国职业院校技能大赛教学能力比赛",下文简称大赛)。大赛提高了教师利用信息化手段教学的能力,对引导国家标准落地和引领"三教"改革起到了积极作用。数字化学习资源建设成果促进了职业教育的发展。

回顾过去也可以发现一些不足。首先是学习资源平台数目繁多,包括国家级平台和企业及院校等自主开发的平台,而且平台利用率不是很高。二是学习资源没有完全满足学习者的需求,未充分实现"能学辅教"的功能定位[1]。研究发现,一些顶层设计缺陷导致学习资源建设质量不高,无法有效支持教师的教学与学生的自主学习[2];职业教育教学实践中普遍存在信息技术与教学脱节问题,还没有从根本上解决实践教学"看不见、进不去、动不了、不够用、难再现、效果差"的难题[3]。要想解决这些问题,需要在理念、实施策略和方法手段等多方面进行整体化的考量。

二、职业教育数字化学习资源存在问题

(一)学习资源库建设思路和互联网范式的矛盾

作为一项新生事物,学习资源库建设尚无样板和成熟经验参考,相关专家意见的科学性和可行性直接影响着资源库建设质量。随着建设工作的开展,这些指导思想也在不断变化。

资源库建设最初的做法是将示范校建设过程中的大量教学资源进行信息化处理。《职业院校数字校园建设规范》将数字化

---

〔1〕 李小娃,莫玉婉.专业教学资源库建设:从资源的优质共享到高职院校的优质均衡[J].职业技术教育,2017,38(19):30-34.

〔2〕 童卫军,姜涛.高等职业教育专业教学资源库平台建设研究[J].中国高教研究,2016(01):107-110.

〔3〕 肖凤翔,邓小华.论我国职业教育信息化发展方式的转变[J].电化教育研究,2017,38(09):35-40.

教学资源分为课堂资源和实训室资源两类,包括通用性基础资源和仿真实训资源,如视频、动画和虚拟仿真资源等。2014 年,《职业教育专业教学资源库建设指南》将资源库建设思路表述为"碎片化资源、结构化课程、系统化设计",2016 年调整为"一体化设计、结构化课程、颗粒化资源"。在此,"一体化设计"强调以用户需求为导向,统筹资源建设平台设计以及共建共享机制的建构;"颗粒化资源"要求库内资源在"保障科学性和有效性的前提下尽可能设计成较小的学习单元"。2018 年版《职业教育专业教学资源库建设工作手册》对"颗粒化资源"的要求调整为"最小单元必须是独立的知识点或完整的表现素材,单体结构完整、属性标注全面"[1]。从以上表述可以看出,资源库建设的指导思想是利用信息技术呈现和传递专业知识,其逻辑起点是知识点和技能点[2],这反映了认知主义的教学理念。

经过参与者的辛勤工作,资源库积累了海量学习素材,但使用者并不很满意,认为"真正适合学习者需求、能够有效利用的资源数量实际并不多"[3]。周韵等的研究发现,"多数资源制作存在技术含量不高、素材资源教学适应性不强等现象"[4];资源没有融入最新改革成果,也无法反映行业发展趋势[5],这里一个重要原因是,资源库建设指导思想与互联网范式之间存在矛盾。

〔1〕 中华人民共和国教育部.《职业教育专业教学资源库建设手册(2018)》[EB/OL].[2022 - 04 - 23]. http://www. moe. gov. cn/srcsite/A07/moe_737/s3876_zyjx/201803/t20180322_330968. html.

〔2〕 叶文胜,熊发涯,操惊雷. 基于"云应用"的职业教育教学资源建设与应用模式探索[J]. 中国职业技术教育,2015(14):78 - 82.

〔3〕 冀国强,陈国强,邱召法. 浅谈高职院校教学资源信息化建设[J]. 中国教育信息化,2015(01):48 - 51.

〔4〕 周韵,李志强. 高职院校专业教学资源库建设的问题与对策[J]. 中国职业技术教育,2016(08):83 - 85.

〔5〕 王长文,宗诚. 当前高等职业教育专业教学资源面临的困境与对策[J]. 黑龙江高教研究,2018,36(12):118 - 121.

随着时代的发展,互联网范式也在不断升级,从静态网页的Web 1.0,到用户直接交互的 Web 2.0,再到通过对用户数据分析自动生成内容的 Web 3.0。Web 1.0 的特点是只读网络,提供静态信息;Web 2.0 是参与式社交网络,突出用户生成内容、可用性和互操作性,反映建构主义理念;人们现在已经开始探讨 Web 3.0。可以看出,当前学习资源库是"基于教学逻辑呈现教学资源库素材的平台"[1],其设计指导思想是提供静态知识点,体现Web 1.0 的理念。

(二) 现代教学理念与传统内容呈现方式的矛盾

2010 年资源库《项目申请指南》提出"带动高职院校专业教学模式和教学方法改革,满足个人多样化学习需要"的建设目标,2011 年版提出"体现学习者为中心的理念"[2],2013 年又提出"为教师教学、学生和社会学习者自主学习服务"[3];各承建院校的《建设方案》也提出建设"人人皆学、处处能学、时时可学"资源库的目标,之后每个版本的《建设指南》或《建设手册》均强调要使学习者都能在资源库中自主进行个性化学习,这反映了建构主义、联通主义等现代学习理论指导下的教学理念。

然而《建设手册》又明确提出"颗粒化资源是基础、结构化课程是重点"的要求,这限定了学习内容的选择、组织和呈现方式,使学习资源成为结构化、封闭式的知识堆砌,与联通主义、情境学

---

〔1〕 徐国庆.职业教育教学资源库开发:问题、原理与方法[J].泰州职业技术学院学报,2015,15(02):1-7.

〔2〕 中华人民共和国教育部.教育部关于确定高等职业专业教学资源库2011年度立项建设项目的通知[EB/OL].[2021-04-23].http://www.moe.gov.cn/srcsite/A07/moe_737/s3876_zyjx/201109/t20110905_124999.html.

〔3〕 职业教育专业教学资源库2013年度项目申报指南[EB/OL].[2022-04-23].http://www.gzgszy.com/jwc/guiding/2594.html.

习理念的建设目标相违背。从最后提交的"产品"看,很多资源库将线下学习资源数字化后存储在线上平台,在原有课程基础上把各章节的知识、技能点进行拆分,单独形成颗粒化资源、素材、积件、模块层层组合成结构性的网络课程,再由课程整合成专业。从认识论上看,这是以原子论和机械论观念认识学习与自然和社会的关系,追求工具理性,忽视了世界的整体性特征和隐性知识在能力发展中的重要性。"颗粒化资源"呈现显性知识,程序化教学强化知识灌输,知识按照设计者的愿望自上而下传递,学习过程是一个"刺激"和被动"反应"过程;功能性的练习任务反馈的只是知识积累程度,在缺乏应用场景情况下很难发展成职业能力,无法看到这些内容与工作世界的关联性,更难实现职业教育的"系统性"学习,对个人学习情况的监测也主要通过标准化测试开展。因此,这里反映的教学理念还不是建构主义和情境主义,而更偏向传统的行为主义,这影响了学习者为中心和自主学习等先进理念的实现[1]。

(三)资源库设计功能实现的程度不一

2014 年《建设手册》确定了资源库"辅教、辅学"的基本功能定位,2015 年调整为"能学、辅教"并沿用至今。"能学"是指学习者能通过自主使用资源库实现系统化、个性化学习,并达到一定学习目标;"辅教"是指教师针对不同学习者和教学要求,利用资源库灵活组织教学内容、辅助教学实施并实现教学目标,这反映了以学习者为中心的设计理念,关注个性化和自主学习,拓展了学习空间,反映了信息时代的学习特点。

---

〔1〕 [美]罗伯特·斯莱文.教育心理学:理论与实践[M].北京:人们邮电出版社,2004:104-124.

然而分析发现,已建成平台多数是单方面向学习者提供学习内容,交互性和社会参与不足;多数交互和情境体验功能是基于课程的互动,呈现的多为认知性或操作技能训练任务,真实性和开放性较弱。资源库建设者和学习者理解的"能学"并不一致。建设者理解的"能学"是基于课程的"能学",即为抽象的理论提供动态资源呈现,让纸质教材"动"起来,按照学习资源的性质和学习者的学习风格设计教学策略,反映了认知主义学习方式;学习者理解的"能学"是基于资源的"能学",即根据需求选择学习资源,并自行进行组合重构。事实上,即使精英教师团队建设的资源库提供的资源也是有限的;学习者更关注资源的丰富性和可获得性,不会把学习局限在课程范围内,希望快速获得符合自己意愿的信息并体验情境,在享受资源的同时会根据自己的经验和意愿编辑资源,使其成为适合自己的专属资源。这时,学习者不但是资源的消费者,同时也成为了资源的提供者。

　　从数字学习资源发展历史上看,职业教育数字化学习资源开发经历了"三代":第一代是开发作为现有教学过程附加系统的多媒体课件和计算机教学软件;第二代是开发设计在信息技术支持下的综合学习环境,特别是互联网终端使用者参与发布的、沉浸式、混合式和开放性学习资源和平台;第三代是对教育机构组织和文化架构进行整体化设计、关注经验和自主性学习策略、采用人工智能和机器学习技术的学习资源,在提供专业解决方案的同时,可以提高学习者的设计能力[1]。我国学习资源库"能学、辅教"的定位是第二代学习资源,但教学资源库验收指标确定的学习资源组织形式更多考虑的是"辅教"功能,即第一代学

---

　　〔1〕 EULER D. Virtuelles Lernen in Schule und Beruf[M]. Meilensteine der beruflichen Bildung. Bielefeld:Bertelsmann,2003:297-322.

习资源,这限制了优质资源共建共享的范围,这种 P2C(People to Content)的学习方式[1]与资源库"能学"的建设目标存在矛盾。

三、德国职业教育数字化学习资源建设案例分析

德国职业教育享有很高的国际声誉,分析其信息化发展的经验,对提高我国职业教育信息化水平极具启发。德国将基础能力和体制机制的信息化建设作为职业教育发展的技术手段,有关职业教育信息化的探讨主要针对信息化教育教学改革创新展开,相关研究一般把信息化作为提高教育教学质量的数字化媒体来讨论。

职业教育的媒体是学习者与学习内容(即学习者未来的工作)之间的特殊媒介,工作情境和直接的工作经验是最基本的表现形态。在职业教育中,"创造媒体的人隐藏在具体的设备和工作过程背后,他们的意图、知识和技能存在于职业的工作过程和工作方式之中"[2],这使得职业教育的媒体与普通教育媒体相比更为复杂而多样。职业学习是学习者在(真实或虚拟的)学习与工作环境中,在教师、企业指导教师以及高资历同事或同学的协助下,对有关职业工作的意图、知识和技能进行主观建构,这反映了情境主义学习理念。德国开发的学习系统多是开放性的综合化学习系统,即不追求(像我国目前这样)所谓优秀的多媒体教学软件或信息化教学设计,而是着力为学生和教师在教学过程中提供更多的专业化的设计和建构空间。

除了针对教与学过程的信息化支持,德国还非常强调针对

---

〔1〕 余胜泉,杨现民.辨析"积件""学习对象"与"学习活动"[J].中国电化教育,2007(12):60-65.

〔2〕 PABST A, ZIMMER G. Media Research and Development[M]. Handbook of TVET Research. Dordrecht: Springer, 2008:565-573.

"工作世界"(the world of work)的信息化支持,其教学系统在很大程度上被设计成为一个"指导性的工作系统"(tutorial working system),旨在帮助使用者顺利完成在特定工作领域、环境和条件下的综合性工作任务。信息化教学研究的目的在于:通过信息化技术最大限度地支持"针对复杂工作内涵"(包括工作对象、工具材料、工作方法、劳动生产组织形式和工作要求)的学习。职业教育信息化教学手段有两种基本类型,一是"教的手段",二是"学的手段"。针对前者,教学人员通过选用恰当的媒体表达出其对职业工作内涵的深层次理解;针对后者,各种媒体支持学习者获得必要的信息、为其解决职业实践中的实际问题提供思路,并激发学习者的动机[1]。在不同教育理念指导下,信息技术的功能设计会有很大区别;同样的信息化教学技术和设备,不同人也会采取不同的方式开展教学工作。德国有很多政府支持的职业教育信息化项目,本文选择3个有代表性的项目进行介绍。

(一)"生产过程中的职业学习"

为了提高校企合作的质量,德国联邦教科部(BMBF)支持实施了题为"生产过程中的职业学习"的典型试验项目(Berufliches Lernen im Produktionsprozess,简称 BLIP),即建立工学结合的学习平台并开展教学。

1. 案例描述

BLIP 平台是卡尔斯鲁厄理工学院(KIT)和奔驰汽车公司等联合开发的学习平台,其目的是提供专业学习资源,帮助学生不受时间和地点限制获得专业知识并完成学习任务;教师和企业实

---

［1］ BONZ B. Methoden der Berufsbildung. Ein Lehrbuch［M］. Stuttgart: Hirzel 1999:177.

训教师由此进行专业交流,进行合作式教学。

　　BLIP引入大众社交媒体,以发挥数字媒体在职业教育中的特殊潜力,这包括:(1) 维基百科:学生利用Wiki获取信息,撰写自己的Wiki短文供其他同学使用;(2) 论坛:学生在此与教师讨论专业问题,并及时得到教师指导,解决学生在不同部门实习时由于空间和时间不同步产生的困难;(3) 博客:学生在博客上发表个人学习经验,博文可确保学习项目结束时获得所期望的结果,并为撰写结题报告提供基础。通过学习平台,参与项目教学的所有成员(学生、教师和企业实训教师)共享文件,及时沟通,保证项目按时顺利进行。

　　BLIP平台支持下的项目教学由职业学校、企业培训部门和生产部门合作进行。以机电设备装配课程为例,学习分为三个阶段:(1) 理论学习,教师讲解相关知识;(2) 学生在学校制定装配计划,之后在企业实践中检验之;(3) 学生按照职业资格考试要求梳理知识,参观企业装配生产线并在平台上讨论各种装配任务。教师通过平台分配学习任务,回答学生提问,提供专业资料、链接和其他协助。学生(常以小组方式)在系统中进行工作记录。平台既是技术平台也是教学系统,它可以把个体知识和集体知识进行一般化处理(即知识管理),从而完成对知识的建构。通过信息技术的使用、参与设计和反思,使用者提高了媒体素养,这对学生和公司员工的职业发展都有重要的意义。

　　BLIP同时也是校企合作的工作平台。校企双方组成的教学团队共同负责教学的设计与组织实施。合作教学项目有一定周期性,其步骤是:(1) 明确任务:双方就即将开展的教学项目达成一致意见;(2) 计划与决策:双方确认教学项目的工作实施方案;(3) 行动:在各自的工作场所通过平台进行协作;(4) 检查:教师和企业实训教师评估学生的行为和工作成果;(5) 反思、总结并提出改进建议。课程（教学项目）负责人控制整个教学进程，通过"学习内容管理系统"（LCMS）支持师生互动交流，LCMS 的功能包括电话会议、聊天、在网显示、活动组织和"公共文档"等。BLIP 平台提供的虚拟学习设施采用需求驱动模式，可以方便地组织工作和学习活动；它还提供强大的存储和共享功能，包括文本、工具、电子学习工具、网页链接、作业结果和学习日志、自动生成的文档和评估材料等[1][2]。

2. 评注

这是一个混合式学习案例，它按照"完整的行动过程理论"（即整个学习和工作过程包含明确任务、制定计划、决策、实施、检查控制和评价反馈 6 个阶段）[3]，培养学生的职业行动能力，包括专业能力、方法能力、社会能力和个人能力[4]，这里反映的教育理念是：学习不仅是对现有知识的把握，更是对新知识的建构；通过实践行动促进学生反思，激励创新。学生在教学项目的学习和工作中体验不同角色，这需要多样化的学习方式（如课堂学习、非正式学习、经验性学习和协同学习等）、多种教学方法（如讲解、研讨会、经验交流、远程学习等）和多种学习媒体（包括传统的媒体和数字媒体）。

可以看出，以上信息化教学平台按照"以学习者为中心"的原则设计，帮助学生理解学习对象，为学生留出足够空间去收集资

〔1〕 BEILING B, FLECK A, SCHMID C. Lernortkooperation mit Web 2.0 - ein neues Mittel für eine alte Herausforderung？[J] BWP，2012(3)：14 - 17

〔2〕 BMBF. BLIP - Berufliches Lernen im Produktionsprozess[EB/OL]. [2020 - 12 - 15]. https：//www. qualifizierungdigital. de/de/blip - 7.

〔3〕 PAMPUS K. Ansätze zut Weiterentwicklung betrieblicher Ausbildungsmethoden [J] BWP，1987（2）：43 - 51.

〔4〕 KMK. Erarbeitung von Rahmenlehrplänen der KMK für den berufsbezogenen Unterricht in der Berufsschule und ihre Abstimmung mit Ausbildungsordnungen des Bundes für anerkannter Ausbildungsberufe[R] Bonn：KMK，2000.

料、探究和发现规律，强调知识构建和反思等"设计性"(Gestaltung)功能[1]。此类学习系统设计成功的关键是软件开发。软件开发者必须了解职业学习过程的实际需求，从而解决真实的操作性问题。平台上运作的课程在内容和组织难度上应与学生的数量和学习能力相匹配，符合职业教育人才培养目标要求，遵循工作过程导向和行动导向教学原则，满足企业生产安全和信息安全的要求。

(二)"新技术条件下的混合式继续教育"

卡塞尔大学牵头实施的"新技术条件下的混合式继续教育"(Blended Continuing Education with New Technologies，缩写为BlendedContENT)项目针对多种目标群体开发学习资源，包括职业院校学生、企业员工和中小企业主。

1. 案例描述

BlendedContENT 教学资源基于以下假设：(1) 不同类型学习者的学习习惯不同，但都愿意使用小型学习程序和手机 APP；(2) 专门化程度高的知识老化快，但可采用"论坛"方式解决这个问题，即用户共同参与学习内容的设计；(3) 方法类和应用性强的知识需要复杂的表达方式和充分的交互。该学习资源库有以下特点。

(1) 应用性和个性化程度高。资源库按照企业具体工作情境，展示施工现场的实际工作过程和解决方案(不仅仅是知识体系)。系统提供网络编辑器，学习者可自行定义学习内容并很方便地上传，这特别受中小企业的欢迎。

---

〔1〕 RAUNER F. Gestaltung von Arbeit und Technik[M]. Handbuch der Berufsbildung. Opladen：Leske+Budrich，1995：50-64.

（2）按照专业特点，建立趣味性内容呈现结构，如"能力门户"和"学习城市"。学习者从"能力门户"进入学习系统获取知识、交流经验并下载资料；在"学习城市"栏目中选择不同的综合工程项目，通过市场调查、制定和实施方案、维护客户关系等环节进行整体化学习。他们可扮演不同的角色（如客户、设计师和技术工人），采用不同的方式（如区分对错，对工作流程排序，识别缺陷等）学习。

（3）持久保证个性化学习成果。很多企业建立了内部独特的生产工艺流程，希望保留这些情境性知识并在一定范围内传播。该资源库允许企业用户利用网页编辑器在学习城市栏目进行知识的整理、储存与管理，学习者也可以把自己的经验总结存放于此。因此，BlendedContENT 事实上成为一个企业进行知识管理的有效工具。资源库还提供了专业应用程序和远程培训课程[1]。

2. 评注

BlendedContENT 学习资源库采用基于工作的学习理念，将学习融入到工作流程中，正式学习与非正式的经验性学习相结合，统筹考虑学习者和企业的利益。按照建构主义学习理念，学习者必须对工作活动感兴趣，有意识地去体验、运用和构建工作层面的自由，才能实现真正的学习，因此学习性岗位和学习环境应满足一些基本要求，如工作与学习过程要有一定的自由度、系统要有一定的开放性、学习者能掌握和控制这一过程等[2]。

〔1〕 BMBF. BlendedContENT：Sanitär-，Heizungs- und Klimabranch.〔EB/OL〕.〔2020 - 12 - 15〕. https://www. qualifizierungdigital. de/de/blendedcontent - 47. php

〔2〕 MANDL H.，GRUBER H.，RENKL A. Situiertes Lernen in multimedialen Lernumgebungen〔M〕. Information und Lernen mit Multimedia und Internet. Weinheim：Beltz Psychologie Verlagsunion，2002：139 - 148.

BlendedContENT 在此领域进行了成功尝试。在此系统上进行的学习活动和综合性工作行动具有"反思性"和"创新性"两个特征：前者是对整个职业行动领域的工作内容、工作环境和个人行动的反思；后者是反思性学习的重要目标，由此促进个体在工作中的创新。

四、对未来职业教育数字化学习资源建设的建议

职业教育的数字化战略与人才培养模式有着密切的联系。未来职业教育数字化学习资源建设应关注先进互联网理念和职业教育思想，从职业教育的类型特征出发进行顶层设计，整合相关主体的资源与需求。

（一）认识职业教育数字化学习资源的功能

从媒体教育学角度看，数字化教学资源是教学媒体的组成部分。与普通教育相比，职业教育的教学媒体要复杂得多，它是"学习者与其未来工作之间的特殊媒介"，除传统的演示手段和激励手段外，工作情境是最基本的表现形态，包括与工作相关的所有物品和过程，它承载着创造这些媒体的"实践专家"的工作的意图、知识、经验和技能。

随着信息技术的发展，职业教育媒体不断发展。职业教育最早的数字（电子）媒体是教学录像、PPT 课件和网络课程，最初的功能都是使复杂的教学内容变得易于被学生理解和接受。目前，我国主要利用数字化媒体的知识传递功能，如通过展示、重复、模拟、互动等方式优化教学设计、监测教学过程、评价教学效果，从而达到提升教学质量的目标，这种方式受到"以教为中心"教学理念的影响。依据布鲁姆的掌握学习原则，只有给予学习者足够的

时间和适当的教学,学习者才能掌握所学的能力。因此,数字化教学资源还应承担"教学"功能,即有效支持学习者个性化学习的发生。它帮助学习者在教师、企业导师、高资历同事或同学的协助下,对职业工作的意图和知识进行主观上的建构,这影响着学习者个性的形成和师生关系,重塑了新的教与学生态系统的结构和过程。

职业教育数字化学习资源不仅仅是对传统课程内容进行数字化处理,即将海量的线下资源按照知识点和技能点进行数字化处理,从而让学生易于获得和理解,更是利用数字化手段,对职业教育学习内容进行重组和系统化再造[1]。它把复杂的工作现实转变为学习者可以驾驭的学习情境,让学习者在完整的行动过程中进行知识的自我建构和实践中的反思,从而实现真正意义上的职业学习。职业教育数字学习资源不仅具备一般数字学习资源的多样性、易可获取性、开放性、可扩展性、再生性等功能特点,更重要的是要有"工作情境性"。

（二）引进职业教育的先进学习理念

数字化学习与人才培养模式有密切的联系,应引进先进职业教育理念和互联网应用模式,推动职业教育的课程和教学改革进程。

1. 关注"工作世界"的整体化要求

建设职业教育数字化学习资源的目的,是通过信息技术帮助学习者实现针对工作的学习,使其满足未来工作世界对劳动者的要求。学习者不仅要学习抽象的知识点技能点,更重要的是在数

---

〔1〕 DEHNBOSTEL P. Lernumgebung gestalten ［M］. Handbuch Berufsbildungsforschung. Bielefeld：W. Bertelsmann,2005：378 - 383.

字化学习资源支持下,具备完成复杂的专业工作任务的能力。因此,数字化学习资源是一个基于专业工作的"综合学习系统",或称"指导性工作系统"(Tutorial Working System)[1],其功能应满足一般工作系统的指标要求,如"用户友好""工作指导"和"专业的可对话性"等。例如,该系统里的学习任务要反映岗位的工作要求、有学习价值,而且具有可操控性。系统的人机对话功能只有在能够支持和指导学习者操控整个系统,并解决实际问题时,才意味着实现真正的学习[2],这也是现代交互式职业学习系统设计的基本原则。

2. 提供在行动中建构知识的场景

建构主义学习理论认为,媒体无法让信息在学习者个体之间进行直接的传递,但领会编码信息能引发受体大脑中意念(知识、含义、动机等)的形成,即知识是通过由媒体引发的主观建构而形成的[3]。现代化的职业教育数字化学习资源是混合式的综合学习系统,它反映企业的典型工作场景;系统设计的重点不是去展示"事实性"的知识,也不必刻意追求"科学"的教学设计和结构化的学习内容(因为隐性的实践知识不可能被设计),更重要的是为学习者提供教与学的过程中自我建构知识的机会和空间,帮助学习者完成在特定领域、环境和条件下的工作任务。系统设计应避免追求"教的过程"的设计和"教的资源"开发,而更加关注对学习活动的有效支持。

〔1〕 BECKER M. Learning with Tutorial Working Systems[M]. Handbook of TVET Research. Dordrecht: Springer, 2008: 475 - 481.

〔2〕 HOWE F. Potenziale digitaler Medien für das Lernen und Lehren in der gewerblich-technischen Berufsausbildung[J]. bwp@, 2013(6): 1 - 15.

〔3〕 JONASSEN D. Learning from, in, and with Multimedia[M]. DIJKSTRA S, et al. Multimedia Learning. Frankfurt: Lang, 2001: 41 - 67.

3. 采用多种体系结构呈现学习内容

现代技术条件下的工作世界极为复杂,它涉及的知识并不遵循传统的学科和专业界限。职业教育数字化资源的知识呈现方式无需也无法遵循特定的逻辑,因而呈现出多样化的结构特征,例如:(1) 按照学科,即以学科概念和原理为基础,关注学科结构和知识体系;(2) 按照专题,即以某专题的知识为主要内容,不追求知识系统性、完整性和学科结构;(3) 按照工作任务,即以完成职业的典型工作任务(professional task)的过程为逻辑主线,既强调内容,又关注过程;(4) 按照社会角色,即围绕学习者承担的企业和社会角色(如技术工人、雇主或消费者等)组织内容,强调人与技术和社会的关系,促进职业素养发展;等等。

4. "为教学而技术",采用简单易操作技术

信息化是实现教育目标的手段,不是目标的本身,应避免"唯技术论",不盲目追求信息技术的先进性而忽视对教学的支持。过去在学习资源开发工作中,由一些教师提供学习内容,而内容呈现则由另一部分教师或技术人员实现,这样开发的产品多是展示性的,互动效果不好,上课教师也无法及时补充或更新教学内容。高水平数字化学习资源意味着:普通教师可采用简单技术手段,在短时间开发或利用功能强大且有效的应用程序,支持教与学的过程的进行。雷亭恩(E. Lehtinen)等提出优秀数字化学习资源的标准:完成情境性学习任务;从综合性和复杂问题入手;发现式学习与教学指导相结合;案例与系统化学习相结合;通过互动与合作解决问题[1]。采用低代码和简单技术开发环境,可使教师和学习者同时成为学习资源开发的主体,不但可以实现学习

〔1〕 LEHTINEN E, LETHI S, SALMI S. The Challenge of ICT in Vocational Education 〔M〕. ACHTENHAGEN F, JOHN EG. The Teaching Learning-Perspective. Bielefeld: Bertelsmann,2003: 259 - 296.

素材的适时更新，也可降低资源的开发和维护成本。

（三）建立数字化条件下的学习新范式

信息技术不但改变了学习资源的形态，也引发了学习方式的变化，但人始终是学习的中心。在职业教育产教融合大背景下，需要建立新的学习范式。学习过程不是简单的知识积累过程，而是在数字学习资源支持下，具有情境性与社会性的、有情感的、积极的自我指导与建构过程[1]。

1. 在行动导向学习中发展行动能力

按照新《职业教育法》第二条的规定，职业教育要培养技术技能人才的行动能力，有效的学习只能在复杂的职业情境中，通过行动导向的学习才能实现，即学习者在（尽量）真实的工作情境中，通过自我调节的行动对知识进行建构，数字化学习资源应当支持这一过程的实现。

高质量数字化学习资源应反映企业对技术技能人才的能力要求，通过混合式的场景设计，为师生的专业化互动提供支持，深入参与学生的知识建构。按照行动导向学习原则，学生在教师的指导下，从资源库中选择合适的学习任务，通过主动和全面的学习，获得德智体美劳的全面发展。在此过程中，学生需根据任务确定需学习的知识技能、选择学习方法、进行学习并评价学习结果，即经历完整的行动（工作）过程。教师不提供现成答案，而是指导学生利用学习资源库中丰富的材料去自行判断、探究和实践，在完成任务的过程中获得对工作的认识和反思，即"工作过程知识"。学生从教师、同学和不知名的伙伴那里获得多种知识和

---

〔1〕 MANDL H, WINKLER K. Von E-Learning zum Blended Learning［M］. KLEBL M, KÖCK M. Projekte und Perspektiven im Studium Digitale. Münster: LIT, 2006: 11 - 28.

技能,提高了在实践中解决实际问题的行动能力,即"理解、反思、评估和完成职业任务以及在承担社会、经济和生态责任的前提下,共同参与设计技术和社会发展的意愿和本领"〔1〕。学生通过角色扮演等获得情感体验,将知识学习、实践探究及社区服务等社会实践结合在一起,形成社会能力和思想品德。教师的角色也发生了变化,从知识讲授者转变为学习过程的策划者、组织动员者、自我管理学习的咨询者和参谋。

2. 在真实的问题情境中建构知识

按照情境学习理论,学习是在人际互动中通过社会性的协商进行的知识的社会建构〔2〕。职业教育强调"做中学",学习过程是学生在完成学习性工作任务的过程中积极的、个性化的知识建构过程。高质量数字化学习资源是"基于学习性工作任务的多媒体混合式学习平台",它为使用者提供了可自行设计和建构教与学的过程的条件和机会。学生在真实或混合式学习与工作环境中,根据不同任务和设备的特点,在他人(同伴、教师、企业师傅)的协助下,通过沟通与交流,对与职业工作有关的知识、技能、态度和价值观进行主观上的建构。由于学习者采用经验性和自主性的学习策略,在获得专业解决方案的同时,也提高了工作和生活的设计能力,成为教与学的过程的主体。

在职业教育产教融合、校企合作大背景下,信息技术有利于解决校企合作中的困难,如通过电子档案将在不同学习场所获得的经验进行整合,形成班级、专业甚至产业学院的知识和经验库,这不仅实现制度上的合作,也支持思想上的跨界学习,即将复杂、跨领域但相关度高的工作知识以易于理解的方式进行系统化处

---

〔1〕 赵志群. 职业教育学习新概念[M]. 2版. 北京: 北京师范大学出版社,2021: 12.
〔2〕 [美] J. 莱夫, E. 温格. 情境学习: 合法的边缘性参与[M]. 上海: 华东师范大学出版社,2014.

理,并进行更大范围的成果共享。学习者可借此实现全方面的能力发展,如专业能力(编程、安装)、方法能力(制定计划的工具)、社会能力(客户服务)。由于需要利用新技术完成多学习场所参与的学习任务,学生获得了更多的行动权限和设计空间,促进了创新能力的发展。

3. 混合式学习系统满足多方面的需求

在多数专业,根据企业真实工作任务设计的数字化教学资源是混合式的、开放性的综合学习系统。学生利用这一系统学习如何承担复杂的职业功能,通过与工作对象和工作人员(包括教师)的交互来学习新知识新技能,并提供个性化的解决方案,这体现了工作本位学习的基本特点。

工作本位(Work-Based Learning)学习是职业教育的重要学习方式,但即便是在企业实习期间,开展工作本位学习也有很大困难,因为岗位的绩效和安全压力使学习无法简单按照学习者的愿望进行。混合式学习系统以多种方式支持工作本位学习的进行。例如,对错误发生概率低,或试错成本高的工作活动,可通过模拟程序学习,并逐渐提高要求;通过对学习过程中关键参数的记录,可以让学生获得在日常工作中无法观察到但对职业能力发展很重要的经验,从而获得程序性和意向性知识[1],学生可以获得企业师傅或领域大佬的指导。混合式的综合学习系统把职业院校变为工作场所,教师和学生可借此反思不足,协调和平衡个人、企业、职业院校等利益相关者的利益诉求。

高质量的数字学习资源还可以为师生提供更多教学设计和专业发展的空间,允许教师根据需要随时更新或添加学习内容,

---

〔1〕 BILLLET S. Securing Occupational Capacities through Workplace Experiences〔M〕. BAHL A, DIETZEN A. Work-based Learning as a Pathway to Competence-based Education. Bonn: BIBB, 2019: 25 – 43.

允许学生保留和分享自己的学习成果。它的编辑功能可帮助教师和学生轻松地对学习内容进行二次开发，如输入和更新的学习内容，这更好地保证了教学的有效性和学习资源维护的经济性和可持续性。如果通过大数据和人工智能实现了数字化教学的可跟踪性，还可以对自主学习过程进行再利用，并重构职业教育机构提供教育服务的形态，促进职业院校和企业开展更高层次的组织学习。

4. 关注学习体验，激发学习动机

现代多媒体技术可以把工作过程以相对真实、多方面、复杂和整体的方式展示出来，为技术技能的学习提供了有趣甚至是全新的选择。高质量的数字化学习资源通过真实的工作任务或学习游戏等方式呈现学习内容，让学习者在轻松的互动环境中进行自主学习。例如，一些复杂生产过程因安全隐患或成本过高等原因，无法让学习者直接体验或参与，有些精密设备和工艺过程也无法通过肉眼观察。而利用 AR 和 VR 技术，可清晰展现工艺和专业操作，并同时显示多种技术参数的变化，学生在不承担实际后果的情况下可对特定操作做出合适反应。以学生为中心的混合式学习平台，按照工作场景设计学习游戏，引导学生通过角色扮演或小组讨论等多种方式自主处理复杂的工作关系，完成高要求、创新性的工作任务，在完成任务的工作过程中建构知识。

另外，由于系统易于访问、操作简单，高质量的学习平台还可以为学习者提供了多方面的学习工具和学习记录。学习者无需具备高深软件知识和技能，就可以创建个性化的版本，轻松地对学习材料进行下载、调整、设计和提交作业，实现多媒体和多元素的交互。教师也很容易将学习素材导入到 PPT 课件或制作其他电子教学资源。师生可选择学习任务、记录学习过程，保存并分享工作成果（文档与视频等）、展示工作过程、存储工作结果，即遵循"技术服从教学"（Technology Follows Didactics）原则，从而激发学生的学习动机和教师使用信息化手段的积极性。

综上所述，在职业教育数字化学习资源建设中，应引进新的职业教育教学理念，建立基于职业工作的混合式工作与学习平台或系统，为学生提供多种交互学习的可能性和支持工具。教师也应深入了解数字化学习资源的功能特点和使用条件，设计更高质量的学习任务和学习环境。需要指出的是，信息化教学不仅通过信息技术促进个体的知识积累和智力发展，而且也是促进组织（如企业、学校或政府机关）实现组织学习和组织发展的过程。在职业教育中，这涉及职业院校、企业和相关咨询服务机构，其核心是为人的学习提供信息化服务。数字化学习方式为基于工作的职业学习和终身生涯发展提供了新途径，它改变了传统的职业学习方式，重构了职业教育机构提供教育服务的形态，也有可能带来巨大的经济效益。

赵志群、黄慧婷（北京师范大学教育学部）

构建产教融合共同体的
现实困境与纾解之策

近年来,党和国家出台一系列政策文件推进产教融合共同体建设。党的二十大和党的二十届三中全会更是将产教融合提到了一个前所未有的高度,明确将教育、科技、人才作为全面建设社会主义现代化国家的基础性、战略性支撑,而将产教融合视为实现这一战略目标的重要途径,这充分凸显了产教融合在国家发展战略中的关键作用。同时强调,要统筹职业教育、高等教育、继续教育协同创新,推进职普融通、产教融合、科教融汇,优化职业教育类型定位[1],从而为产教融合的发展指明了方向。就职业教育而言,聚焦开发区和园区产业,为"专精特新"企业、小巨人企业、中小微企业培养具有数字化素养和能力的中高端技术技能人才;通过"产教融合协同育人"数字化平台,实时构建每一位学习者多维度画像,从知识领域扩展到技能领域、情感、态度与价值观,促进学习者成长与发展,帮助行业企业精准匹配人才需求;以标准化、信息化、国际化、数智化赋能教育教学,为学校决策者和管理者提供及时、全面、精准的数据支持,正是回答"为谁培养人、

---

〔1〕 党的二十大谋划职业教育发展新赛道[J].职业技术教育,2023(3):9

培养什么人、如何培养人"三个根本问题的具体实践。

一、构建产教融合共同体的重要意义

深化产教融合协同育人,实现教育链、人才链与产业链、创新链的有机衔接,是培养适应产业转型升级和实现高质量发展需要的高素质技术技能人才的必要路径[1],体现了对产教融合在人才培养方面的高度关注和重视。在产教融合、科教融汇中不断丰富职业教育的新内涵、探索人才培养的新范式、构建学科交叉的新格局、打造四链融合的新模式,以此推动教育的全面变革和发展,更使产教融合成为了教育领域综合改革的重要突破口。

构建产教融合共同体,一是能够精准对接产业需求,培养更多适应产业发展的高素质技能型、创新型人才,为产业转型升级和新质生产力发展提供坚实的人才基础。例如在人工智能、新能源等新兴产业领域,通过产教融合培养的专业人才,能够满足企业对新技术、新工艺的应用需求,推动产业快速发展。二是能够促进技术创新,高校的科研实力与企业的实践需求相结合,能够加速科技成果的转化和应用,提高企业的核心竞争力,推动产业技术创新和升级。譬如一些企业与高校联合建立研发中心,共同攻克技术难题,开发出了具有自主知识产权的产品和技术。三是能够优化产业结构,有助于引导教育资源配置向与产业发展紧密相关的专业倾斜,使人才培养结构更加符合产业结构调整方向,促进产业结构优化升级。比如根据区域产业发展规划,调整职业院校专业设置,加大对新兴产业相关专业的投入,减少对传统过

---

〔1〕 郑复铭.高等职业教育高水平专业群建设的三维释读:逻辑理路、现实困境与实践路向[J].现代职业教育,2024(7):13-16

剩专业的招生,使人才供给与产业需求更好匹配。四是能够增强产业竞争力,即通过产教融合共同体,企业可以深度参与人才培养过程,根据自身需求定制培养方案,使学生毕业后能够更快地适应企业岗位,减少培训成本,提高工作效率。同时,产教融合还能够促进企业之间的交流与合作,形成产业集群效应,提升整个产业的竞争力。

对于教育教学改革来说,构建产教融合共同体,一是有助于更新教育理念。产教融合促使教育从传统的以理论教学为主向理论与实践相结合转变,强调培养学生的实践能力和职业素养,使教育更加贴近产业实际和市场需求。教师在教学过程中也会更加注重学生的实践操作能力培养,将产业最新的技术和工艺引入课堂教学,提高学生的学习兴趣和积极性。二是有助于创新教学模式。产教融合推动了教学模式的创新,比如"现代学徒制""订单式培养"等模式,就能让学生在学校学习理论知识的同时,在企业进行实习实训,参与实际项目,实现工学交替,提高他们的实践动手能力和解决实际问题的能力。三是有助于优化课程体系。产教融合推动课程体系不断优化和更新,学校与企业共同制定课程标准,将行业标准、职业资格标准融入课程内容,使课程更加实用也更具针对性。同时,增加实践教学的比重,构建理论与实践相互融合的课程体系,能够确保学生所学知识与实际工作需求紧密衔接。四是有助于加强师资队伍建设。产教融合为教师提供了更多的实践机会和发展平台,教师可以通过参与企业项目、到企业挂职锻炼等途径了解行业最新动态和技术发展趋势,提升自身的实践教学能力和专业水平。同时,企业技术人员和专家可以到学校担任兼职教师,为学生传授实践经验和专业技能,优化了师资队伍结构。五是有助于推动教育国际化。产教融合共同体建设可促进国际间的教育交流与合作,引进国外先进教育理念、教学方法和技术资源，提升我国教育的国际化水平，培养具有国际视野和跨文化交流能力的人才，增强我国教育在国际上的竞争力。

二、构建产教融合共同体的现实困境

（一）政策执行存在脱节现象

尽管国家出台了一系列支持产教融合的政策，但在具体实施过程中，各部门之间的协调配合不够紧密，导致政策落地出现了偏差。一是各主体的权利与责任边界不够清晰，在统筹规划、机制设计等方面容易出现职能缺位或越权介入等问题，影响了产教融合的进一步推进。二是政府在产教融合中的职能定位不准确，权责划分不明确。同时，校企合作管理制度还不完善，即在合作过程中，双方的权利、义务、责任等缺乏明确的规定和约束，导致合作不稳定、不持久。三是政策支持还有更大空间。政府在税收优惠、财政补贴等方面的政策可以再完善，从而对企业参与产教融合的吸引力再更大一些。

（二）不同主体存在价值差异

从目前产教融合的总体情况看，校企深度合作还很不够。往往是学校热情较高，产教融合的意愿较强，而企业则相对冷淡，缺乏实质性参与，存在"校热企冷"现象。加之学校双师型队伍不足，既具备扎实理论知识又具有丰富实践经验的教师相对匮乏，影响了学生实践能力的培养。究其原因，学校以育人为首要目的，关注高素质技术技能人才培养，注重知识传承和学生全面发展，追求的是社会效益；企业则以盈利为导向，追求的是短期利润，注重的是经济效益最大化，对人才培养缺乏内生动力。双方的价值取向和利益诉求不同，难以形成一致的价值观，从而制约着产教融合向纵深发展。

（三）校企合作模式不够灵活

目前校企合作的模式较为单一，往往以学校邀请企业参与人才培养、企业提供实习岗位等传统方式为主，缺乏创新性和灵活性。对于一些小型企业和新兴产业企业来说，难以参与到现有合作模式中来。事实上，产教融合涉及地方政府、行业企业、高职院校等多元主体，由于各主体的权利与责任界定模糊，存在相互错位、效果对冲现象，造成权利责任失衡、供需结构失衡和受益主体利益失衡等问题。职业教育与普通教育属于不同教育类型，涉及教育、人社、财政、工信等多个管理部门，而这些部门在产教融合中的职责界定不够清晰，便容易出现互相推诿、扯皮现象。同时，产教融合还涉及科研成果的转化和应用，便容易出现知识产权归属不明确、权益分配不合理等现象，从而影响了校企合作的积极性。

（四）缺乏产教融合长效机制

一是校企合作稳定性差。产教融合项目往往依赖于短期的合作协议或项目，缺乏长期稳定的合作机制，一旦项目结束，双方的合作可能也随之中断。二是激励机制不健全。对于企业和学校在产教融合中的投入和贡献，缺乏相应的激励措施和考核评价机制，难以调动双方的积极性和主动性。特别是企业方面，往往关注短期利益，而产教融合的人才培养需要一定周期，短期内难以看到明显的经济效益，导致企业积极性不高。同时，企业在与学校合作的过程中，可能会面临学生实习管理难度大、技术保密等问题,也影响了企业参与的热情。三是资金与政策保障不足。开展产教融合需要大量资金投入,包括实训基地建设、设备购置、师资培训等,但政府和企业资金支持力度有限,不少项目因资金不足而难以顺利开展。

(五)校企之间信息不够对称

一是校企之间沟通不畅。企业对学校的人才培养模式、专业设置、教学内容等了解不够深入,学校对企业的用人需求、技术发展趋势等掌握也不全面;同时双方对彼此的需求、资源和优势了解也不够充分,导致合作的机会成本较高,双方在合作过程中难以实现精准对接。二是行业信息共享不足。不同地区、不同行业的产教融合发展情况差异较大,缺乏有效的信息交流平台和机制,使得一些成功的经验和做法难以推广和复制。加之学校和企业利益诉求不同,利益分配机制不完善,信息传递不及时、不准确,容易导致双方在合作过程中出现矛盾和纠纷。譬如学校更注重教学质量和学生就业率,而企业则更关注人才的实用性和自身的经济效益。各方主体的属性、制度和立场不同,容易出现利益分配错位现象。

(六)产教需求存在结构性矛盾

学校的专业设置往往滞后于产业结构的调整和转型升级,与市场需求存在脱节现象。产业转型升级对技术技能人才提出了更高要求,但人才市场结构性短缺现象较为突出,"求职难"与"用工荒"并存,人才培养供给与产业需求不适应。新兴产业所需专业人才更是供不应求,导致人才供需极不平衡。加之教育资源与产业需求不匹配,实训教学实用性不强,实践教学环节薄弱,不少课程仍然停留在理论层面,缺乏实际操作的机会,导致学生在实际工作中遇到困难时无法准确应对;特别是教学内容更新不及时,无法跟上行业发展的步伐,致使学生实践能力和创新能力严重不足,培养出来的学生技能与岗位要求不符,难以达到企业用人标准。

三、纾解产教融合共同体困境的创新之策

(一)完善政策法规体系

一是制定全面且具有前瞻性的产教融合法律法规,明确各个主体的权利义务。二是加强政策执行的监督和协调机制,确保政策有效落实。三是清晰界定政府在产教融合中的引导、支持、监管等职能,出台税收优惠、资金支持等激励政策,鼓励企业参与产教融合。同时要有明确的风险意识和应对举措。对于可能影响项目推进和合作发展的政策变化的风险,要密切关注国家政策动态,加强与政府部门的沟通协调,及时调整研究策略和项目计划,确保符合政策导向。[1] 对于同企业、院校的合作可能出现矛盾和纠纷的合作风险,要签订详细合作协议,明确双方的权利义务和责任分工;并建立健全沟通协调机制,及时解决合作过程中出现的问题;同时要加强团队建设和管理,提高团队成员的专业素养和合作能力。对于行业发展趋势变化快,可能导致研究成果与市场需求脱节的市场风险,则要加强市场调研和预测分析,及时掌握行业动态和市场需求变化;并要建立灵活的课程与项目更新机制,根据实际情况对教学内容和教学方案进行调整和优化;同时要加强与企业合作,共同开展市场调研和产品研发,提高研究

---

〔1〕 张凌.终身学习视域下职业教育服务的现实困境及解决路径研究[J].教育理论与实践,2024(24):18－22

成果的市场适应性和应用价值。

（二）构建价值共识机制

产教融合的参与方归根结底是学校教育圈、企业行业圈、政府管理圈，只有当这三个"圈"的利益实现有效互动，产教融合共同体建设才能收到实效。一要通过宣传引导，使学校和企业认识到产教融合的长远利益和战略意义，促进双方对产教融合价值的认同，形成共同价值追求。可以通过开展专题研讨、经验分享等活动，增进双方对彼此目标和利益的了解，找到合作的契合点。二要搭建资源共享平台，促进信息、技术和资金高效流动，提升三"圈"之间的合作效率。无论是产教融合共同体打造，还是人才联合培养，都要走向实体化、项目化、市场化、标准化和制度化，将高素质技术技能人才培养变为可以在市场上交易的新型人力资源服务，令各方都能实实在在感受它的好处。

（三）明晰各方主体权责

一是以立法形式明确各主体在产教融合中的权力和责任清单。通过政府引导，建立长期合作机制，明确双方责任和利益分配方式，制定行之有效的评判机制与界定标准，确保各主体在产教融合中各司其职、各尽其责。譬如作为"德企之乡"的太仓，就充分体现了政府在打造产教联合体中的引领作用，使联合体成员不会成为"散兵游勇"。可见，"高位推进"是太仓打造产教联合体、确立校企合作长效机制的关键。在学校内部，同样存在这样的"责任清单"。以专业建设为例，中教科赋能"新双高"建设的"5＋5＋N"方案就明确提出，学校决策者必须回答"为什么要建这个专业"，专业负责人需要回答"怎样建好这个专业"，管理人员需要考虑"课堂教学质量怎样评价",专业教师要思考"AI如何赋能教育教学",学校管理部门更要研究"如何赋能专业高质量发展";同时提出要以"产教融合数字化平台""协同育人数字化平台""基于AI的课堂教学质量监测平台""AI职业教育校本知识库平台"和"数据治理服务平台"等五大平台赋能学校数字化战略系统以及专业群数字化转型。二是要探索共建实验室、联合研发中心等新模式,推动产学研深度融合。[1]

(四) 优化利益分配与评价

要根据各方主体的贡献和需求,制定科学合理的利益分配方案。一是要设计税收优惠、财政补贴等合理的企业参与产教融合激励机制,提高企业投入回报率。鼓励企业通过捐赠、设立奖学金、提供实习岗位等方式参与人才培养,同时保障企业在人才招聘、技术创新等方面的优先权益。二是要完善学校内部利益分配制度,充分调动教师参与产教融合的积极性。对于学校的科研成果,应建立有效的转化机制,促进其与企业的合作对接,实现互利共赢。譬如太仓的中德双元制职业教育产业园就是职业教育的一张亮丽名片,而产教联合则是它的"秘密武器",即校企联合培养的学生都具有"双重身份"——他们既是苏州健雄学院的学生,也是德国企业舍弗勒的"准员工";他们既在学校学习理论知识,也在企业一线岗位实践,并为企业创造价值。因而,企业自愿出资建设培训中心、自愿出人担任培训师,目的就是为其后续用工奠定基础。如今,由"企业—学校"主导的"双元制培养模式"已在太仓遍地开花。三是要建立科学的评价体系,定期评估合作效

〔1〕 王艳,马骏,刘刚,顾华玺.产教融合视角下推动新时代卓越工程师培养改革探索与实践——以西安电子科技大学通信工程学院为例[J].西安电子科技大学学报(社会科学版),2023(3):110-114

果,并能及时调整合作策略。就太仓落户的德资企业来说,采用"双元制"的投入成本相较其他教育方式至少高出 20%。但企业算的是"长远账"。公开数据显示,舍弗勒公司双元制入职的员工离职率为 25%,比市场招聘员工要低 40 个百分点。作为企业成长的必备条件,本地高技能人才供给在企业的地位正日益凸显。

（五）加强人才供需对接

职业教育的一头是教育,另一头是产业,产教深度融合是职业教育的"金链条"。这根"金链条"牢不可破的秘诀就是把产业的发展方向视为职教的办学方向,把企业的用人标准当成职教的培养标准。所以兴办职业教育首先得考虑人才培养与产业需求的"适配度",只有紧扣地方区位优势、产业结构、发展规划,职业院校的办学方向才能"不跑偏",培养的人才方可"当大用"。要建立产业需求动态监测机制,及时调整专业设置和课程内容。一是聚焦产业需求,铸就"金专"品牌。要立足行业发展,开发职教"金课"体系。要对接岗位实际,编写产教融合"金质"教材。中教科产教融合研究院针对"Al+大数据"产业人才生态重构面临的困境,即学历教育专而不宽且与产业脱节,职业培训缺乏人才快速转型的产品与服务,以及产业人才缺口不断增大的现实,特别是产业生态中表现出来的"广场式""小而碎"、缺乏产业龙头参与以及企业数字化转型中科技领导力缺失等现象,先后与苏州相城职业技术学校等 16 所职业院校以及 40 多家企业合作,打造产教深度融合共同体,探索校企双主体育人模式,让企业进入校园、工程师跨入课堂、师生融入工程项目成为可能,构建起能够充分体现职业教育特色和行业特点的协同育人平台,共同培养高素质技术技能人才,实现专业与产业的精准对接。二是深化实践教学改革,加强实习实训基地建设,搭建"金地"平台。要依托实训基地,培育"双师"素质"金师"队伍。三是积极开展现代学徒制等新型人才培养模式,实现学校与企业联合培养人才。四是促进国际交流,借鉴国际先进经验,提升合作水平,推动国际化发展。

洪林、王晓刚(上海市普陀区中教科产教融合研究院)

职业教育国际标准赋能产教融合高质量发展

在全球化和数字化时代背景下,职业教育的重要性日益凸显,尤其是在培养适应未来市场需求的技术技能人才方面。国际标准作为推动职业教育高质量发展的重要工具,对促进产教融合、提升职业教育国际化水平具有重要意义。

一、国际标准在职业教育管理中的作用

(一)国际标准化组织(ISO)与教育管理标准

1. ISO 作为全球最大的国际性非政府组织,其在教育管理领域制定的国际标准对全球职业教育产生了深远影响。ISO 标准不仅为教育和培训机构提供了质量管理的框架,还推动了职业教育的国际化和标准化。

2. ISO29990 和 ISO21001 等标准为职业教育和培训机构提供了质量管理的国际框架,推动了职业教育的国际化和标准化。

3. ISO44006 系列标准的制定和实施,有助于促进校企之间的有效合作,推动教育与产业的深度融合,加速教育提质、人才培养、就业促进和研发创新。

（二）德国双元制职业教育与国际标准的渊源

1. 德国双元制职业教育体制的成功，为国际职业教育标准的制定提供了实践基础。德国制造的全球声誉，得益于其严格、健全的标准化质量管理体系，以及独特的职业教育体制。

2. 在欧洲职业教育的进程中，2002 年欧洲加大发展职业教育的力度，制定了哥本哈根进程，第一个进程目标是从 2002 年到 2010 年，要将欧洲职业教育与培训建设成为世界职业教育的标杆。2004 年，德国标准化学会 DIN 自主研发了针对教育领域的德国标准 DINPAS1037，并在职业院校和培训机构得到应用，成为日后开发 ISO29990 国际标准的重要参考基准。2006 年，成立了 NA159‑02‑04AA 特别工作组，这个工作小组就是对欧洲教育质量保障体系开展相关研究（在德国的教育和培训领域有各种类型的质量保障体系）。

3. 与此同时，ISO 国际组织也关注到教育行业缺乏国际通用性的标准，于是投入到教育行业标准的开发和研究当中。2007 年，国际标准化组织 ISO 成立了 ISO/TC232"教育服务"技术委员会，开发教育和培训领域标准，把委员会的秘书处委派给了德国标准化学会 DIN。德国标准化学会 DIN 发布的 DINPAS1037 成为 ISO29990 国际标准的重要参考，体现了德国在职业教育国际标准制定中的影响力。

二、中国引入和应用 ISO 系列国际标准

（一）中国在 ISO 服务类技术委员会的角色

1. 中国标准化研究所柳成洋所长出任 ISO/TC232 副主席，标志着中国在 ISO 服务类技术委员会中的重要地位。中国参与了 ISO29990、ISO21001 等一系列国际标准的开发，推动了这些标

准在中国的本土化应用。

2. 中国承担了这一国际关键职务,参与更多的国际标准的开发,如 ISO29993《正规教育以外的学习服务—服务要求》,ISO21001《教育组织管理体系—要求及使用指南》,ISO29994《教育和学习服务—远程学习的要求》等系列教育国际标准。

3. ISO/TS44006《合作业务关系管理校企合作指南》是由中国牵头制定的首个全球校企合作标准,标志着中国在校企合作国际标准化工作中的引领地位。该标准以中国贸促会商业行业委员会团体标准 T/CCPITCSC117 - 2022《校企合作指南》为基础转化提案,这一过程体现了"团体标准化＋国际标准化"的双驱发展模式。在第六届中国国际进口博览会上,ISO/TS44006《合作业务关系管理校企合作指南》作为中国牵头制定的三项 ISO 国际标准之一,在进博会中国馆中展出。这是进博会中国馆首次展示中国的国际标准化成果,标志着中国在全球经济治理和国际标准化工作中的积极参与和重要贡献。

(二) ISO29990、ISO21001、ISO44006 等标准在中国的实施

1. ISO29990:2010 在中国被等同采用为 GB/T26996:2011,为中国职业教育提供了国际认可的人才培养全过程的标准化:强调以学生为本,注重教学和学习过程,以过程结果为导向,构建基于人才培养全过程的标准化体系和操作规程。这一标准的引入,标志着中国职业教育管理与国际标准的接轨。中国标准化研究院的翻译和起草工作,为中国职业院校和培训机构提供了实施国际标准的参考。

2. ISO21001:2018 为职业教育搭建教育组织管理体系的框

架,帮助职业院校建立起全面的质量管理体系,以教学标准为主体,以管理标准为支持,以工作标准为保障,构建院校内部质量保证体系,提高院校的管理水平和人才培养质量,形成持续改进机制,促进教育质量的持续提升,满足产业发展的动态需求。

3. ISO/TS44006：2023 为校企合作提供了标准化的路径,明确了合作双方的角色和责任,促进了产教融合的深度和广度。通过校企合作过程成熟度评估对合作关系管理的六个评估级别,帮助职业院校更好地理解和融入产业需求,共同调整教育内容和方法,培养符合市场需求的人才。苏州相城中等专业学校与江苏中教科信息技术有限公司(以下简称"江苏中教科")共建的中教科软件学院,作为全国首批校企合作过程成熟度评估参与单位,通过等级 3 评估,展示了国际标准的本土化应用。

三、国际标准对产教融合的影响

(一)数字化背景下的产教融合

1. 数字经济时代,产教融合的数字化转型成为必然趋势,国际标准为这一转型提供了规范和指导。数字化不仅涉及到技术的应用,还包括管理流程、教学方法、资源配置等方面的创新。

2. 国际标准帮助职业院校和企业优化资源配置,提高教育质量和效率,促进教育与产业的深度融合。通过国际标准的实施,职业院校能够更好地适应市场需求,培养高质量的技术技能人才。

(二)国际标准与产教融合的顶层设计

1. 国际标准强调系统性思维,与产教融合的顶层设计相契合,为产教融合目标的实现提供了管理框架和指导原则。国际标准的实施,有助于职业院校建立持续改进的管理体系,满足产业发展的动态需求。

2. 国际标准的实施,促进了产教融合的系统化和规范化,为职业院校与企业的合作提供了明确的指导和规范。提升了教育质量,为产业的发展提供了人才支持。

四、国际标准在中国职业院校的具体实践

（一）全面质量管理体系的建设模型

1. 国际标准如 ISO21001 为中国职业院校提供了全面质量管理体系的建设框架。通过 PDCA 循环[1],职业院校能够实现从规划到改进的全过程管理,提升教育服务质量。

2. 职业院校的发展规划通常是院校的顶层设计,结合国际标准,构建具有职业院校特色的全面质量保障体系。院校管理的关键过程都可以通过图 1 呈现,不同的院校根据自己的组织架构可以进行功能的增减(此图由 DQS[2] 技术专家与郑州城市轨道交通中等专业学校、佛山南海盐步职业技术学校共同研究转化)。

通过一个大的 PDCA 循环,将院校的管理体系划分为规划、实施、诊断、改进四个阶段。在每一个单独的过程里面还有小的 PDCA,均可展开,大环连着小环,阶梯式持续提升。

（1）规划层面(P1—P4)

战略规划：基于学习服务相关方的需求,构建院校的质量管理体系,包括组织架构、管理模式和制度等。这需要明确院校

---

〔1〕 PDCA 是指计划(Plan)、实施(Do)、检查(Check)和处理(Action)的循环过程,也称为"戴明环"或"质量环"。PDCA 循环是一种用于持续改进的管理方法,不仅在质量管理中得到了广泛应用,还被用于其他领域,如 ISO 质量管理体系等。

〔2〕 德国质量体系认证,简称 DQS,是一项通过权威第三方认证机构确认,并颁发合格证书来证明质量体系符合相应标准的活动。DQS 在欧洲享有广泛的影响力,是一个非营利性的私营机构,其注册办公地点位于柏林。

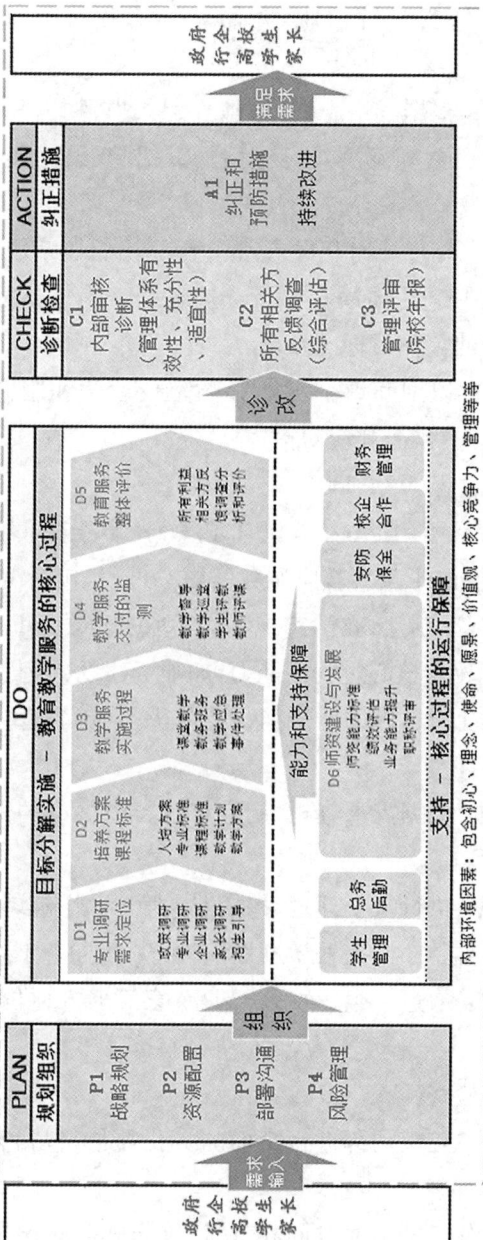

外部环境因素：政治、政策、经济、产业结构、行业变化、新技术变革、社会因素等等

政府、行企、高校、学生、家长 满足需求

PLAN 规划组织
- P1 战略规划
- P2 资源配置
- P3 部署沟通
- P4 风险管理

组织

DO 目标分解实施 - 教育教学服务的核心过程

- D1 专业调研 需求定位：政策调研、企业调研、家长调研、招生引导
- D2 培养方案 课程标准：人培方案、专业标准、课程标准、教学计划、教学方案
- D3 教学服务 实施过程：课程教学、教务管理、教学组合、事件处理
- D4 教学服务 交付的监测：教学督导、教学测量、学生评教、教师评价
- D5 教育服务 整体评价：所有利益相关方反馈整合、绩效盆分析和评价

能力和支持保障
- D6 师资建设与发展：师资能力标准、绩效评估、业务能力指导、职称评审

支持 - 核心过程的运行保障

学生管理　总务后勤　安防保全　校企合作　财务管理

CHECK 诊断检查
- C1 内部审核 诊断（管理体系有效性、充分性、适宜性）
- C2 所有相关方 反馈调查（综合评估）
- C3 管理评审（院校年报）

诊改

ACTION 纠正措施
- A1 纠正和预防措施 持续改进

满足需求

政府、行企、高校、学生、家长

需求输入

政府、行企、高校、学生、家长

内部环境因素：包含初心、理念、使命、愿景、价值观、核心竞争力、管理等等

图 1 院校管理过程模型

的使命、愿景和核心价值观，并制定与之相符的长期和短期目标。

资源配置：根据战略规划，合理分配人力、物力和财力资源，以支持院校的运营和发展。这包括师资招聘、设施建设、技术投资等。

部署沟通：确保所有相关方都了解院校的战略规划和目标，并在实施过程中保持沟通和协调。这有助于确保各部门和个人的目标与院校的整体目标一致。

风险管理：识别和评估可能影响院校运营和服务质量的风险，并制定相应的预防和应对措施。

（2）实施过程（D1—D6）

这些模块涵盖了从需求调研到教学服务交付的全过程。D1—D5模块专注于教育教学服务的核心过程，包括需求分析、专业定位、课程标准制定、教学实施和教学服务监测。D6模块则关注支持和保障教学核心过程的能力，如师资建设、学生管理等。

专业调研：通过市场调研和行业分析，确定教育需求和专业发展方向。

课程标准：根据需求分析，制定符合行业标准的课程大纲和教学计划。

教学实施：执行教学计划，包括课堂教学、实验实训等。

教学服务监测：监控教学过程，确保教学质量和学习效果。

多方评价：通过学生、教师、行业专家等多方评价，收集反馈并用于改进。

（3）诊断检查（C1—C3）

自我诊断：院校内部进行全面的自我评估，包括教学、管理、服务等各个方面。

需求方反馈调查：通过问卷、访谈等方式收集服务对象的反馈,进行综合评估。

质量报告：根据自我诊断和反馈调查的结果,形成质量报告,为管理评审提供依据。

（4）改进措施（A1）

问题识别：通过诊断检查发现问题和不足。

针对性改善：根据发现的问题,制定并实施改进措施。

资源调整：根据改进需要,调整资源配置。

管理改进：优化管理流程和制度,提高管理效率和效果。

持续改进：建立持续改进机制,确保教学质量和服务水平不断提升。

整个流程是一个动态的、循环的过程,需要不断地评估、改进和优化,以适应教育环境的变化和提升服务质量。

（二）对接教学工作诊断和改进模型

国际标准与教学工作诊断和改进的理念一致,共同目标是建立常态化自主保证人才培养质量的机制。国际标准提供了自我诊断、注重改进的机制,与职业院校内部质量保证体系诊断与改进指导方案相一致,详情见图 2（此图为 DQS 与江苏中教科一起研究转化）。

我们通过佛山南海盐步职业技术学校（全国职业院校教学诊断与改进工作试点学校,现更名为佛山南海理工职业技术学校）应用国际标准对接教学工作诊断和改进的案例来展示两者是如何对接的（见图 3）。整个流程分为以下几个主要部分。

输入部分：学校发展目标包括学校的整体发展计划和目标。建设标准指学校或机构在建设和发展过程中应遵循的标准。

制定计划：制定具体的计划和策略来实现学校的发展目标和

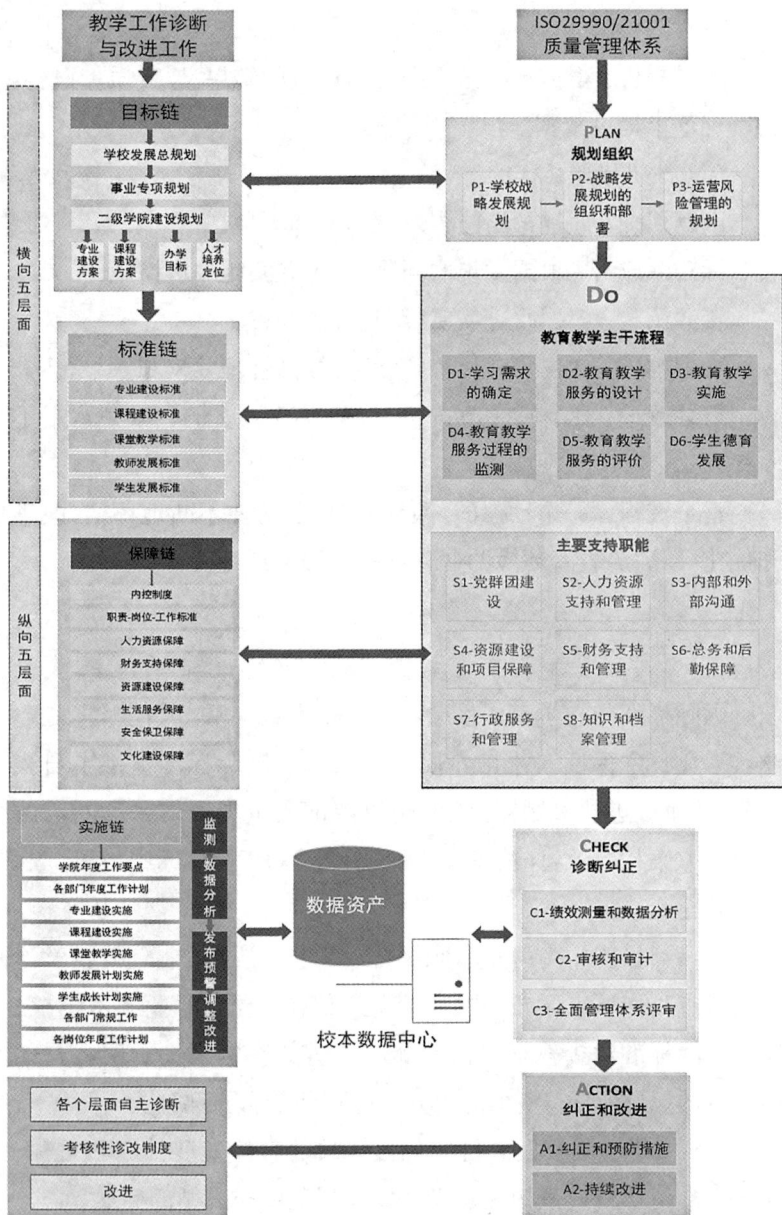

图 2　教学工作诊断和改进的标准对接

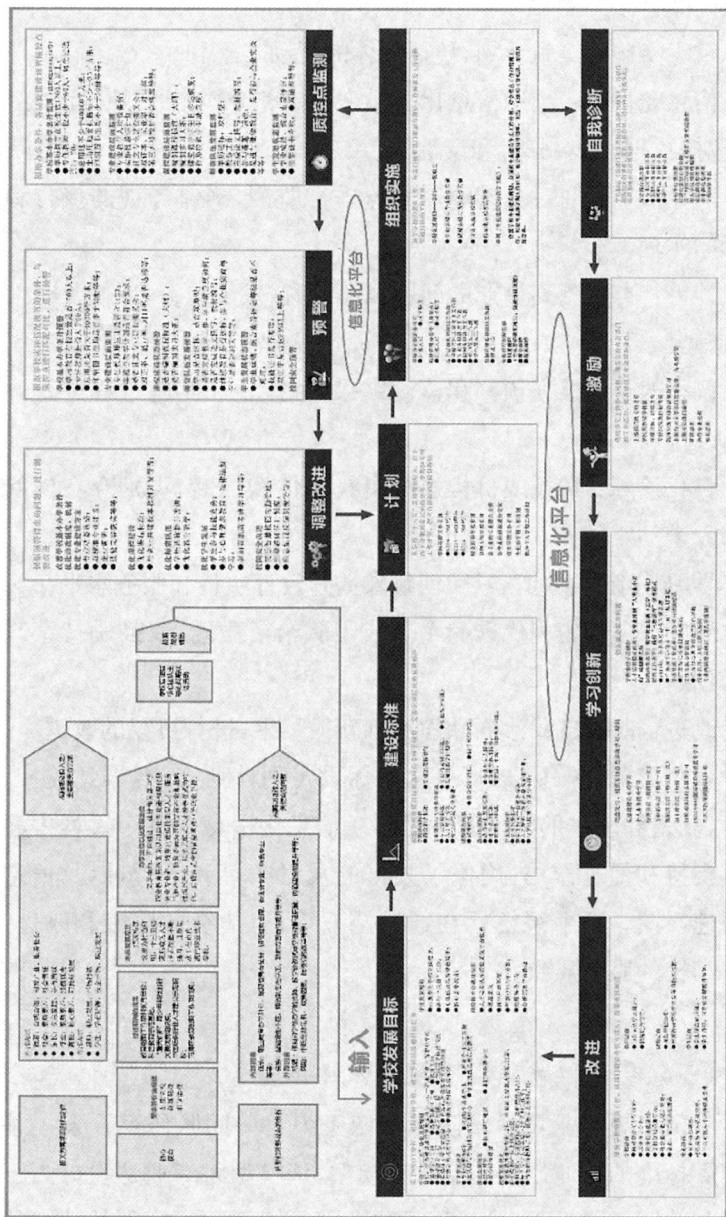

图 3 佛山南海盐步职业技术学校内部质量监控和改进系统

建设标准。

组织实施：实施计划，包括具体的行动步骤和执行过程。

信息化平台：利用信息化手段来支持整个质量管理体系的运行，包括数据收集、分析和反馈。

监控点监测：对关键的监控点进行监测，确保计划的执行和目标的实现。

预警：当监测到可能的问题或偏差时，发出预警，以便及时采取措施。

调整改进：根据预警和监测结果，对计划和实施过程进行调整和改进。

自我诊断：学校或机构进行自我评估和诊断，识别存在的问题和改进的空间。

学习创新：通过学习和创新来提升教育质量和服务水平。

激励：对于表现优秀的个人或团队给予激励，以鼓励持续改进和创新。

改进：根据自我诊断和学习创新的结果，进行持续的改进。

整个流程图按照 PDCA 从目标设定到计划实施，再到监控、预警、调整和改进的闭环管理过程。信息化平台在整个过程中起到了支持和促进作用，确保了数据的及时收集和分析，以及信息的快速反馈。这个系统旨在通过全面规划，持续的监控和改进，提升学校的服务质量和效率。

（三）专业和课程层面质量保障模型

中山火炬职业技术学院熊宇博士为首的团队研究开发了基于国际标准的专业层面质量保证模型，该模型将专业建设分为三个大的关键过程，每个大过程又包含若干小过程。模型的特点包括评价主体的多元化、评价内容的多样性、内部保证与外部评价的协调以及过程评价与结果评价的并重(如图4所示)。

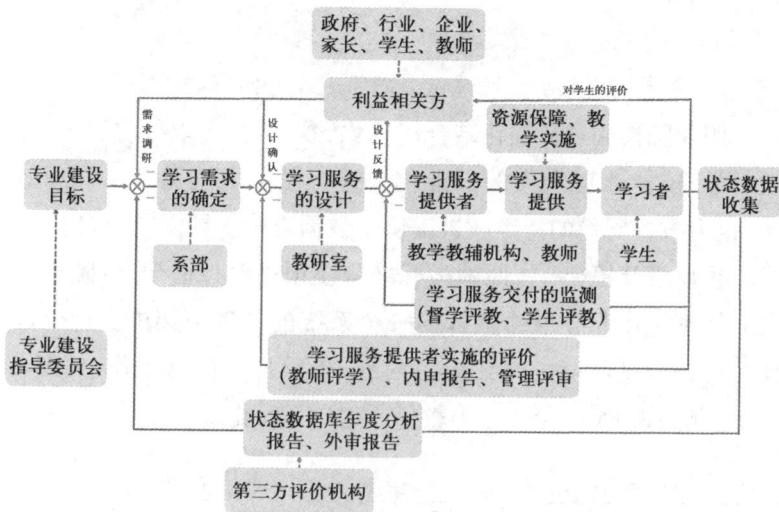

图4 基于国际标准的专业层面质量保证模型

在该模型中,评价主体不仅包括教师和学生,还涵盖了家长、管理人员以及行业企业的专家等利益相关方。这些评价主体不仅对学习内容进行评价,还对教学管理、学生管理和后勤服务等方面进行评价。内部保证与外部评价的协调体现在,一方面建立自主保证的内部评价机制,另一方面建立外审、第三方机构评价、利益相关方反馈的外部评价机制。通过内部评价可以及时发现和解决问题,而外部评价则有助于发现自我评价可能忽视的质量缺陷并进行改进,从而更大限度地激发学校内部的活力。

此外,模型还强调了过程评价与结果评价的重要性,即在教育评价中不仅重视最终结果,也注重整个学习过程的评价。这种评价方式有助于更全面地了解教育质量,促进教育过程的持续改进和提升。通过这种模型的实施,学校能够构建起一个全面、系统的质量保证体系,为专业和课程的持续改进提供科学、系统的管理方法。

(四)标准化结合信息化、数字化,走向国际化

职业院校通过标准化结合信息化、数字化,实现行政管理、专业教学、校本数据采集的标准化。这一做法不仅提升了管理效率,也为教育质量的持续改进提供了数据支持。具体应用如下。

顶层设计框架:按照国际标准构建顶层设计框架,将院校的所有管理工作业务事项整合到一个系统的管理框架中。这个框架是院校信息环境的重要参考内容,指导日常运营工作,如图5所示(此图为DQS与江苏中教科一起研究转化)。

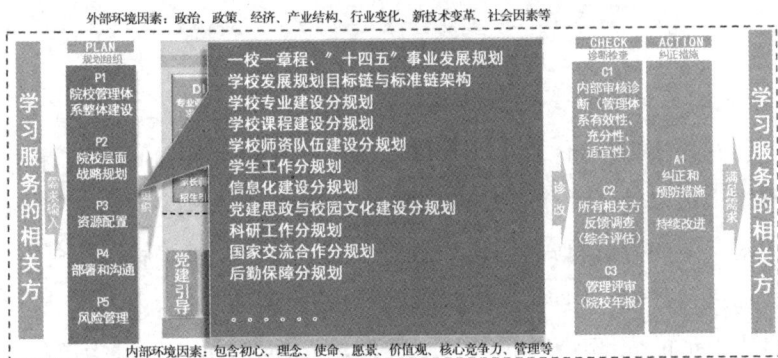

图 5 职业院校信息化顶层设计框架

业务流程梳理:对教育教学服务、实施等主要业务流程进行梳理,形成业务阶段,并在这些阶段中融入诊断和改进的目标链和标准链,作为检查和纠正的方向,如图6所示(此图为DQS与江苏中教科一起研究转化,安徽宣城职业技术学院、广西机电技师学院应用)。

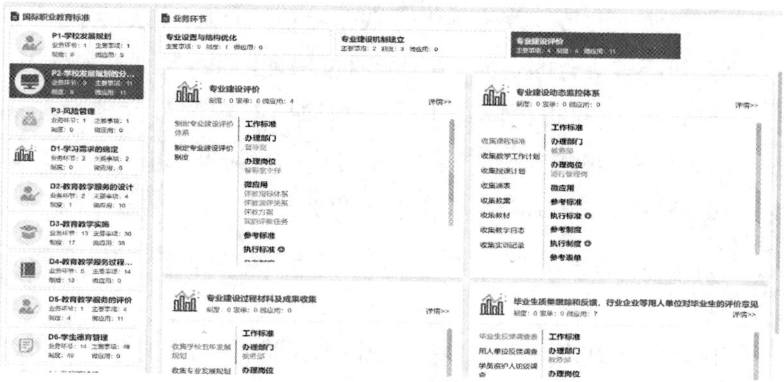

图 6 职业院校教学主要业务流程

　　教务教学事项管理：罗列教务教学的主要事项，提供目的、流程图、流程说明、制度、标准、表单等，作为信息化管理体系的支撑。将这些事项分解为工作任务，并按照任务步骤、执行岗位和部门、工作标准等进行管理。

　　职责和任务对应：通过提炼部门职责和岗位职责，形成部门职责—岗位职责—工作任务—工作标准的对应关系。这有助于明确每个岗位的职责和任务，确保工作流程的顺畅。

　　制度库、流程库、表单库：建立学校的制度库、流程库和表单库，为每个业务提供工作标准、岗位要求、数据标准、参考标准和对应的制度和表单。这些内容通过信息化工具自动生成，符合国际标准模式，对应标准条款或教学诊改要求。

　　自然对接：教职工按照统一要求在熟悉的工作流中各司其职，实现流程和数据的自然对接，提高工作效率和质量。

　　通过这样的管理体系和系统平台，院校能够实现管理的标准化，并将标准化的业务流程转化为数字化流程，通过信息系统来管理和执行。提升教育质量和管理效率，同时为教职工提供一个清晰、高效的工作环境。这些模型的实施，不仅提升了管理效率，也为教育质量的持续改进提供了数据支持,有助于构建起院校办学能力和产教融合的全面、系统的质量保证体系。

最后,通过获得国际证书认可和输出院校的教育理念和成果,职业院校能够实现教育和管理实践的国际化,进一步提升其在全球经济治理和国际标准化工作的贡献。

五、结语

国际标准在职业教育中的应用,不仅提升了职业院校的教育质量,还推动了产教融合的高质量发展。为实现职业教育的创新发展和国际竞争力的提升奠定了坚实基础。未来,中国职业院校应继续深化国际标准的本土化实践,以实现职业教育的创新发展和国际竞争力的提升。

甘漫(德国 DQS 体系认证集团德世爱普认证[上海]有限公司)

推动职业教育高质量发展须在
"融"字上下足功夫

兼谈无锡科技职业学院的实践

新修订的《中华人民共和国职业教育法》（以下简称"新职业教育法"）已于2022年5月1日起正式施行。这是我国职业教育行业基本法律文本自1996年颁布施行以来的首次大修。与旧职业教育法相比，新职业教育法条文从五章四十条增加到八章六十九条，凸显了职业教育的类型定位，增强了职业教育的适应性，完善了产教深度融合的体系架构，细化了各级政府、行业主管部门、企业等机构在职业教育实施过程中的责任与分工，明确了产教融合、校企合作是办好职业学校和职业培训机构的关键；首次对违反本法的行为与相应的法律责任以独立章节加以描述。新职业教育法在充分汲取当代职业教育理论研究与实践成果的基础上，从法律层面解决了诸如职业教育定位、发展模式等问题，将有力推动职业教育高质量发展。

当前，如何贯彻落实新职业教育法，科学依法施教与治教，推动职业教育高质量发展，已成为职业教育界的共同课题。笔者认为，新职业教育法为促进产教深度融合搭建了顶层设计、提供了制度框架、理顺了运行机制，筑牢了现代职业教育高质量发展的生命线。职业学校要切实落实新职业教育法,助力职业教育高质量发展,必须在"融"字上下功夫。

一、需求导向,职业学校办学要主动融入地方经济社会发展

新中国成立以来,党和政府不断加强职业教育服务经济社会发展的能力。1991年,《国务院关于大力发展职业教育的决定》提出"提倡产教结合,工学结合",同时"要面向社会实际需要,合理规划职业技术学校的布局和专业设置"〔1〕。1996年,"实行产教结合,为本地区经济建设服务,与企业密切联系,培养实用人才"被写进职业教育法。2014年,"产教融合"一词首次出现在国务院印发的《关于加快发展现代职业教育的决定》(以下简称《决定》)中。〔2〕2017年,国务院办公厅印发《关于深化产教融合的若干意见》,标志着职业教育与产业经济协调发展由结合、合作走向融合。〔3〕

新职业教育法提出"把适应经济社会发展需要放在首位,通过产教深度融合,建立育训并重、职普融通、层次贯通、服务全民终身学习的职业教育体系"〔4〕,为职业学校办学主动融入地方经济社会发展提供了基本遵循与路径框架。以无锡科技职业学院为例,学院是一所办在开发区的职业学校,面向3000多家企业、900多家高新技术企业以及450个超亿元重大产业项目,始终坚

〔1〕 国务院.国务院关于大力发展职业技术教育的决定[J].中华人民共和国国务院公报,1991(36):1256-1262.
〔2〕 国务院关于加快发展现代职业教育的决定[EB/OL].[2022-05-06]. http://www.moe.cn/jyb_xxgk/moe_1777/moe_1778/201406/t20140622_170691. html.
〔3〕 新华社.国务院办公厅印发《关于深化产教融合的若干意见》[EB/OL]. [2022-05-06].http://www.gov.cn/xinwen/2017-12/19/content_5248592.htm.
〔4〕 中华人民共和国职业教育法(2022年修订)[N].人民日报,2022-04-21:13.

持"立足开发区、融入开发区、服务开发区"的办学宗旨,在主动融入开发区发展中形成了"纵通本科中职""横贯园区街道"的区校一体化职业教育服务体系。[1] 所谓"纵通本科中职",是指在纵向上要打通职教培养体系,优化服务学生成长成人内循环,增强职业教育的自适应。根据开发区产业对不同层次人才的需求,学院联合龙头企业,面向全国 100 多所本科院校,招收了近万名本科生,校企合作开展"3＋1"贯通培养,解决企业对本科生"上手快"的需求,为产业高端与高端产业提供有力的人才支撑。依托中高职衔接项目,实施分段培养,强化高职教育技术适应能力和综合素质教育,培养学生发展的"后劲"。所谓"横贯园区街道",是指在横向上要贯彻服务发展理念,畅通服务区域发展外循环,增强职业教育的他适应。以区校共建社区学院等为载体,发挥"政府＋学校"双引擎作用,面向社区原住民(普通居民、失地农民、失水渔民)和新市民(外来务工人员、大学毕业生、海归人员、外籍人士等)开展各类学历教育、非学历培训、社会文化生活教育;面向行业和企业开设"培训＋学历"定制班,开展在职职工、转岗职工知识更新、技能提高、素质提升培训以及下岗失业人员再就业培训,满足区域经济社会发展的教育需求和社会成员多样化、个性化的学习需求,形成覆盖全域全民的终身教育服务网络。

二、共享共赢,人才培养要系统融聚社会各界力量

党的十八大以来,党中央和国务院先后就现代学徒制试点工作、职业教育集团化办学、促进校企合作、人才培养方案制订与实施等出台系列政策文件,对产教融合领域应该做什么、如何来做

---

[1] 孙兴洋. 开发区职业学校更要做好"产教融合"文章[EB/OL]. [2022−05−06]. https://baijiahao.baidu.com/s?id=1731608112369846137&wfr=spider&for=pc.

等问题给予政策引导。2019年,国务院印发《国家职业教育改革实施方案》,提出职业教育发展模式要"由政府举办为主向政府统筹管理、社会多元办学的格局转变"[1]。2020年,教育部等九部门印发《职业教育提质培优行动计划(2020—2023年)》提出"政府行业企业学校职责清晰、同向发力,政府统筹管理、社会多元办学格局更加稳固"[2]的主要目标。2021年,中共中央办公厅、国务院办公厅印发《关于推动现代职业教育高质量发展的意见》提出"构建政府统筹管理、行业企业积极举办、社会力量深度参与的多元办学格局"[3]。2022年,教育部等八部门联合发布《职业学校学生实习管理规定》提出"鼓励先进制造业企业、省级'专精特新'中小企业、产教融合型企业等积极参与校企合作"[4]。同年,新职业教育法明确提出职业学校可以通过组建职业教育集团、实施现代学徒制等多种形式,与行业组织、企业、事业单位开展合作和建立合作机制;鼓励行业组织、企业等参与职业教育专业教材开发与实习实训基地建设;企业可以设置专(兼)职实施职业教育的岗位;对深度参与产教融合、校企合作的企业作出奖励、税费优惠等激励政策。[5] 这些政策文件的出台有利于融聚社会各界力量,推进人才资源共建共享,实现校企双方共创共赢。

为高质量服务人才培养与产业发展,学院突破以学校为中心

〔1〕 国务院.国务院关于印发国家职业教育改革实施方案的通知[J].中华人民共和国国务院公报,2019(6):9-16.

〔2〕 教育部,国家发展改革委,工业和信息化部等.教育部等九部门关于印发《职业教育提质培优行动计划(2020—2023年)》的通知[J].中华人民共和国教育部公报,2020(11):35-48.

〔3〕 新华社.中共中央办公厅国务院办公厅印发《关于推动现代职业教育高质量发展的意见》[J].中华人民共和国教育部公报,2021(12):2-6.

〔4〕 教育部等八部门联合印发《职业学校学生实习管理规定》(2021年修订)[EB/OL].[2022-05-06].http://www.moe.gov.cn/jyb_xwfb/gzdt_gzdt/s5987/202201/t20220121_595541.html.

〔5〕 中华人民共和国职业教育法(2022年修订)[N].人民日报,2022-04-21:13.

的育人空间,将人才培养置身于开发区产业经济活动之中,形成"学分互认、教师互兼、干部互挂、课程共享、专业共建"的"三互两共"合作机制,创建了以职业学校为人才培养主体、紧缺人才实训学院为产业技术先导、特色产业学院为协同育人支撑、社区学院为供需服务网络的"四院融通"新格局。[1] 通过紧缺人才实训学院,引入头部企业岗位培训资源,落实"3+3""3+2"贯通培养计划,联合开发基于"岗内分层、岗间分序"的中高本对接人才培养方案,解决中高本人才培养岗位分工与贯通培养问题。通过"芯火集成电路"等特色产业学院,形成"校企双主体、工学双轨道、理实一体化"工学交替路径,解决项目分散、多头对接、重复管理的校企合作状态。通过实施高层次人才"共推互聘"项目,聘请产业教授参与专业建设,优化师资队伍结构;组建师生科研助理团队参与企业创新创业活动,汇聚校企资源,解决专任教师技术技能更新、教学内容更新难以持续等问题。

三、互塑共生,职业学校治理要着力融汇多元文化要素

2014 年,为加快发展现代职业教育,《决定》提出"依法制定体现职业教育特色的章程和制度,完善治理结构,提升治理能力"[2]的要求。2017 年,党的十九大报告提出"推进国家治理体系和治理能力现代化"[3]的重要论断。2019 年,中共中央、国务院印发《中国教育现代化 2035》中提出"推进教育治理体系和治理

〔1〕 孙兴洋.无锡科技职院走出"校应区建、区因校兴"产教融合之路"区校一体"打造技术技能人才培养新高地[N].中国教育报,2022-04-08:5.
〔2〕 国务院关于加快发展现代职业教育的决定[EB/OL].[2022-05-06]. http://www.moe.gov.cn/jyb_xxgk/moe_1777/moe_1778/201406/t20140622_170691. html.
〔3〕 习近平.决胜全面建成小康社会夺取新时代中国特色社会主义伟大胜利[J].人民日报,2017-10-28:1.

能力现代化"[1]的新要求。2021年，《中华人民共和国国民经济和社会发展第十四个五年规划和2035年远景目标纲要》将"完善学校内部治理结构，有序引导社会参与学校治理"[2]作为深化教育改革的重要目标。习近平指出："坚定中国特色社会主义道路自信、理论自信、制度自信，说到底是要坚定文化自信。"[3]职业教育的高质量发展最终还是要落在职业学校文化治理和文化建设。

新职业教育法提出"职业教育必须坚持中国共产党的领导，坚持社会主义办学方向，贯彻国家的教育方针，坚持立德树人、德技并修，坚持产教融合、校企合作，坚持面向市场、促进就业，坚持面向实践、强化能力，坚持面向人人、因材施教"[4]。这"七个坚持"为职业学校治理提供了基本遵循。由封闭走向开放，由合作走向融合，跨界发展是当代职业教育发展的典型特征。增强职业教育的适应性，职业学校治理既要建立适应产教融合的多主体共治结构，也要形成体现多元文化融汇的校园空间。再以无锡科技职业学院为例。学院由所在开发区牵头组建学校理事会，构建了"地校协同"一体化育人组织。开发区党政主要领导担任理事长，完善"理事会—合作专委会—项目联管会"三层组织结构，实施"规划决策—统筹协调—组织实施"三级运行模式，形成政、行、企、校多主体协同治理平台。突破以学校为主体的传统管理，将人才培养植根于开发区多元文化土壤，形成"互动互融"浸入式文化治理。学院具体推进了以下几个方面的工作。（1）共建党建联

---

〔1〕 中国教育现代化2035[N].人民日报，2019-02-24：1.
〔2〕 中华人民共和国国民经济和社会发展第十四个五年规划和2035年远景目标纲要[N].人民日报，2021-03-13：1.
〔3〕 中共中央宣传部.习近平新时代中国特色社会主义思想学习纲要[M].北京：学习出版社、人民出版社，2019：138.
〔4〕 中华人民共和国职业教育法（2022年修订）[N].人民日报，2022-04-21：13.

盟,营造浸入式文化治理环境。秉持"大党建"和"服务地方、共育人才"的工作理念,区校共建"新吴学习强国线下体验馆""新吴马克思主义青年学校"等平台,共建活动从街道延伸至社区、企业和科研院所,形成"1+6+N"党建联盟体系。(2)实施"三推进",增强多元文化融入性。推进特色地方文化进校园,培养学生的归属感和责任担当;推进先进产业文化进校园,共同打造专业文化,涵养学生的职业理想和工匠精神;推进优秀境外文化进校园,培养学生的国际眼光和民族情怀。(3)打造文化高地,以文化育人助推产城融合。汲取地域文化资源,共同开发"吴文化"课程资源,定期举办吴文化校园博览会,邀请非遗大师担任兼职教授,以"市民大讲堂""送教进社区""全民终身学习活动周""展示体验中心""学习在线"等为载体,不断满足居民"各有所学,各得其所、各尽所能、各有所乐"的多元需求,增强企业员工的认同感与归属感。

孙兴洋(无锡科技职业学院)

下篇

产教融合的新实践

产教联合体：职业教育体系构建的核心载体
来自全国开发区职业教育联盟校的思考与探索

　　习近平总书记在党的二十大报告中强调，要加快建设高质量教育体系，这其中也包括职业教育体系。作为高质量职业教育体系的重要组成部分，开发区职业教育体系建设要以产教联合体为核心载体，充分发挥建设高质量开发区职教体系的高位引领作用。在中国高等教育学会职业技术教育分会、全国职业高等院校校长联席会议倡议下，于2022年12月在无锡成立了全国开发区职业教育发展联盟，其成员单位涵盖粤港澳大湾区、京津冀城市群（包括雄安新区）、长江经济带、成渝双城、环渤海经济圈等区域的多所职业院校和多家企业。这些院校和企业有一个共同信念，那就是致力于将开发区产业优质资源转化为职业教育发展资源，将开发区打造成产教深度融合先导区；就是致力于以高水平职业教育服务开发区建设，打造开发区职业教育高质量发展样板；就是以产教联合体为依托，构建具有开发区特色的高质量职业教育体系，这也是开发区职业教育发展壮大的生命力所在。

一、产教联合体的内涵诠释和建构要领

无锡科技职业学院是全国开发区职业教育发展联盟的牵头院校,近年来致力于职业教育适应性研究,积极探索开发区职业教育发展的"新吴模式"。学校深刻认识到,研究职业教育的适应性问题,就必须将研究的领域扩大到职业教育所处的系统环境,扩大到职业教育所服务的整个对象。因为教育是人类社会系统的重要组成部分,研究教育的适应性问题应该以人类社会系统为研究背景,因此职业教育的适应性需要由适应新时代要求的职业教育体系来支撑,产教联合体则是构建职业教育体系的核心载体。

（一）产教联合体的内涵诠释

产教联合体的理论基础是共同体理论。共同体是人类存在的一种基本方式,它是马克思主义者理解人类历史的重要概念。[1] 共同体理论来源于社会发展过程中的各种人际关联、社会认同以及人们的思想共识。作为一个开放性的理论体系,共同体理论在新的历史时期又取得了新的发展,其基本要义被广泛应用于诸多领域。习近平总书记首次提出"人类命运共同体"概念,倡导在安全、外交、生态、文化等许多领域找到最大公约数,并形成共同价值和共同目标。

人类社会活动主要包括科技活动、生产活动和教育活动三大类型。其中,科技活动是指与各种科学技术领域密切相关的全部有计划的活动,比如自然科学、工程与技术、医学、农业科学以及人文社会科学中科技知识的产生、发展、传播和应用的一切活动,都可归于科技活动的范畴。与科技活动互动的领域少不了教育、

---

〔1〕 高石磊.马克思共同体思想意蕴研究[J].求实,2015(6)：4-10.

科技、生产等领域，支撑科技活动的体系也少不了教育体系、科技体系、生产体系。首先，就教育体系来说，它又可被分为传承性教育和创新性教育。传承性教育包括基础教育、职业教育，创新性教育主要指学科教育。教育的对象是人，教育活动是为科技创新、产业运行持续提供人力资源的活动。其次，就科技体系而言，它包括科学发现和技术发明。科学发现包括基础研究、应用研究；技术发明包括实验发现、设计与试制、推广示范与技术服务以及其他生产性开发活动。科技是第一生产力，人类社会的每一次进步都与科技进步息息相关，科技活动的对象是知识，是认识自然规律、促进社会进步的活动。最后，就产业体系来讲，它包括第一、第二、第三产业。产业的对象是产品与服务，提供不同产品或服务的个体和组织便是产业，构成产业的最本质性的条件是劳动分工。一个完整的社会发展系统要科学地运转、合理地运行，还要有与其配套的组织、管理与服务的部门。所以，一个完整的社会系统应当由四个基本部门组成，这四个部门也正是影响社会发展的四个主要因素：一是产业部门（C 部门），二是科技部门（S 部门），三是教育部门（E 部门），四是政府及社会其他部门（O 部门），本文姑且称之为职业教育适应性研究的"四部门模型"（CSEO 模型），即由产业（经济）部门提供产品，科技部门生产知识，教育部门提供人才，政府和社会其他部门起组织保障作用，由此构成完整的产教联合体。简而言之，产教联合体的主体构成正是"产科教政"。

需要指出的是，在上述"四部门模型"中，教育在为其他三部门服务的同时，也需要其他三部门的持续有效协同。只有产教融合、科教融汇、校企合作，让四个部门形成坚实的产教联合体，才能使职业教育走深走实、大放异彩，也才能真正实现职业教育的高质量发展。从这个意义上讲，上述四个部门的功能和作用既是"四部门模型"的基本特征，也是构建职业教育体系的逻辑起点，这也正是产教联合体的本质内涵。

（二）产教联合体的建构要领

上述"四部门模型"所涉及的教育、产业、科技、政府等四个部门都是为人类社会发展而存在的，这正是四部门（主体）集群结盟的共同价值所在。无论哪个部门，人都是最关键的因素，而人的进步与成长离不开教育。教育解决的正是人的素质问题，直接贡献是持续不断地改善人的素质，间接贡献是为科技、产业、管理以及教育自身提供相应人才，推动社会进步。换句话说，教育的功能就是为其他三部门提供服务，在服务中推进社会发展目标的实现。其他三个部门中，科技解决的是认识自然规律的问题，即运用自然规律推动社会进步、改善社会环境；科技又是以成果为表征的，科技成果都是科学发现和技术发明的物化形式。科技承担的责任就是认识自然、服务自然，并以其物化成果为社会作贡献。产业是运用科技知识为社会提供物质产品，为人类生存、生活服务。政府的职责是组织与管理，就是要通过一定的组织形式与管理规则维持社会秩序。文明社会需要有秩序地运行，就必须有相应的规则。规则对一个社会的正常运行至关重要。所以政府不仅要制定好规则，还要监督执行好规则。

党的二十大擘画了中国式现代化宏伟蓝图，将"教育、科技、人才"一体表述为全面建设社会主义现代化国家的基础性、战略性支撑，并作出"推进职普融通、产教融合、科教融汇，优化职业教育类型定位"的整体部署。首先，职普融通体现了教育的传承性特征，职业教育的"学徒制"模式在很大程度上正是一种传承性教育，发挥着知识、技术传承的功能；同时教育又具有创新性特点，创新性教育就是要生产新的知识，它彰显了知识生产的功能。职普融通能使教育的传承性、创新性功能相辅相成、相得益彰。其次,产教融合强调的是教育与经济的关系,更多地通过传承性教育来实现。最后,科教融汇聚焦的是科技与教育之间的关系,整合的是高校、科研院所和行业龙头企业资源,以此构建起科技与教育相互促进的发展机制,科教融汇具有创新性教育的特征。可以说,职普融通、产教融合、科教融汇"三融"体现的正是社会发展中各部门之间的关系,也是产教联合体建构的题中应有之义。

诚然,要将增强职业教育的适应性问题放到社会层面上讲,就一定要讲清楚教育与其他三个部门之间的关系。教育为谁服务,什么是好的、有效的教育,这些问题都能在职普融通、产教融合、科教融汇的"一体化"中找到答案。无锡科技职业学院围绕高质量服务需求,通过区校共建紧缺人才实训学院,形成以人才"短缺"为触发点、将产教融合"起点"前移到校企人才供需"缺口"的动态响应机制;通过打造以无锡科技职业学院为培养主体、紧缺人才实训学院为技术先导、特色产业学院为育人载体、社区学院为服务网络的开发区产教融合"四院融通"工作模式,形成"纵通中职本科,横贯园区街道"的产教融合发展新格局,与职业教育体系的基本要素以及"产教联合体"的本质内涵完全对应。其中,无锡科技职业学院与全日制教育对接;紧缺人才实训学院与科技部门对接;特色产业学院与经济(产业)对接;社区学院与公共教育和创新创业对接,并为社区治理服务,由此形成具有较强适应性的开发区职业教育体系和开发区职业教育"新吴模式"。

二、产教联合体的创新价值追问

(一)职教体系的结构化支撑

系统理论的核心思想是系统的整体观,即任何系统都是一个有机整体,这个"整体"并非其各个"组件"的简单相加。换句话说,系统的整体功能将是每个"组件"处于孤立状态下所无法实现的。职教体系作为一个系统,它离开了学校、企业、政府和社会支持,同样难以发挥其应有的功能。笔者认为,基于开发区的现代职教体系至少需要五大子系统支撑,即高水平技术技能人才培养体系(目标体系)、开发区产业发展和区域社会需求服务体系(职能体系)、全民终身学习服务体系(发展体系)、"三融""双创"办学育人体系(手段体系)以及具有示范引领作用的高水平样板体系(创新体系),如图 1 所示。

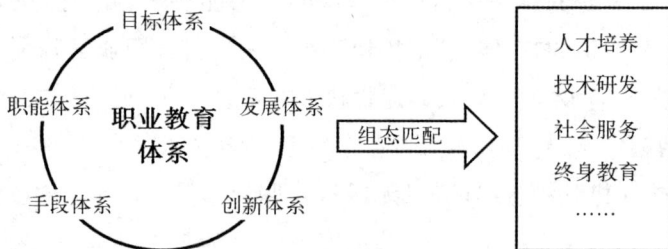

图 1　开发区职业教育体系结构图

1. 五个子系统的价值取向

构建高水平技术技能人才培养体系,就是要坚持用习近平新时代中国特色社会主义思想铸魂育人[1],依托产教联合体来全面提高职业院校人才培养质量,扎实走好高水平技术技能人才自主培养之路。该体系的构建还要符合开发区产业发展方向,并能面向地方支柱产业和战略新兴产业,依托高水平专业群,围绕重点产业链,设计人才培养能力链和课程链,构建创新创业链和社会服务链。同时要在政府政策引导下,以开发区为主体进行建

---

〔1〕　刘克勇.服务发展聚焦重点守正创新——江苏职业教育高质量发展的实施路径[J].中国职业技术教育,2020(22):5-11.

设,即承建产教联合体的产业园区应具有服务国家战略的新兴产业和服务地方经济的支柱产业;合作的企业要尽可能选择行业龙头企业或本领域领军企业以及相应的产业链企业。

构建开发区产业发展和区域社会需求服务体系,就是要共同承担国家赋予开发区"发展高科技、实现产业化"的历史使命,主动对接开发区产业发展、适应区域社会需求,通过产教联合体这个协调性、操作性平台,解决开发区产业发展中遇到的产教融合问题,来整合资源并进行实体化操作,来推进产业、科技、教育以及其他部门的联合,促进科教体系、产业体系和公共服务体系相对接,推进教育链、人才链与产业链、创新链相衔接。

构建全民终身学习服务体系,就是要明确发展惠及全民的价值导向,推进数字化赋能职业教育发展,依托产教联合体平台,更好满足不同群体多样化学习需求;就是要形成结构不断优化、需求持续满足、各方资源充分参与的高水平、有特色的开发区职业教育体系。宁波职业技术学院正在向纵深推进教育数字化战略行动,并重点在大数据中心建设、数据充分赋能、有效公共服务、扩大国际合作上做文章。该校主动服务学习型社会建设,努力构建服务全民终身学习的教育体系。

构建"三融""双创"办学育人体系,就是要明晰职业教育中"三融""双创"的重要意义及基本要求。其中"三融"中的产教融合,要求职业教育必须同产业发展合拍,这是职业教育的大环境,也是职业教育高质量发展的大背景。"三融"中的职普融通要求职教普教相互衔接、相辅相成,从而实现优势互补、交叉融合,让普通教育在夯实理论基础的同时,强化学生实践动手能力的培养;让职业教育在培养懂技术、能操作的职业工匠的基础上,提升学生的综合素养与可持续发展能力。"三融"中的科教融汇要求将职业教育汇聚到科技进步的洪流中,同时又落脚在优秀人才的培养上,努力将科研项目转化为教学资源,培养学生的实践能力和综合素质。同时,对高职院学生来说,"双创"教育就是要引导学生树立正确的"双创"理念,激发其"双创"的意识;就是要根据园区产业发展需要,整合相关资源,建立符合"双创"教育特点和学生身心发展规律的"双创"课程体系;就是要通过平台载体功能和主渠道作用的发挥,提升学生的"双创"能力,提高技术技能人才培育的质量。

构建具有示范引领作用的高水平职教体系,就是要坚持"聚焦高水平,服务学生成长成人;聚焦高质量,服务开发区经济发展"的办学初心与价值追求,不断完善专业人才能力结构,突出面向先进、面向国际、面向未来的学生核心能力培养,强化新知识、新技术、新技能的传授和应用,同时完善校企联动的社会培训机制[1],提高开发区职业教育水平,提升学生服务社会充分就业的能力和开发区职教发展联盟影响力。

从整体上看,上述五个体系构成了贯彻新发展理念、适应新发展格局需要的高质量职业教育体系,同时也是增强职业教育传承性、时代性和适应性的教育体系,它必将为产教联合体秉持"跨界融合、多边互动、互学互鉴、互利共赢"合作宗旨,落实"科技是第一生产力、人才是第一资源、创新是第一动力"提供新动能、新优势,在为党育人、为国育才方面作出新的贡献。

2. 开发区职教联盟校的实践案例

为促进产教联合体由理想变为现实,早在 2020 年 4 月,无锡国家高新技术产业开发区就与无锡科技职业学院共商组织机构建设事宜,并成立无锡科技职业学院理事会,理事长由开发区党

---

〔1〕 孙兴洋.推动职业教育高质量发展须在"融"字上下足功夫[J].当代职业教育,2022(3):7-10.

工委、管委会主要领导担任，理事会成员由政行企校相关单位负责同志组成，为深化产教融合、促进校企合作提供组织保障。分管人才工作的区领导牵头"校地合作委员会"，分管产业的区领导牵头"校企合作委员会"，强化"区定专业、企定规格"的专业动态调整机制，依托开发区"产业链相对完整清晰、高层次人才高度集聚"的区位优势，率先开发了移动互联应用技术等6个新技术专业，增强人才培养适应性；探索以科技项目和平台为抓手，构建"创新在学校、创业在园区"人才共享机制，促进校企高层次人才双向流动；聚力特色产业园区，支持园校企共建特色产业学院，促进专业群建设与产业链发展有机衔接，在高质量服务开发区的实践中走出了一条"校因区建、区因校兴、区校一体"的融合发展之路，形成了具有开发区职业教育特色的实践模式、育人体系和服务格局。

新吴区社区学院是无锡科技职业学院服务区域的传统载体，面向新吴区（与无锡国家高新技术产业开发区合署）102个社区，依托"政府＋学校"双主体，发挥社区教育在促进人的全面发展、完善终身教育体系、建设学习型社会中的重要作用，其开放办学的理念已渗透到新吴区各个层面，影响着新吴社区学院全校上下的办学行为。近年来该校持续开展下岗职工、退伍军人、进城务工人员、残疾人、社区居民培训"不断线"，与新吴区人武部共建退役军人就业创业学院，为退役军人提供职业技能培训、就业双向对接和创业孵化引导；与新吴区总工会共建产业工人学院，培养新时代产业工人适应现代城市和现代企业所需要的思维方式、工作方式和行为方式，提升他们与城市建设和企业发展的融合度；同时与新吴区财政局、应急管理局合作，为注册会计师、注册安全师等考证人员开展培训服务。该校还通过成立班组长培训中心，从增进人际关系、提升班组领导能力、提高班组长专业素养等方面,塑造和提升学员的综合能力。

开发区职教联盟主要成员单位——烟台工程职业技术学院,始终把立德树人放在办学工作首位,大力推进校地、校际、校企联动,深化全方位、全过程、深融合的多方协同育人机制,打造中职、高职、本科和企业共同组建的混合式教学团队,共同制定培养方案、共同开发课程资源、共建实习实训基地、共同指导学生培养。与该校合作的本科高校各类实验中心、科研实验室全面开放,支持学生参与项目实施、创新创业和学科竞赛。该校通过导师引领、全员参与、赛训促学,全面提升学生的工程创新能力,形成"岗课赛证创"一体化人才培养新机制,为培养高素质创新型技术技能人才提供了"烟台样本"[1]。该校通过出台相应激励政策,鼓励教师多申报横向课题,让那些热爱创新、勇于实践的学生参加教师科研、参与项目研究、增加师生互动,对学生施以应用能力训练和技术技能培养。

全国开发区职教联盟的初步实践表明:我们要建设的高质量开发区职业教育体系,正是在五大子系统的基础上发力的,从而在总体上推进了开发区职业教育现代化进程,并努力为全国职业教育现代化实践探索和职业教育体系建设提供借鉴。

（二）创新育人的功能性互补

结构功能理论告诉我们,为了使系统发挥出更有效的整体功能,就必须使各个子系统有机联系在一起,并能够协调一致地工作。这是古希腊哲学家亚里士多德的观点——"整体大于部分之和"的精神启迪,更是现代人普遍接受的思想——"1+1>2"的生

---

[1] 成艳娜,宗胜春,董静.提升高职高专学生职业能力的对策研究[J].烟台职业学院学报,2019(3):54-58.

动体现。

1. 产教联合体的功能定位

产教联合体就是在产业园区层面建立的产教协调性组织。产教联合体的联合对象也正是前文所述的"四个部门",即人们常说的"政、产、学、研"。就产教联合体的功能边界来说,重在梳理问题、协调资源、立项发包、融合发展;其运行方式是产教联合、项目化运作;其工作成效则是为产业、教育、企业、学校高质量发展提供支撑,而非替代联合体中的某一个主体。因此,在产教联合体建设标准中,应能体现其组织架构、体制机制符合统筹协调原则和各主体的工作职责要求;体现功能培育的工作成果就要聚焦实体化运作的公共平台或特色项目;其运行成效则体现在人才培养、创新创业和促进区域经济社会发展中。只有通过构建相关建设标准,清晰描绘产教联合体的工作边界、主体责任和建设要求,才能将其打造成为培养高水平技术技能人才的重要平台。

事实上,产教联合体的功能并不局限于人才培养、创新创业、促进产业经济高质量发展三大体系中的某一个方面,而是运行在三者之间的一个实体。这一实体是推进三大体系在资源转换、成果转化、模式转型方面的协同发展平台,具有实现"延伸教育链、服务产业链、支撑供应链、打造人才链、提升价值链"的"区块链"具体运作机制。譬如,无锡国家高新技术产业开发区着力推进理念创新、机制创新,以创新激发活力,以创新促进发展,其地区生产总值超过 2 400 亿元,占无锡的 GDP 近五分之一。针对开发区产业发展的强劲势头,无锡科技职业学院建立起与产业动态匹配的专业调控机制,借助职教联盟成员校教师资源和开发区高新企业科技人力资源双重优势,迅速与产业龙头企业联合建设对接高端产业和产业高端的产业学院,与村田、SK 海力士等世界 500 强企业合作共建现代学徒制中心,并与周边 3 000 余家各类企业开展校企合作,使政府的政策链、高校的专业链、企业的技术链精准衔接,形成多方融通、协同作战、共谋发展的联动格局,为培养高素质技术技能人才提供有益支撑[1]。

2. 育人是产教联合体的首要功能

育人子系统位列开发区职业教育体系主要子系统之首,育人功能是产教联合体的首要功能。建立产教联合体的初衷,就是以深化产教融合为重点、推动职普融通为关键、促进科教融汇为方向,构建起"一体两翼"的工作新格局,以此推动职业教育提质升级。同时,以系统思维完善创新创业教育体系,以技术技能创新服务平台为依托,实现创新要素融合、"双创"资源聚合,有效提升创新创业教育质量。各联盟单位的育人实践也告诉我们,职业院校的"双创"教育更强调技术创新。因技术创新涉及的专业知识领域较广、技能综合性较强、跨部门整合程度较深,这种纵深化的"双创"教育离不开学校、企业、政府和社会的横向参与。所以职业院校要基于系统思维,从顶层设计上形成"纵向贯通、横向连接"的创新创业教育体系,实现"点→线→面"的模式转变,确保"双创"教育能够系统化运行。我们还要通过服务学生全面发展、服务经济社会发展来引领职业教育人才培养,为各类人才搭建发展成长的有效通道,不断提升人民群众在职业教育中的获得感。这也正是党的二十大报告中提出的要形成人才培养、科技研发、社会服务"三位一体"高质量发展服务体系的基本要求。用系统思维看待高质量发展服务体系建设,以"三融""双创"理念推进开发区职业教育系统性改革,也是开发区职业院校高质量发展的题中应有之义。

---

[1] 孙兴洋. 职业行动能力导向的开发区高职人才培养实践[J]. 中国职业技术教育,2022(27):62-67.

为使"双创"教育实践走向深入,为大学生高质量就业奠定基础,无锡科技职业学院连续以产业学院为平台打造多个产教联合体,并在学校组织部门指导下构建产教联合体党建联盟,通过深化党建引领产教联合体建设。该校聚焦无锡国家级开发区这一在国内有重要影响的"日资高地""韩资板块""欧美组团"以及打造物联网、集成电路、高端装备制造、新材料、新能源等多个千亿元级产业集群的科技产业发展生态,已连续实施两轮的"服务开发区三年行动计划",通过区校共同搭建的"双创"教育平台培养学生和企业职工的创新创业品质,让"双创"教育走深走实。该校还以项目为抓手,全方位推进区校合作,努力将行业企业技术难题转化为教师的研究课题,把服务开发区的具体成果转化为教学资源,把开发区产业特色转化为学校专业特色,把开发区科技资源转化为办学资源,通过铸就科教融汇平台,让"双创"教育走高走远。近年来,无锡科技职业学院密切与市内外、省内外本科高校开展合作,实施"本科后"紧缺人才培训,对无锡国家高新技术产业开发区集成电路等产业急需的、通过双向选择愿意前来就业的相关毕业生开展为期 6 个月的岗前教育,着重培养他们的"双创"能力;同时,与本科高校合作开展"3+2""4+0"以及七年一贯制人才培养,打造职普融通联合体,实现专业设置与产业需求对接、课程内容与职业标准对接、教学过程与生产过程对接,打破以知识点为串联方式的碎片化课程体系,为高素质技术技能人才培养提供有效途径,让"双创"教育落地生根[1]。

3. 产教联合体功能互补的有效路径

首先,要精准定位,坚持产教融合校企合作办学导向。产教

---

〔1〕 李玮,张向辉,王威. 高职院校社会服务水平提升路径研究——以哈尔滨职业技术学院为例[J]. 对外经贸,2021(2):136-139.

融合是现代职业教育的核心特征,正是这一特征把职业教育与产业紧紧地绑在了一起,使职业教育不可能脱离产业而"独善其身",因为"职业"本身就根植于产业之中。职业教育的宗旨和特征决定了它的发展只能走产教融合之路,产教联合体正是开发区职教体系构建的核心载体。

其次,要聚焦问题,破解职业教育高质量发展瓶颈。笔者认为,能够起到示范引领作用的开发区职教体系,一定是聚焦高水平、服务学生成长成人,聚焦高质量、服务开发区经济发展的职教体系,也一定是大力推进产教融合、广泛实施校企合作、职业教育特色明显、办学效益和社会效益突出的职教体系。针对校企合作"一头热、一头冷"、政府对校企合作缺乏有效的制度保障、校企合作的有效模式和良性互动机制不易形成等现实问题,新职教法给出了破解之道。新职教法提出,职业教育要实行政府统筹、分级管理、地方为主、行业指导、校企合作、社会参与,从而让产业与教育融合的体制"更顺";要确立企业的重要办学主体地位,明确鼓励支持企业举办职业教育的方式,鼓励支持发展产教融合型企业、建立产教融合实习实训基地,强化企业实施职业教育的责任,从而让企业参与职业教育的积极性"更高";新职教法还从法律上明确了行业组织具有参与或开展职业教育的义务,并强调行业组织要发挥其"指导"性,从而让行业组织参与并指导职业教育的程度"更深";此外,新职教法对校企合作的方式方法、领域内容与支持举措也都作出了明确细致的规定,从而让职业学校与企业的合作"更紧、更实"。基于这些措施,产教联合体发挥自身独特功能大有可为,也必将大有作为。

三、产教联合体建构的政策保障

中共中央办公厅、国务院办公厅于 2022 年 12 月印发的《关于深化现代职业教育体系建设改革的意见》(以下简称《意见》),为建设产教联合体提供了坚实的政策保障。《意见》明确提出,要"打造市域产教联合体",这里的"市域"指的是联合体的空间范围,"产教"是联合体的涉及领域。建构产教联合体的初衷,同样是以产业园区为基础,通过任务驱动和契约管理来压实各方主体的责任,调动地方支持职业教育的积极性。《意见》中的各方主体可以划分为产业体系、科教体系和公共体系三大体系,相应的各主体及其功能之间的对接具体描述如图2所示。打造产教联合体,一定要从各主体视角出发,不断完善相应的保障体制与运行机制。

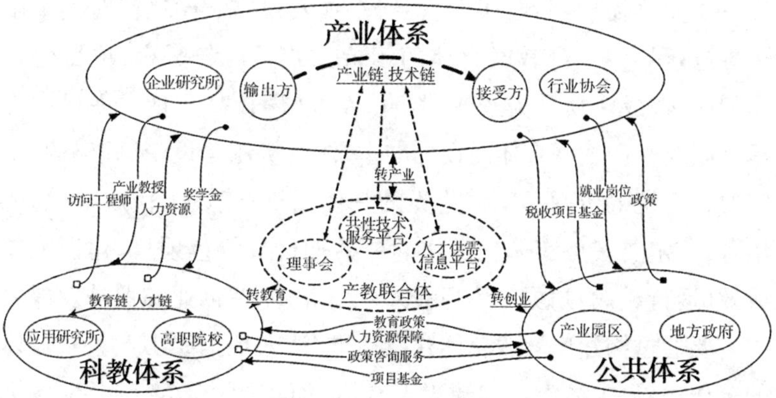

图2 科教体系、产业体系和公共服务体系对接示意图

(一)夯实产教联合体建设基础

《通知》将"充分发挥政府统筹、产业聚合、企业牵引、学校主体作用"作为体系建设改革总方针,体现了改革创新的"中国式"特色和我国的制度优势、组织优势,从而把工学结合、校企合作、产教融合真正落到实处,并使其生根发芽、开花结果。打造市域

产教联合体,要更好依托产业园区,强化其人才培养、创新创业、促进产业经济高质量发展等功能的有效发挥,实现开发区政府和产业、教育的深度融合。从这个意义上讲,产教联合体就是一个在产业园区层面上建立的协调性组织,它专为解决园区产业发展中面临的产教融合问题而"生",并通过这样一个平台来论证问题、立项解决问题;来整合资源,并进行实体化操作;来推进各主体之间的联合,促进教育、科技、产业共同发展。

（二）廓清产教联合体生态边界

联合政产学研,是优化产教联合体建设的生态边界的重要途径。要通过梳理问题、协调资源、立项发包、融合发展,对其生态边界进行界定。产教联合体的运行方式是产教联合、项目化运作;其工作成效则是为产业、教育、企业、学校高质量发展提供支撑。因此在产教联合体建设标准中,体制机制建设(基础架构)一定要符合统筹协调和工作边界的具体要求;建设工作成果(功能培育)一定要聚焦实体化运作的公共平台或特色项目;建设工作成效(运行成效)则更要体现在人才培养、创新创业和促进发展之中。要通过构建产教联合体建设标准,清晰地描绘出产教联合体的工作边界、主体责任和建设要求,从而将职业教育事业发展推向新的高度。

（三）强化产教联合体各方职责

产教联合体的各合作方必须做到责任明确、措施到位、效果可预期。在资源投入上,职业院校要为共同体运行提供必需的人力资源、专项经费等基本保障,并提供必要的办学条件,包括相对独立的教学场所、教学设施、图书资料以及开展产学研合作的实习实训基地。合作企业要围绕产教联合体教学资源开发、师资队伍建设、平台搭建、创新创业氛围营造等提供必要投入,并将行业最新实验仪器设备、企业项目案例、课程教材资源等投入共同体教学之中,同时应具备与培养规模相匹配的学习实训基地。地方政府、开发区要提供税收等专项政策和资金支持,深度参与共同体建设和管理。此外,产教联合体建设需要有比较完善的人事、财务、岗位设置、分类管理、考核评价等相关制度;教学上需要有相应的管理制度和合理的运行机制,要有教育教学过程评价,要对共同体内理论教学、实践教学特别是实践教学的考核方式作出实事求是的改革探索与运行实践;同时要依托已有信息系统和管理平台,采集产教联合体的运行信息,并不断提高信息采集的效率和准确度。

四、结语

产教联合体是立足产业园区层面、围绕产业发展问题与产业需求、统筹和推动企业与院校合作攻关所建立的一个协调性组织。合作攻关活动以项目形式存在,以实体化方式运作,资源由各方提供,成果由各方分享。在新经济形态的形成与发展过程中,只有产教融合发展才能提高人力资本利用效能,为推动经济社会发展发挥作用[1]。为此,全国开发区职业教育发展联盟校将全面贯彻落实《意见》精神,使产教联合体的体制机制改革更加符合统筹协调和工作边界的要求,使产教联合体建设进一步向实体化运作的公共平台和特色项目聚焦,让产教联合体建设的预期成效充分体现在人才培养、创新创业和职业教育的高质量发展

〔1〕 杨慷慨. 新经济背景下产教融合发展不同生命周期的动力机制构建[J]. 职教发展研究,2022(1):21-28.

上。我们相信,有党和政府的政策支持,有全国开发区职教联盟学校和企业的共同努力,构建开发区职业教育产教联合体的实践一定会得到不断深化,打造产教深度融合先导区和开发区职业教育高质量发展样板的目标一定会实现。

孙兴洋、高春津、吴芳(无锡科技职业学院)

洪林(盐城工学院)

长三角职教新篇章：产教融合的创新与实践

　　长三角地区作为我国经济最为活跃、开放程度最高、创新能力最强的区域之一，职业教育正以前所未有的力度推进产教融合，为区域经济转型升级与高质量发展注入强劲动力。本文精选了长三角地区若干职业学校在产教融合中的创新实践，旨在展现这些学校在探索产教深度融合、培养高素质技术技能人才方面的经验与成效。

一、宁波职业技术学校：多元协同赋能提质，国际合作创新培优

　　宁波职业技术学院地处由宁波经济技术开发区、保税区、大榭开发区、出口加工区及北仑港区组成的宁波北仑新区。学校坚持以贡献求生存、以特色谋发展，以高水平专业建设为重点，以提高人才培养质量为核心，坚定走国际化发展道路，积极对接国家"一带一路"倡议，实施"引进来"与"走出去"相结合的国际化办学，搭建产教协同整合资源的有效平台，引领提升中国高职教育国际影响力。

　　学校探索形成了标准引领下的"三机制，三平台，三特色"，构建起跨境交流常态机制、产教协同长效机制和内涵提升倒逼机制

三大机制,通过"商务部职业技术教育援外培训基地""教育部发展中国家职业教育研究院"和"一带一路"产教协同联盟三大平台,形成了"国际培训""海外办学""职教研究"三大特色,实现了"对接国际标准—优化本土标准—输出中国标准"的有机融通。

（一）创新机制,成功创建多维度国际化发展模式

为有效推进国际化建设,宁波职业技术学院积极探索,进行体制机制创新,特别设立"宁波职业技术学院丝路学院"。丝路学院院长由校长直接兼任,分管国际化工作的领导担任执行院长,副院长由二级学院和相关职能部门负责人兼任,从而实现全校资源统筹与盘活,实现虚拟学院实体运作。在外部运作机制上,宁波职业技术学院发起成立"一带一路"产教协同联盟,充分发挥高职院校、行业企业优势,形成合力,开展海外办学、人才培养、人文交流和科研合作等。

（二）多元融合,有效构建国际化发展 I3 要素体系

宁波职业技术学院积极探索多元国际化办学,招收来华留学生、聘请国（境）外优质师资,推动教师国际合作,优化教师发展路径,拓展学生双向交流,扩大国际视野,提升跨文化交际能力与水平,通过合作办学、本土化标准开发、跨境人才培养等工作,逐步构建了优质资源和多元文化交互（Interactive）、融合（Integrative）、创新（Innovative）的国际化发展 I3 要素体系,配合硬件建设,学校国际化水平整体提升并实现跨越式发展。

（三）职教方案,助推提升中国职业教育国际影响力

作为中国高职战线大家庭一员,宁波职业技术学院牢记职

教使命与担当，认真开展海外办学、国际培训以及职教研究等工作，将使命与责任化作行动指南与实践自觉。学校开展职教研究，为院校与发展中国家开展合作，助力企业"走出去"提供了强有力的支撑；学校开展国际培训及产教协同国际合作，全面参与中国政府职业教育援助项目整体规划的制定，以技术、服务、标准及理念的输出，推动职业教育顶层设计与整体解决方案的输出，为发展中国家职业教育整体提升发展贡献职教"中国方案"。

学校服务"一带一路"成效显著，为中国特色高水平高职院校建设提供了国际化办学的范例。学校努力探索服务中国企业"走出去"的职业教育国际化发展模式，推进职业技能人才培养模式与"一带一路"沿线国家间的交流与分享，已将高职人才培养体系成功推广到 120 余个发展中国家，覆盖了亚洲、非洲、拉丁美洲、大洋洲、中东欧等地区，有效传播新时代中国特色职教理念和思想，展现新时代中国特色职教人才培养体系风采。

二、苏州工业园区职业技术学院：创新体制机制，深化校企融合，服务两大客户

苏州工业园区职业技术学院是 1997 年为配合苏州工业园区开发、服务区域外资企业，由时任新加坡总理吴作栋先生提议，经江苏省人民政府批准设立的一所新型高等职业技术学院。学校举办方从建校之初就采用混合所有制模式办学，在全国率先探索PPP办学模式[1]，成为探索高等职业教育体制机制改革的主力军和排头兵，形成政府主导、行业指导、企业参与、自主办学的现

---

〔1〕 PPP办学模式，即"公私合作"办学模式，PPP 即 Public-Private Patnership，这种模式下，学校由公共部门和私人部门共同合作来建设与运营。

代学校制度,营造多方参与、开放共享的育人生态。

（一）实行董事会领导下的"院长负责制"

学校在建立之初就仿照新加坡南洋理工学院（NYP）成立了由政府主管部门、著名跨国公司、国内外知名高校等 27 个成员单位组成的董事会,实行董事会领导下的院长负责制。董事会里有政府人员,国内外知名高校的人员和企业人员,进入学校董事会的企业绝大多数是世界 500 强企业、行业领军企业、头部企业和高成长性企业,如博世汽车、三星半导体、华兴源创、博瑞生物等。董事会是学校的最高决策机构,院长会议作为执行机构,党委领导下的工会和教代会起到监督保障的作用,基本实现了所有权与经营权的分离,即股东投资,企业和高校参与,校长负责管理。从院校设计、师资培养、课程安排、实训基地建设、教学理念等,都借鉴南洋理工学院成功经验。"混合所有制"办学体制和董事会领导下的院长负责制是学校事业创新发展的两大法宝。

（二）形成以客户需求为导向的运行机制

学校遵守自负盈亏的市场管理原则,严格按照市场原理组织教学行为,以企业需求为导向,以学生需求为抓手,始终保持着高度敏锐的市场意识,通过市场化实现学校资源和要素的优化配置,强调办学效益,有效地保证人才培养的质量。此外,学校导入质量经营管理的理念,获得 ISO9001：2015 质量管理体系认证,在日常管理服务方面,学校借鉴新加坡亲商服务模式;在品质管理方面,学校强化引进工程化和国际视野的师资队伍,由"粗放式"管理转向"强化内功"和"练内功"的管理,注重学校的内涵建设,提升学校软实力。

（三）开展资源共享互惠共赢的校企合作

积极开拓校企合作的新路径、新模式，主动融合核心教育资源。学校目前建立产学合作单位超过 1 100 家，其中，驻校企业32 家，主要校外实习实训基地 289 家。通过"引企入校"，解决实训设备投入与维护、真实场景和载体的专业教学等问题，创新了"不求所有，但求所用"的理念；通过"共享共赢"的合作方式，达到学校里有企业的车间，企业里有学校的教室，充分利用校企的资源，使得校企员工的互动不再受到任何障碍。到目前为止，已形成了六种校企合作的主要模式，基本覆盖了高职领域校企合作的所有模式，包括 SAMSUNG 培训工程师模式（人才资源共享）、PHILIPS 共建实训室模式（设备资源共享）、AMD 模式（人才资金资源共享）、BOSCH 订单式培养（培训资源共享）、CHARMILLES 模式（硬件资源共享）、依维特教学工厂模式（空间资源共享）。

学校遵循"国际职教理念、本土创新实践、区域成果分享"的办学思路，依托苏州光华教育集团雄厚的资金实力和优质的品牌资源，紧贴园区产业对人才的需求和学生发展需求，立足园区，面向长三角，辐射全国，为区域经济发展培养了近 4 万名具有国际竞争力的高素质技术技能型人才。

三、苏州健雄职业技术学院："跨企业培训中心"架起服务园区人才培养桥梁

2010 年，苏州健雄职业技术学院在太仓市政府主导下，与德国工商大中华区有限公司（AHK－上海）和园区德资企业以"众筹"形式共建、共用、共管跨企业培训中心——中德培训中心，引入德国职业资格培训认证体系，面向德资工业园企业不同专业、

不同层次、在不同阶段对技术技能人才需求,通过跨企业拼单方式定向为园区企业培养输送各类技术技能人才,形成了面向园区企业多层次技术技能人才供给体系,与企业岗位精准对接的教学培训体系和兼顾企业面向行业的人才评价体系,实现了"学校因开发区而建,开发区因学校而兴"的倍增效应。

(一)"众筹"搭建平台,满足产业对技术技能人才多层次需求

为落实职业教育以学校办学为主体向社会参与多元办学转变的职业教育改革要求,学校以人才培养满足地方产业需求为切入点,与企业"众筹"建立跨企业培训中心,把政府、行业组织、学校和企业的诉求和自身资源结合起来,各自投入跨企业培训中心建设和发展所需要的资金、设备、场地、培训标准、实训材料、技术专家、培训师、工艺技术、规范标准、企业课程、企业项目、管理制度和业务伙伴等各类软硬件资源。根据园区企业提出的各类用人订单,通过招收中职学生或务工人员进行职前集训,培养普通技工;通过招收高职或本科全日制学生开展学徒培养,培养关键技术岗位人才;通过定制培训课程开展职后培训,提升企业在职员工技能,形成以学历教育的学徒制模式和非学历教育的培训方式的多渠道多层次人才供给方式。

(二)联合"拼单组班",以"需"定"产"对接企业用人要求

为实现企业与职业院校的"双向融合",跨企业培训中心一是对接园区各企业技术技能人才需求订单,根据企业"多品种、小批量"需求特点,进行分类汇总,从而确定培养专业、培养规格和培

养规模,以"需"定"产",共同制订培养方案;二是企业根据用人标准选择学生,学生根据自身职业发展选择企业,达成意向后统一签订学徒培训协议,联合"拼单"组班,实现双向选择的匹配精准;三是基于德国职业资格认证体系、各企业典型项目、工艺规范、岗位标准校企协同开发培训模块和培训教材,引入企业现场管理标准,建设构建职业素养养成情境,实现培养内容的对接精准;四是企业、学校和培训中心三方联合组建"教师+培训师+企业师傅"结构化教学团队,实施分阶段"三站轮换"课程体系。经过校企三年的联合培养,双元制学徒职业素养好、技能基本功扎实、岗位适应能力强、企业认同度高,真正实现了学习就业"零距离"。

（三）开展双元制教育标准化,畅通校企联动运行机制

为保障校企合作育人方式范式（或模板）统一、合作机制畅通。2018年学校就在全国率先将"标准化"引入职业教育体系建设,大力推进"标准化+职业教育",提炼总结多年来跨企业培训中心助力双元制人才培养经验,在职业教育人才培养、师资建设、专业设置、培训中心建设等多个方面开展双元制教育标准化,建立了全国首个由地方标准、团体标准和企业（学校）标准构成的"双元制职业教育标准体系",为校企合作育人提供一套统一化、规范化、简约化的范本,促进职业院校人才输出与园区企业人才输入的无缝衔接。2022年8月,国家标准化委员会公布《第八批社会管理和公共服务综合标准化试点项目》,学校承担的双元制职业教育标准化试点获批立项,为在全省全国职业教育标准化领域推广苏州经验,发挥以点带面的积极作用。

四、江苏省相城中等专业学校：校与企——我就是你，你就是我

江苏省相城中等专业学校系苏州市相城区唯一的一所集中高职学历教育、技术技能培训、技术推广、技能鉴定为一体的公办中等职业学校。学校秉承"依托产业办职教，办好职教助产业"的办学理念，坚持把专业建在产业链和需求链上，与相城经济社会发展和积极融入长三角一体化同向同行，与相城区大力发展的三大未来产业发展同频共振。建设并运行6个企业（产业）学院，高标准打造中德技术工人培训中心，不断创新订单培养、现代学徒制、"1+X"证书试点（省级11个）等合作育人模式，着力构建校企命运共同体，实现学校和企业双向赋能。

（一）企业（产业）学院，校企共建共享

学校建有中教科软件学院、现代制造学院、亨通网安学院、行云智能网联汽车产业学院、高铁餐饮管理学院、蔡司产业学院等6个企业（产业）学院。其中的"中教科软件学院"是学校联合苏州市第一批大数据示范企业江苏中教科信息技术有限公司（以下简称"中教科"），并借助企业的"苏州市职业教育大数据工程技术研究中心"平台共同建立。学校为企业提供办公场所，整合现有校内外实训基地资源，校企双方两次共同投入进行中教科软件学院的改建，在校内建设产教融合实训中心。基于中教科企业文化特色，搭建职业素养课程体系，形成了"形象""意识""心态""习惯"四维职业素养课程体系。2019年企业学院成功设立了苏州市博士后预备站，2020年成立了苏州市企业工程技术研究中心。2022年企业导师获评江苏联院的产业教授称号，2024

年获得了"校企合作成熟度"国际标准认证。

（二）机电工程系：中德合作，培养高技能人才

2018年，学校成立"中德技术工人培训中心"，引入德国职业标准和资格证书，先后开设精密机械师、工业机电师、商务管理师三个项目的中德联合培养班。2020年，学校又挂牌"德国手工业行会培训考试认证基地"，成为长三角地区师生培训考试认证基地。基地成立以来，先后有江苏、上海、浙江相关职业院校师生来基地进行师资培训及学徒工考证，服务范围辐射长三角地区。学校构建了"考培一体，赋能产业"的中德共育本土化技术技能人才的人才培养模式，2022年该项目被立项为江苏省"十四五"基础教育职业教育对外合作交流重点建设项目。2024年获评江苏联院五年制高水平产业学院称号。办学模式在《江苏教育报》《苏州日报》刊载，中国网·美丽苏州、腾讯·大苏网等媒体转载报道。

（三）旅游烹饪系：现代学徒制，"六个共同"育人才

学校全面推行现代学徒制人才培养模式，按照"六个共同"实施人才培养。即校企双方共同开展学徒选拔、共同制定培养方案、共同开发课程资源、共同建设教学平台、共同实施人才培养、共同组织考核评价。实行校企分段交替培养，以技能培养为核心，按照"学生→学徒→准员工→员工"人才培养总体思路，实行分段式培养。2018年，学校烹饪专业与新黄埭大酒店联合申报的"共建餐饮匠心人才培养实训基地"项目被苏州市教育局评为苏州市现代职业教育校企合作示范组合。2019年，新黄埭餐饮现代学徒制被列入首批苏州市职业教育现代学徒制项目建设。该项目着力构建了"学校课程＋企业课程＋特色课程"的专业课程体

系。2023年，新增获评省级"中小学生职业体验中心"和联院在线精品课程项目，2024年获评江苏联院五年制高职现代学徒制示范专业点。

（四）财经商贸系：双轴四育，提升学生职业素养

学校依托省级名师团队，结合时代发展和学生成长需求，聚焦学生财商素养"双轴四育"实践，按"校内小文化和校外大氛围"两线轴，从"人育人、物育人、场育人、事育人"四个维度展开，针对不同专业，对接岗位需求，提升学生核心素养。学校组建了"校企共融"的师资团队，积极寻求区级电商协会、市级独角兽培育企业、行业技能大赛承办企业等多方助力，结合本校生源特征和区域发展需求，提出了适合学生财商素养教育提升的策略，2021年荣获江苏联院教学成果奖一等奖。还开发并荣获了"营销策划""实用会计基本技能"等4门市级精品课程，校企合作编写的"1+X"认证《网店运营基础》《网店运营基础实训》等六本国家规划教材，被全国1 400多所院校广泛征订。分批建成了VBSE数字化职业体验馆、沙盘虚拟仿真实训室、证券和税控互动体验室、农村电商综合实训中心等集数字化、仿真性、互动式于一体的沉浸式基地，2022年获评中国财经素养协同创新基地、省级虚拟仿真实训基地称号。学校多次开展校园促销、创业大赛、格子铺经营、电商摄影、消费问卷调查等"财商素养"系列主题活动；成立了营销协会、电商协会、财贸双全社、约创孵化社等多个学生社团和志愿者团队。2023年，电商社团荣获全国职业院校技能大赛一等奖、沙盘运营队荣获过全国行业技能大赛二等奖，烘焙创业手工坊被评为市级优秀社团。2024年成为全国智慧数字财经产教融合共同体、全国数字商贸产教融合共同体、国际贸易行业产教融合共同体、

数字商务行业产教融合共同体等常务理事单位。

（五）结语

校企互融，共赢共生，学校的产教融合、校企合作正从"你就是你，我就是我"的校企"两张皮"向"我就是你，你就是我"的校企深度融合转变。学校已成为相城区各行各业高技能人才培养的摇篮，努力支撑经济社会和相城区域产业发展对高水平技术技能人才的需求，毕业生德高技强，供不应求。

五、宣城职业技术学院：积极探索科教融汇新路径，深度融入长三角一体化发展

宣城职业技术学院与上海工程技术大学共建宣城科技工作站，借力 G60 科创联盟，共同谱写新的科创范式。坚持科创驱动，共建共享长三角 G60 科创走廊，依托宣城科创中心，探索助力"研发在沪、生产在宣；孵化在沪、落地在宣；引才在沪、用智在宣；总部在沪、投资在宣"的一体化发展模式，着力打造高能级的"创新中心"、高标准的"孵化中心"、高层次的"人才中心"。宣城科技工作站探索科教融汇途径，促进职业教育与产业之间的深度交融，为职业教育提供更多的发展机遇，为产业转型升级提供更多的高素质人才支撑，为科技成果转化提供更多的人才和技术支持，促进科技成果的转化和推广，推进深度融入长三角一体化高质量发展。

（一）科教融汇，衔接贯通产学研用链条

发挥宣城科创中心在长三角 G60 科创走廊优势作用，对标先进科创产融高地，推进科创要素高效对接，加快科技创新和制度

创新双轮驱动。发挥政府搭建平台载体作用，推动更多优质科研成果转化落地，共同营造 G60 科创企业成长最优环境，携手奋力打造长三角 G60 科创走廊一流科创生态。共建宣城科技工作站设在宣城的上海"科创飞地"，是承接上海创新资源的重要平台、招引高层次人才的重要窗口。依托工作站整合两地科技创新资源，开展多形式、多渠道的科技服务，科技融汇带动两校及宣城企业参与技术创新和成果转化，为衔接贯通产学研用提供强有力的人才支撑、技术支撑及资源支撑。

（二）平台合作，深化全方位要素对接融合

宣城科创中心位于长三角 G60 产业协同创新中心，已有华晟新能源、安徽奥吉、先进光伏研究院等 13 家企业入驻。提高科创要素配置有效性，坚持创新驱动引领，坚持"走出去"和"引进来"相结合，聚焦宣城市"2＋3＋4"产业，支持宣城龙头骨干企业设立异地研发机构，鼓励宣城中小企业开展跨区域技术交流，吸引长三角优秀团队项目入驻，是宣城招引高层次人才、项目的重要窗口和创新示范平台。近日，宣城先进光伏技术有限公司、宏润光能科技有限公司、宝力科技有限公司、安徽绿洲危险废物综合利用有限公司 4 家企业与宣城科技工作站共同签署产学研合作项目协议，深化要素对接，加强跨区域间的产教融合，推进创新成果转化为现实生产力。

（三）精准服务，融入一体化高质量发展

宣城科技工作站依托两所高校优势学科专业，坚持技术逻辑、市场逻辑和治理逻辑的有机统一，为宣城市产业升级和产业规划提供咨询和建议，配合企业申报各类科技计划项目，帮助企业解决发展过程中的技术难题，深化产教融合。为企业提供精准服务，共同开展校企合作项目。宣城中鼎精工、益佳通、福元药业等企业不断向工作站提出生产过程中遇到的实际问题和希望解决的技术需求，为合作开展技术服务成果转化奠定了基础。工作站创新产学研合作模式与机制，形成高校联合联动，与产业共赢共生的合作伙伴关系，为企业提供精准服务，共同开展校企合作项目。探索全领域、全链条、全要素的深度融汇，呈现出价值丰富性、相互依存性、范围广泛性和方式多样性的特点。

六、浙江东方职业技术学院智慧康养学院：医康养护教——高职院校智慧健康养老专业产教深度融合新模式

浙江东方职业技术学院坐落于"全国民政综合改革发展试验区"——温州，是一所国企办学、以"医康养"为特色的高职院校，学校与市民政局共建温州民政管理学院，共同实施康养人才培育、社会服务、产教融合和师资智库等"四大工程"。与温州现代养老公司、绿城康养以及怡宁医院共同打造了集教育、康养、医疗为一体的康养综合体——金竹嘉园，通过"园中校、校中院"的实践，将医疗、康养、养生、照护和教育等养老服务功能进行融合，创建"医康养护教"产教融合新样本。

（一）实施"医康养护教"五位一体人才培养体系

一是"医养教"结合，依托现代集团将养老院、老年病医院以及智慧康养学院整合，实现校内学习、院内实训、园内实习就业一体化；二是"养护教"结合，通过共建共享 12 个康复（实训）中心，实现老年人康复治疗与专业教学同步开展。三是"医教、教养、教

康"互训,理论授课教室和实训中心、实践基地在同一园区有机结合,交叉共享,如图1所示。

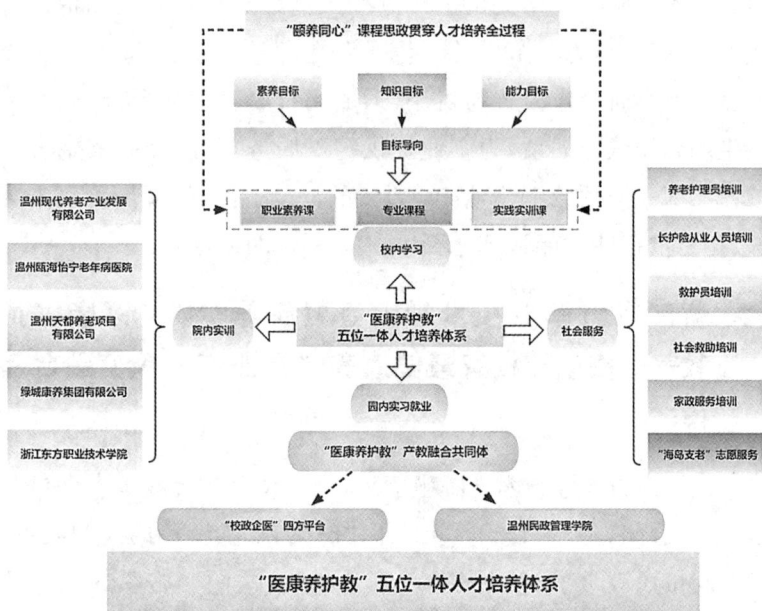

图1 医康养护教五位一体人才培养体系

（二）搭建"双平台、三阶段"实践实训教学体系

依托"民政综合技能实训基地"和"民政康养产业学院"两个平台,实行实训基地与产业学院双联动机制,构建"开放型、共享型"教学资源平台,合作开发30门课程与校本教材、3项地方标准。实施"三阶段"融合培养,实现在校学习、顶岗实习和毕业实习一站式融合,落实"工学交替"的现代学徒制培养方式,学生专业技能得以提升,如图2所示。共获省级及以上奖31项,连续三年获浙江省职业院校技能大赛养老护理员赛项一等奖,并获国家一、二等奖;获浙江省第六届高职院校"挑战杯"创新创业大赛一等奖等。

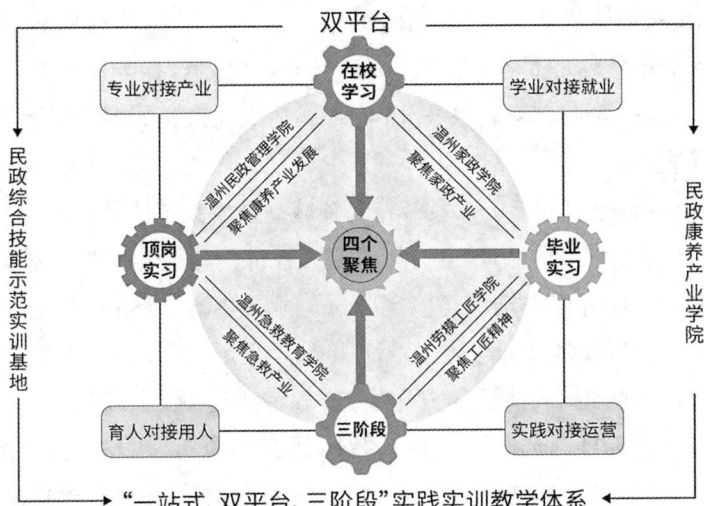

图2 "一站式、双平台、三阶段"实践实训教学体系

（三）创建"颐养同心"课程思政育人模式

一是劳动教育与颐养教育相结合，将专业课程与颐乐学院课程融合互通，实现青颐互助，促进养教融合。二是创建劳模工匠学院，录制《劳模·工匠·杰青进校园》等特色课程，打造劳动教育"金课"。三是打造"颐养同心"志愿服务品牌，成立公益联盟，百名教师带队，千名学生参与，走进"百岛百山"，服务万名群众，开展"山海百千万"康养助老公益行。

（四）打造"医康养护教"产教融合共同体

一是创新体制机制，学院与政府、养老企业、医院、康复中心合作，成立了现代金竹嘉园管委会。二是师资互聘共享，养老公司与学院管理中层实现互聘。三是空间互融互通，落实"园中校、校中院"的空间布局，三方共享党建阵地、医疗康复中心、教学实训中心、文体活动场所等,总面积达 6.2 万平方米,实现医养教空间无缝衔接。四是在园区设立养老创业孵化器,指导学生开展创新创业,成立汇心养老服务公司,开展适老化改造、居家养老点运行等服务。

目前,已培养 5 000 多名养老领域高技术技能人才,近 800 名学生成长为养老机构骨干力量。为人社部门建设养老护理员等 4 类鉴定题库并提供培训与鉴定师资。承接养老护理员、长期照护从业人员等技能培训工作,累计服务 2 万余人。未来,学校将持续聚焦民政康养领域,全力建设"学科专业样板、人才培育中心、产教融合标杆、服务活动精品、智库研究高地",奋力打造医康养特色高职名校,为创建"老年友好型城市"、共富市域样板贡献东方力量。

马张霞(宁波职业技术学院)

邵　良(苏州工业园区职业技术学院)

杨继宇(苏州健雄职业技术学院)

庞　波(江苏省相城中等专业学校)

詹先明(宣城职业技术学院)

赵　静(浙江东方职业技术学院)

人工智能赋能课堂教学质量评价的探索与实践

职业院校的核心职责在于培育具备高技能的专业人才。为此,学校采取多种方法来提升学生的综合素质、知识掌握、技能水平以及情感态度。课堂教育作为培养学生的主要渠道,对于自学能力尚未成熟的青少年尤为重要,它是学生获取知识与技能的关键途径。评价课堂教学效果始终是职业院校关注的核心议题。在此背景下,江苏中教科信息技术有限公司(以下简称"中教科")研发的课堂教学质量评价系统应运而生,该系统致力于利用数字化和智能化技术手段提高教学品质,推动教育现代化的进程。

一、项目背景及行业现状

(一)学校业务需求

在现行的职业教育教学管理体系中,评估课堂教学质量的主要手段包括督导听课、学生评教以及领导和同行听课等。通过对众多高等职业学校和中等职业学校的调研,我们发现学校在进行课堂教学质量评价时遭遇了诸多挑战和问题。首先,督导听课任务繁重,导致教师和课程的覆盖范围不足,难以达到公正、全面评价教师授课质量的基本数量要求。其次，由于听课数量有限，听课具有抽样性质，一门课程在不同教学阶段、不同教学内容下对教师授课水平的影响各异，这有时会引起教师对督导听课结论的质疑。再者，即便学校拥有统一的评课标准，督导的专业背景和所授课程的差异仍会对教学评价结果产生影响，因此，许多学校安排两位或以上的督导同时听课，这无疑增加了督导的工作负担。最后，在未使用督导系统的学校，听课数据的记录和统计主要依赖手工操作，过程较为烦琐。

鉴于上述问题，解决学校课堂教学质量评价难题的关键在于增加听课数量，并在实施课程评价标准的过程中尽量降低人为因素的干扰。因此，许多学校开始采用信息化手段来辅助督导过程。随着大数据和人工智能技术的快速发展，尤其是大模型技术应用范围的扩大，将大模型技术应用于课堂教学质量评价系统已成为一种必然趋势。

（二）大模型技术在教育领域应用现状

大数据技术的持续发展推动了人工智能在过去二十年的广泛应用，尤其是近五年，生成式人工智能（AIGC）技术如 ChatGPT 等产品迅速崛起并广泛应用于多个领域。全球范围内，基于 AIGC 技术的平台和产品大量涌现。AIGC 技术的核心是大规模语言模型（LLM），因此也常被称为大模型技术。尽管国内在大模型技术教育应用方面的研究和论文数量众多，但实用且成熟的产品却相对较少。调研显示，大模型技术在教育应用项目较少的原因是多方面的，主要包括以下几点。

（1）应用大模型技术在开发上技术门槛不高，但需要强大的支撑条件，包括垂直大模型和学校本地数据。垂直大模型强调教育智能体和知识库。尽管基础大模型能处理通用语言问题和创作文档，但解决专业教育问题和特定学校数据问题仍需垂直大模型和治理过的本地数据。然而，国内教育大模型尚在起步，成熟产品缺乏，且不到30％的学校实施了数据治理。

（2）其次，学校管理者对于大模型应用项目缺乏清晰的认识。大模型的基本原理基于概率统计模型，这与确定性问题的理解方式不同，因此管理者往往难以提出具体的大模型教育应用项目需求。目前，许多大模型教育应用项目是由研发企业从学校视角出发设计开发，或是以企业为主导、学校参与的条件下设计开发的。在学校教师中，对大模型技术存在两种极端看法：要么认为大模型万能，要么完全排斥。如何引导教师正确认识大模型技术，仍然是当前面临的重要课题。

用户需理解大模型技术的复杂性及其潜在问题。大模型技术涉及复杂的数据挖掘和神经网络，存在解释难度，限制了其应用。同时，需注意伦理和安全问题。例如，国内禁止使用大模型技术进行资产评估。2023年7月，多部门联合发布《生成式人工智能服务管理暂行办法》，禁止传播违法和有害信息，并防止产生歧视性内容。

二、项目设计思路

（一）设计思路

经过前述分析，中教科的研发团队综合考虑了技术与安全等多方面因素，确立了以下研发策略。

首先，在基础大模型平台的选择上，鉴于上级机构禁止将国外大模型平台产品应用于学校系统的相关规定，决定采用国内大模型平台作为基础平台。

其次，在教育大模型的应用方面，鉴于国内目前尚未出现成熟的教育大模型产品，尤其是缺乏适合职业教育的大模型产品，决定自行构建职业教育课程知识库，以便基础大模型进行检索和学习。目前，我们首先致力于实现课堂教学质量评价的基础功能，并计划在将来国内出现教育大模型产品后，对其进行升级和完善。

此外，充分利用学校现有的数据资源，合作学校拥有经过数据治理生成的数据仓库，其中包含大量符合质量标准的数据，可供我们利用。

为了预防安全和伦理道德方面的问题，我们确定将系统应用过程中的外部信息入口（提示词）和出口（场景输出信息）作为过滤有害信息的两个关键点，在提示词输入后和生成信息输出前，均进行有害信息的检验。

最后，在算力需求方面，考虑到大模型教育应用项目的计算量有限以及项目成本控制的需求，决定暂不购买或租用高价值硬件设备。在项目开发和使用过程中，我们将持续评估对算力的需求，并在积累大量测试数据的基础上，再决定是否提升算力方案。

（二）系统结构

1. 物理结构

系统的物理结构如图 1 所示，总体上可分为硬件和软件两大部分。

2. 逻辑结构

图 2 展示了系统的逻辑结构，简要呈现了系统工作的基本流程、数据处理过程等。

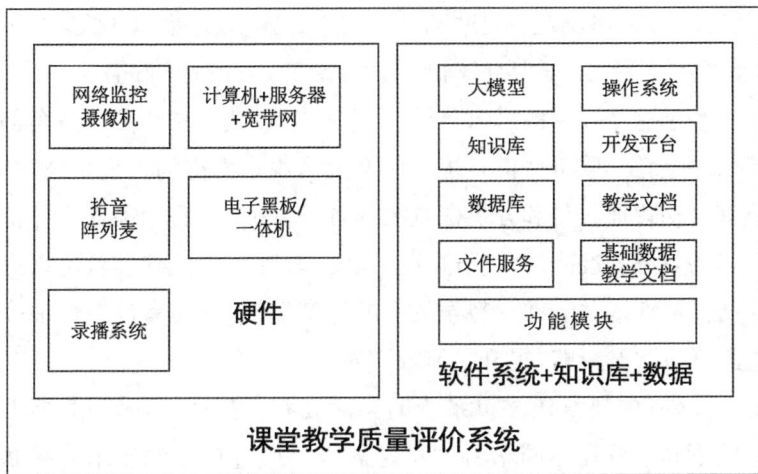

图 1 课堂教学质量评价系统物理结构

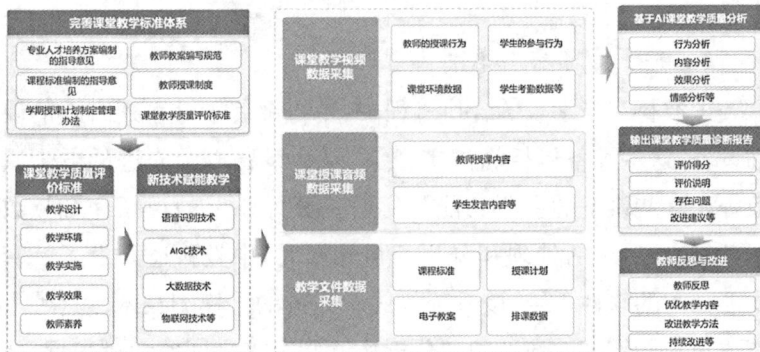

图 2 课堂教学质量评价系统逻辑结构

三、项目实践过程

(一)需求分析与系统设计

在项目的启动阶段,中教科积极与众多教育机构建立合作关系,深入探讨和理解各所学校在课堂教学质量评价方面所面临的具体需求和存在的各种问题。通过与教育工作者的广泛交流,公司收集了大量的第一手资料,以便更准确地把握课堂教学评价的实际需求。

基于这些详尽的需求分析,中教科精心设计并开发了一套创新的课堂教学质量评价系统。该系统采用了先进的大模型技术,能够自动化地收集和分析课堂上的各种数据,从而大幅提高评价工作的效率和准确性。通过这一系统,教师和学校管理者可以更加便捷地获取关于课堂教学效果的详细反馈,进而有针对性地改进教学方法和策略,提升整体教学质量。

此外,中教科还注重系统的灵活性和可扩展性,确保其能够适应不同学校和不同学科的特定需求。通过持续的技术升级和功能优化,中教科致力于为教育行业提供一个高效、可靠且易于使用的课堂教学质量评价解决方案。

（二）硬件部署与软件集成

中教科在与学校的合作过程中,精心部署了一系列必要的硬件设备,这些设备包括高清摄像头、录音设备以及先进的电子黑板等。这些设备的主要功能是实时采集课堂上的视频和音频数据,以便于后续的处理和分析。与此同时,中教科还开发了一套功能强大的软件系统,该系统集成了先进的大模型技术。这种大模型技术能够高效地处理和分析从课堂上采集到的大量数据,从而为教学和学习提供有力的支持和改进。通过这种硬件设备和软件系统的有机结合,中教科能够为合作学校提供全面、高效的教学数据采集和分析解决方案。

（三）数据采集与处理

系统利用低成本的普通音视频设备,实时地捕捉和收集课堂上的各种数据信息。这些数据涵盖了视频、音频以及文本等多种形式，全面记录了课堂上的细节。通过对这些数据的深入分析和处理，借助强大的大模型技术，系统能够将这些原始数据转化为具有实际意义的师生行为数据。这些行为数据包括但不限于学生的参与度，即学生在课堂上的积极性和互动频率；教师的授课方式，即教师采用的教学方法和策略；以及课堂氛围，即课堂整体的活跃程度和学生的整体反应。通过这些详细的行为数据，教师可以更好地了解课堂情况，调整教学方法，从而提高教学效果。

（四）评价指标的设定与应用

中教科与教育领域的专家紧密合作，共同致力于将采集到的行为数据转化为具有教学含义的指标项值。这一过程基于深入的教学理论和评价指标体系，旨在全面评估和反映课堂教学的质量。通过这种合作，公司能够将复杂的行为数据转化为具体且有意义的教育指标，例如学生的学习成效和教师的教学效果。这些指标项值不仅能够直观地展示课堂教学的实际情况，还能够为教育工作者提供宝贵的反馈信息，帮助他们改进教学方法，提升教学质量。通过这种数据驱动的方法，教育专家和教师能够更好地理解学生的学习需求，从而制定更加有效的教学策略，最终实现教育质量的全面提升。

（五）评价结果的生成与反馈

该系统通过综合考虑各种教学含义指标项的具体数值，进一步深入分析并计算出课堂教学质量的评价指标值。这些指标值包括但不限于教学满意度、教学效果等多个维度，从而全面评估课堂教学的整体质量。在此基础上，系统能够生成一份详尽的评价报告,报告不仅包含各项指标的具体数值,还会有相应的分析和建议,帮助教育管理者和教师深入了解课堂教学的现状和潜在的改进空间。通过这份评价报告,教育管理者和教师可以获得科学、客观的评价依据,从而有针对性地制定改进措施,提升教学质量,优化教学过程,最终达到提高学生学习效果的目的。

四、实践成果

(一)提高评价效率和准确性

通过采用自动化技术进行数据采集和处理,该系统能够全面且客观地评估课堂教学的质量。这一过程不仅涵盖了学生的学习成果,还包括教师的教学方法、课堂互动以及学生参与度等多个方面。通过这种方式,系统能够生成详尽的分析报告,提供具体的改进建议,从而帮助教育机构和教师不断提升教学质量。

此外,这种自动化评价方法极大地提高了评价工作的效率和准确性。传统的评价方式往往依赖于人工观察和记录,不仅耗时耗力,还容易受到主观因素的影响,导致评价结果的偏差。相比之下,自动化系统能够实时收集和分析大量数据,确保评价结果的客观性和一致性。这样一来,教育管理者和教师可以更加信赖评价结果,从而作出更有针对性的决策和改进措施。通过自动化数据采集和处理,系统不仅提高了评价的效率,还确保了评价的客观性和准确性,为教育质量的提升提供了强有力的支持。

(二)形成良性评价机制

在系统实施之后,学校成功构建了一个"评价、反馈、引导、提高"的良性循环机制。这一机制的建立使得教师的教学工作得到了全面而细致的监控和评估。通过这一机制,教师能够及时了解自己在教学过程中的优点和不足,从而有针对性地进行改进和提升。同时,学生也能从中受益,因为他们能够获得更加高质量的教学资源和更加有针对性的学习指导。这种良性机制的运行,不仅提高了教师的教学水平,也促进了学生的学习效果,使学校的教学质量监控工作达到了一个新的水平和高度。通过这种持续的改进和优化,学校整体的教学质量得到了显著提升,为学生的全面发展奠定了坚实的基础。

(三)实现实时动态数据采集

通过运用"物联网+云计算"技术,我们成功地实现了对课堂数据的实时动态采集。这一技术的应用使得教育管理者和教师能够获得及时且准确的数据支持,从而更好地进行教学管理和决策。物联网技术通过各种传感器和设备,实时监测和收集课堂上的各种数据,如学生的学习状态、教师的教学行为等。

(四)深度分析与精准评价

该系统充分利用了大数据分析和深度学习技术的强大能力,通过对教学大数据进行多维度的深入分析,细致地挖掘出课堂教学质量的细粒度特征。这一过程不仅涵盖了传统的评价指标,还涉及了更多隐含的、不易察觉的细节,从而实现了对课堂教学质量的精准评价。通过这种方式,系统能够全面、细致地评估教师的教学效果,为教育决策提供科学依据,进一步推动教育质量的提升。

五、总结与反思

在开发本系统时,中教科项目组广泛研究了教学质量、督导工作、人工智能和大数据等问题，并结合系统开发进行了深入思考。首先，采集数据的设备性能和完备性需提升。目前，由于经费和条件限制，无法配置完全符合教学需求的高性能采集设备，如多台摄像设备和适应不同教学模式的设备。系统目前的视频采集不支持人脸识别，限制了对个体行为的识别和跟踪。未来，随着设备性能提升和成本降低，系统将能使用更高分辨率和人脸识别功能的摄像头，从而在督导和个性化教学方面得到更深入应用。其次，缺乏垂直大模型的支持，目前只能采用基础大模型结合知识库和本地数据的架构，这限制了系统功能。随着国内教育大模型产品的推出，系统功能和性能将得到显著提升。最后，系统部署时面临设备复用和评价指标体系适应性问题，需要研究如何最小化经济成本和部署工作量，确保系统在不同学校顺利实施。

张洪斌、何军辉、侍大明（江苏中教科信息技术有限公司）

科教融汇促进职业教育高水平发展：数字赋能科教融汇的探索和实践

教育的本质是服务社会，服务国家战略，服务人民群众对美好生活的需求。职业教育作为服务区域经济发展的重要支柱，长期以来存在着较为严重的学用脱节现象，在技术能手培养方面更显薄弱，是职业教育发展的一大痛点。坚持产教融合，校企协同育人，充分利用数字技术、人工智能等先进技术推进科教融汇实现职业教育高水平创新发展是现代职业教育的重要方向。

一、科教融汇是职业教育发展的必然

（一）科教融汇是社会发展的必然要求

随着科技的快速发展和产业升级，国际竞争越来越剧烈，我国必然从低端制造向高端智能制造转型，企业对高技能人才的需求将会日益增加。高端智能制造需要高素质的技术工人和工程师，他们不仅要有扎实的专业技能，还要具备创新能力、团队协作能力、学术思维、批评性思考和解决复杂问题的能力。科教融汇不仅提升教育质量和学生竞争力，还促进科研成果的应用和转化,推动产业升级和技术进步。是当代学生迈向 21 世纪的现实需要。

（二）科教融汇得到政策的大力支持

2022 年中共中央办公厅、国务院办公厅印发了《关于深化现代职业教育体系建设改革的意见》,提出"以提升职业学校关键能力为基础,以深化产教融合为重点,以推动职普融通为关键",同时还明确提出"以科教融汇为新方向"。标志着科教融汇在现代职业教育中的重要地位和深远意义。2023 年习近平总书记首次提出新质生产力,以劳动者、劳动资料、劳动对象的优化组合作为基本内涵,将全要素生产率大幅提升为核心标志,特点是创新,关键是质优,本质是先进生产力。科教融汇将科研应用于教学,提高教学的前沿性和实用性,强调理论与实践的紧密结合,通过实际项目让学生在真实环境中学习和应用知识,鼓励学生在实践中发现问题、分析问题并解决问题,从而提高创新能力和学术思维能力。

（三）科教融汇具备很好的发展基础

除政策支持和社会需要外,当前职业教育开展科教融汇还具有很好的发展基础。首先校企合作产教融合已经在职业教育深入人心,许多职业院校与企业建立了紧密的合作关系,共建实训基地、开展产学研合作等,实现了教学与科研的初步融合;其次大数据、人工智能等技术的发展,使得信息获取和资源共享变得更加便捷,为科教融汇提供了更有力的技术支持,现代化实验室和先进实验设备的配备,为科研与教学提供了更好的硬件支持;另外是双师型教师得到发展,许多职业院校拥有一批既具备扎实理论知识又具备丰富实践经验的教师,他们会成为科教融汇的重要推动者;最后还有学生的愿望,通过科教融汇,学生可以根据自己的兴趣和需求定制个性化的学习方案,激发学习动力和学习效果。

二、数字赋能科教融汇

站在产教融合的角度推进科教融汇,不是简单地把科研项目引进教学,除了要在满足科研项目可以如期完成的前提下认真考虑内容分解的可行性和可管理性,还要体系化考虑企业需求与专业建设、教学实施、学生参与等方面的诸多问题,依靠传统的管理手段必然事倍功半。只有充分利用数字技术、人工智能等先进工具赋能科教融汇,才能达到预期目标。

我们在过去的软件开发过程中,针对校企协同育人建立了"双元E+"(江苏省太仓中等专业学校双元制本土化太仓模式的数字化平台)等数字化支撑平台,构建了校企融合体,实现了合同约束、平等审议、项目开展、质量控制等校企协同工作机制,支持了培养方案共研、师资共组、教学共施、成绩共评、质量共督的协同育人机制,同时在高职院校建设了以教师科研发展渐进目标管理为特色的科研管理系统,为开展数字化科教融汇奠定了很好的基础。

产教融合—数字化科教融汇,主要的核心就是要实现生产—教学—科研三个维度的有机融合,如图1所示。

为了有效实现生产—教学—科研最大融汇,科教融汇数字化平台采取服务导向、领域融合、项目发展、协同共促、绩效互认的原则和思想,解决科教融汇中存在的实质问题。这里重点介绍三个核心原则。

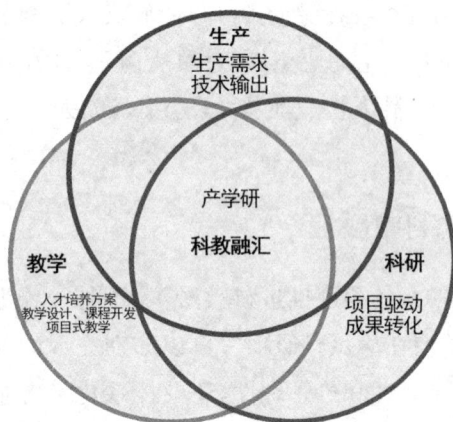

图 1　生产—教学—科研融合

（一）服务导向

以精准的生产需求为导向，切分为岗位需求和技术需求。岗位需求是人才培养的需求，是产教融合职业教育的方向和目标，技术需求是需要攻坚的科研或科技服务需求，是学校服务社会能力的重要表现之一。而生产领域的技术输出，包括骨干人员、生产资源和技术优势等又是企业有资格参与职业教育协同育人的基本条件，如图 2 所示。

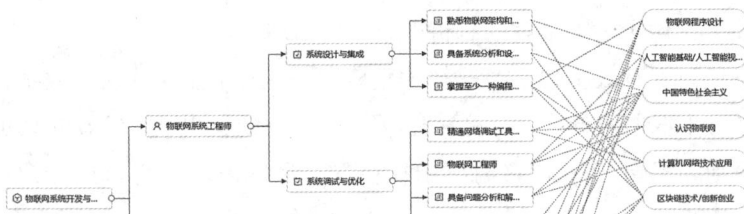

图 2　人才培养方案研制平台工作图

岗位需求通过企业主导的人才培养方案研制来实现学校人才培养和岗位能力要求的动态而精准的紧密对接，通过岗位能力引领培养目标、能力与课程的关联、教学计划制定等。

技术需求通过科研管理系统，通过法律约束把需求转化为明确的横向项目，实施有效的项目管理，包括协同规划、立项、签约、制定项目计划、开展项目实施、实现风险和项目变更等，如图3所示。

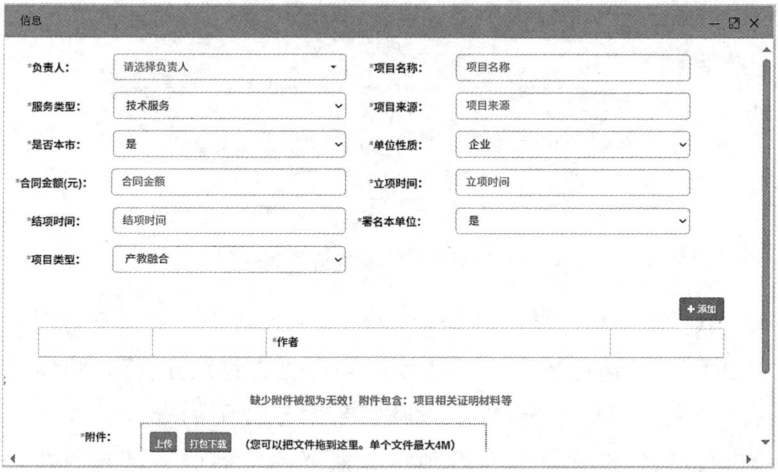

图3　科研横向项目申报

（二）领域融合

科教融汇数字化平台的领域分为两个层面。

一是技术领域。在数字化科教融汇，将领域分为生产域（里面逐层分为生产需求子域、技术输出子域等）、教学域（里面逐层分为培养方案子域、教学设计子域、教学实施子域等）、科研域（里面逐层分为横向项目子域、纵向项目子域、成果转化子域等），实施领域驱动，既有利于实现领域融合，又保证各个领域边界清晰，逻辑解耦，互不干扰但可以通过接口实现彼此功能交互和数据传递。领域驱动设计确保了科教融汇数字平台具有很好的可扩充性和稳定性。

二是逻辑领域，这是科教融汇最重要、最复杂的重要核心，由许多子域融汇所构成，如图 4 所示。

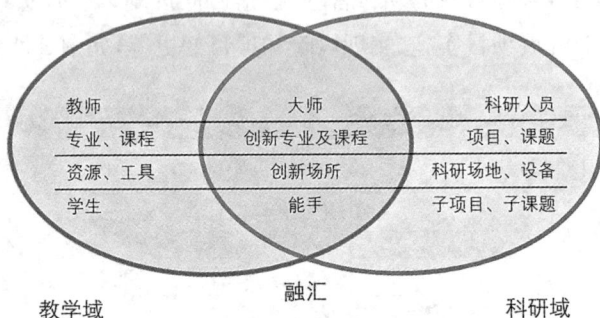

教师	大师	科研人员
专业、课程	创新专业及课程	项目、课题
资源、工具	创新场所	科研场地、设备
学生	能手	子项目、子课题

教学域　　　　　　融汇　　　　　　科研域

图 4　教学逻辑域与科研域的融合

教学域与科研域的融合交汇，自然引入科研本身固有的创新和技术革新，通过数字化平台教师综合发展的积分管理，聘期目标与个人目标相结合，骨干教师帮带青年教师的青蓝工程等举措，可以很好地促进专业教师从普通老师发展成为具有创新精神、业务精干的专业大师。教师是学校核心能力最重要的要素，只有教师通过积极的创新发展才可能促进学校专业建设的创新发展，如图 5 所示。

同样，通过科教融汇有利于把传统的专业和课程真正转变为创新型的专业和课程，让学生从技能工匠转变为技术能手。教师、学生、企业骨干是职业教育的劳动者，专业、课程、资源工具是职业教育的劳动资料，把学生培养成合格的人才是职业教育的劳动对象，通过科教融汇可以推进实现三者的优化组合，推进实现"特点是创新，关键是质优，本质是先进生产力"的目标实现，达到新质生产力人才培养的终极目标。这就是政策中"以科教融汇为

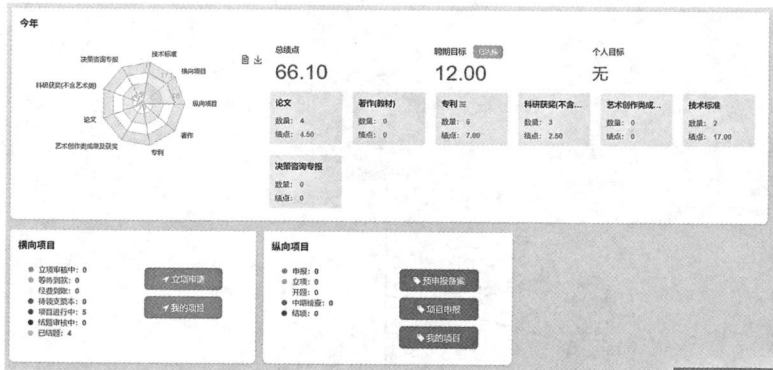

图5 科研管理教师个人发展工作图

新方向"的核心要义之一,与新质生产力人才培养一脉相承。所以职业教育大力发展科教融汇在当前国际形势错综复杂的情况下对国家实现创新发展具有十分重要的意义,也具有很强的急迫性。

(三)项目发展

项目发展的核心是融合设计、项目驱动协同管理等,重点谈融合设计。

融合设计以人才培养方案研制和科研横向或纵向项目管理为基础,在数字化平台的支持下前者确定岗位能力分析为起始,确定能力、教学元素、课程等,体现岗位需求。后者确定项目规划、立项、管理等,体现技术需求。技术需求往往是岗位需求中某个技术环节的改进或创新,两者具有呼应性。科教融汇数字平台强化了教学设计,提取出科研项目中教学可行性的内容融合并设计到人才培养过程中。形式上主要分解成项目式(或模块化)课程设计和任务式活动设计,如图6所示。

项目式(或模块化)课程设计是科教融汇中人才培养方案研

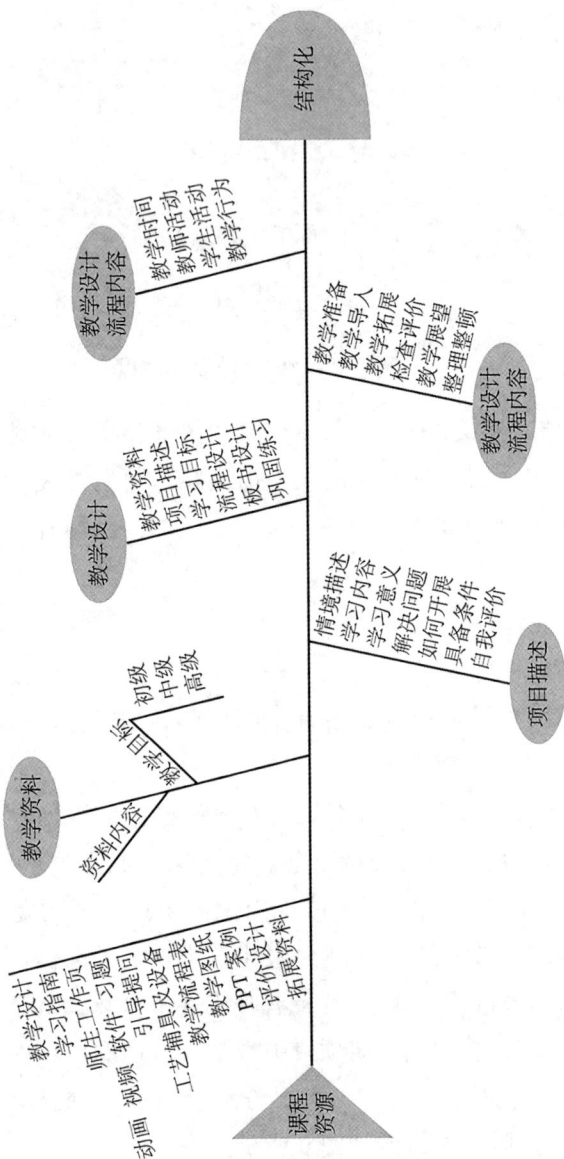

图 6 项目式（或模块化）课程设计

制外直接影响教学效果的关键环节之一,承担着整合学校和企业、教学与科研资源的重要职能。项目式课程设计将教学内容设计成一个个任务,由教师根据学情结合教学需要对学生发布。项目式课程设计有利于开展行动导向教学,有利于根据任务完成情况对学生进行表现性评价或者进行 COMET 职业能力测评[1]。

任务发布分成两种,一种是课程教学的任务发布,另一种是以第二课堂的形式作为活动任务进行发布。通过学分激励等措施,任务式活动设计与学分银行融合,学分的激励加上科研的创新和挑战驱动,可以很好地激发学生的兴趣和积极性,给学生自我发展带来多彩的路径选择。

科教融汇代表职业教育的发展方向,既是时代机遇同时又面临艰巨的挑战,愿与同仁们合作交流,共同把科教融汇数字化平台建设好,进一步丰富协同育人的发展。

周瑞明(上海语素信息科技有限公司)

---

〔1〕 COMET 职业能力测评是一种基于职业能力模型的综合性评估工具,旨在通过多维度的分析全面衡量个体的职业能力水平,并为职业发展提供科学指导。

"双元育人、课证融通"：国际商务专业人才创新培养的探索与实践

一、实施背景

随着互联网应用的深入与突破,网络速度高速发展,数据传输与存储越来越安全,跨境电子商务作为全新外贸业态的发展日新月异,跨境电商的交易从最初的困难重重发展到今日的相当便捷,极大地促进了全球区域内的商品流通和货物贸易。近年来我国跨境电商用户规模不断扩大,2020 年新冠疫情背景下,我国的跨境电商交易额实现了大幅度的逆增长,跨境电商进出口总额 1.69 万亿元,同比增长 31.1%,跨境电商规模 5 年增长近 10 倍。

近年来,我国已初步构建了适应外贸新业态新模式发展的政策框架。上海自贸区作为我国新一轮改革开放的试验区,是制度、政策创新的高地,为跨境电商行业的迅猛发展提供了良好的制度政策环境。当前迫切需要解决的问题是如何填补跨境电商行业急需的人才缺口。

上海思博职业技术学院国际商务专业教学团队为了更好地培养跨境电商行业急需的人才,现阶段努力构建跨境电商人才培养的生态体系,期望能为跨境电商行业人才培养提供借鉴和参考。

二、主要做法

（一）解决跨境电商学生急需实战学习的问题

建设跨境电商生产性实训基地，实现"真学真做"，使对接新产业发展的跨职业能力培养模式切实落地。

原先校内实训室开展的模拟实训存在一定的局限性，因此进一步开展建设生产性实训基地，能承载真实工作项目的公司化运营，实现校内外皆真岗实境操作，达到无缝对接工作岗位的程度。

校企协同重构实践教学，依托真岗实境，使学生浸润职场氛围，潜移默化培育职业素养，创新"仿真实战＋孵化、创新创业一体化"的人才培养模式，真正提高人才培养质量。

（二）解决跨境电商学生急需有用知识与技能的问题

对接"1＋X"证书的职业技能等级标准，重构"以跨境电商平台操作能力标准为导向"的模块化课程体系建设，切实提高教育教学的有效度。

在学校支持下，全面对接《跨境电商 B2C 数据运营》"1＋X"证书的职业技能等级标准，联合上海市跨境电商行业协会等多方力量，以跨境电商生产性实训基地为载体，根据专业学习进程分阶段、递进式引入企业真实项目，推进"以跨境电商平台操作能力标准为导向"的模块化课程体系建设，切实提高教育教学的有效度。

（三）解决跨境电商学生急需有效学习的问题

以建设市级职业教育教学资源库为契机，大力开展信息化教学,推进时空相通、虚实相融、知行一体的教学改革。

本专业教师团队主持市级跨境电商职业教育教学资源库子项目"互联网＋外贸基础""跨境电商产品开发"等两门课程建设工作,建设高质量教学资源,依托"智慧职教""智慧树"等云平台,积极推进信息化教学,开展"翻转课堂"教学改革,切实落地项目化教学,培养学生专业能力的同时,有效提升通用职业能力。课堂既是真实工作环境,也是学校的虚拟教室,克服时空矛盾,实现虚实相融、知行一体。

三、成果成效

(一)政行企校四方联动,强强联合,深化产教融合,实现"双元育人"

借助我院是全国外经贸职业教育教学指导委员会委员单位、全国报关职业教育教学指导委员会委员单位、全国跨境国际商务产教联盟副理事长单位、全国直播跨境电商职业教育集团副理事长单位、上海市高职高专经济类专业教学指导委员会主任单位等席位,吸引多重资源,建立广泛的跨境电商校外实训基地。

表 1 校企深度合作一览表

企业名称	合作模式	主要项目
上海电讯盈科有限公司	在校内建设企业工作站	校内开展跨境电商客服服务操作业务
港中旅华贸国际物流有限公司	物流培养基地,校内实训,校外真做	校外开展跨境电商物流及单证实操训练
上海欧坚网络集团易境通公司	订单培养基地,校内实训,校外真做	校外开展跨境电商平台运营业务实操训练

企业名称	合作模式	主要项目
苏宁云商仓储服务公司	校外生产性实训基地，旺入淡出	"双十一"国际商务物流业务实操
百联集团全渠道跨境电商有限公司	校外教学及培训工作站	承担部分师资培训工作及校外实训任务
东方海外集团	校外教学及培训工作站	承担部分师资培训工作及校外实训任务

（二）以工学结合为切入点，构建"仿真实战＋孵化、创新创业一体化"的人才培养模式，培养"素能一体"专业人才

校企合作实施"仿真实战＋孵化、创新创业一体化"人才培养模式改革，目的是把企业真实业务引入教学，学校和企业共同完成教学任务。依托龙头企业，校企共同确定教学目标、设计教学内容、议定教学时间，企业兼职教师和学校专任教师共同授课，共同评价学生学习成果。

该培养模式可以分解为：

1. 仿真阶段。第一学年内，学生在学完第一学期的专业基础课程，对本专业有了初步认知后，进入第二学期学习时，教师利用虚拟跨境电商实训平台让学生进行虚拟跨境电商交易练习，初步体验和掌握跨境电商交易程序与操作规范；

2. 实战阶段。当学生进入第二学年学习时，教师将引入淘宝、速卖通等实战平台项目，让学生熟练掌握各真实跨境电商平台实操程序与规范；

3. 孵化阶段。（1）学校创业孵化中心引入校企合作项目；（2）学生自由代运营项目；（3）学生自主创业。以上三类项目学

校均会提供工作室场所、设备及一定的资金支持。

通过这种进阶式的培养模式，逐渐把学生培养成一个跨境电商专业职业型或者创业型人才，实现创新创业一体化培养。

同时，在人才培养全过程贯穿商务伦理、海派商贸文化、爱国主义等课程思政内容，落实到课堂教学、实践教学、专业社团活动的各个环节，实现人才培养中知识传授与价值引导的有机统一。并通过营造一个"有思想、有人文精神、有文化内涵"的商贸文化实训环境和氛围，全面提升学生的专业人文素养。

（三）对接"1＋X"证书的职业技能等级标准，重构"以跨境电商平台操作能力标准为导向"的模块化课程体系，建设国际商务专业为创新型国际化人才培养高地

在学校支持下，全面对接《跨境电商 B2C 数据运营》等"1＋X"证书的职业技能等级标准，联合上海市跨境电商行业协会等多方力量，以跨境电商生产性实训基地为载体，根据专业学习进程分阶段、递进式引入企业真实项目，推进"以跨境电商平台操作能力标准为导向"的模块化课程体系建设，深入开展"课证融通"，探索实施"网店运营推广"等"1＋X"考证试点项目；积极探索"课赛融合"，将人社部国际商务师职业技能竞赛的内容、标准及要求植入课程教学，切实提高教育教学的有效度。

（四）"产教研"平台协同，推进"1＋X"证书试点工作，培养国际商务专业一专多能智慧型人才

为了提高人才培养质量、拓展就业本领，国际商务专业积极参加申报立项教育部第三批"1＋X"制度试点院校，获批后，我们依据跨境电商 B2C 数据运营证书考核内容与要求，对 2020 级国

际商务专业人才培养方案进行了调整和补充,增开商务运营数据分析,弥补原有课程体系的不足,满足考证要求;对"网店运营实务""网络营销实务"这两门课程教学进行研讨,改变传统教学方式,以"技能证书项目模块＋实践平台"贯穿整个课程教学过程;"1＋X"考核模块融入专业综合实训,开展专题模块实训项目。

（五）打造国际商务名师工作室,推进双能多元师资团队提升,建设成为市级教师教学创新团队

1. 打造国际商务名师工作室

对标核心课程标准,瞄准专业岗位定位,引入"知名企业专家团队",实行校企双责任人及年度考核制度,制定工作室成长计划及考核标准,实现教学成果精准转化。

2. 骨干教师培养

学校组织、政府主导、政府保障,院校名师和企业大师引领,对教师进行"跟学—带教—顶岗"的递升式培养,具体程序如下。

第一阶段"跟学",即专任教师先跟随企业导师学习实务操作,企业导师授课,专任教师跟堂学习,以及3个月的全脱产企业实践。

第二阶段"带教",专任教师和企业驻校导师同授一门课程,双方共同备课,共同指导学生开展真实业务。

第三阶段"顶岗",即专任教师和企业导师各自独立带教平行班、指导学生,进行对比评价与考核,检验教学效果,促进教师能力的不断提升。

此外,每年选派专业教师参加教育部、省市以及跨境电商行指委等组织的相关培训,提升专业教学能力;充分发挥"传帮带",团队协作,主持或参与多项国家级、省市级应用科研项目,提升科

研应用能力。为了全方位激励教师团队向一流卓越提升,学院推出"教师自主发展计划"及"教师激励计划"等多项举措,培养"能研、会做、善教"的师资队伍。

（六）校企共建创业孵化工作坊,组建学生"钟伊创业文化社团""新华传媒创业抖音文化社团"等专业社团,成立创业工作室,扶持学生开展创业活动

通过真实项目操作培养学生创业意识。仅 2020 年进驻跨境电商创业孵化站的项目就有 12 个,年营业额超过百万元。具体举措如下:

1. 建设"产教融合、项目引领、五阶递进"的创业工作机制

充分发挥职业教育"产教融合"的特点,在学校制定并实施《创新创业教育三年行动计划》的基础上,校企协同共建创业孵化工作组,制定了《创业孵化工作组职责》《创业孵化工作组运行机制》等管理文件。形成企业引进真实工作项目为引领,"创新创业思维训练项目＋基本技术技能项目＋专业技术技能项目＋综合技术技能项目＋创新技术技能项目"五阶递进的创业孵化工作机制。

2. 结合学校特色开展内容丰富、形式多样的创业教育

邀请创新创业教育专家团队,举办青年就业咨询指导公益项目——"大学生创新创意成功案例分享",主办中国"互联网＋"大学生创新创业大赛选拔赛等活动。将创业融入专业,开展"金点子"创新创业大赛等系列活动,并在校企共建跨境电商创新孵化基地的基础上,建设思博创新创业俱乐部。在专业教学中采用项目驱动、赛事牵引等方式鼓励大学生创新、创业,同时学校开设创新创业课程,并计入学生的学分,以培养创新创业精神。

3. 依托"五位一体"综合实践平台及上海市高校国际商务创业指导站,推进创业孵化培育

校企联合建设校内近千平方米的综合实践基地,在校内开辟创业孵化区、创业空间区及 O2O 商品体验区。引企入校、引校入企双元联动,为创新创业实践搭建平台。通过"真学真做",校企双师给予项目经理式的指导,同时依托政府批准的"上海市高校创业站",激发并培育学生创新创业意识。2020 年开始,跨境电商专业紧跟行业发展动态,启动学生直播带货项目,目前已吸引了一批弄潮学生利用课余时间投入到该项目的正式实战阶段。

四、经验总结

我们着力通过"双元育人""课证融通"等途径和手段构建国际商务专业"仿真实战＋孵化、创新创业一体化"人才创新培养模式,创新了国际商务专业实践教学内容,这些成果为多所院校所借鉴,几十所高校前来交流学习,由此,我们牵头组建了国际商务专业研究平台。近年来我们还承担了教育部国培班、市级培训、民办高校等多期师资培训;专业带头人连续在全国产教联盟、职业院校教学研讨会等受邀作国际商务专业人才培养和教学创新的主题报告,在业界和高校同行中产生较大影响。

（一）人才质量显著提高

近几年来,企业对学生的满意度呈逐年上升的态势,企业认为本专业的学生在企业工作时的上手能力、学习能力和沟通能力较其他同类院校优势明显。目前已有多家企业表达了要深化校企共育机制的愿望,甚至要求提前预订 2019 级学生。

学生创新创业热情显著提高,校外已有数十名成功创业学

生,校内已有5个项目进驻跨境电商创业孵化基地,2017年获批上海市高校创业指导站,2020年获评上海市A级高校创业指导站。

（二）社会服务效果良好

本学院是全国国际商务单证考试中心、全国外贸跟单员考试中心,与国家级行业协会及学会合作,组织行业专业培训考试,已组织全国60余万人次的考试,同时依托全国商贸职业教育师资培训基地、上海市民办高校教师专业发展分中心等单位,组织并承担了多项国家级、省市级专业培训项目,近年来培训相关师资超过1 200余人。

姚大伟（上海工商外国语职业学院）

欣诺—工技大高新项目校企合作基地：双创人才的共同培养、社会网络的共同编织

一、实施背景

2022 年 12 月,中共中央办公厅、国务院办公厅印发的《关于深化现代职业教育体系建设改革的意见》指出,省级政府以产业园区为基础,打造兼具人才培养、创新创业、促进产业经济高质量发展功能的市域产教联合体。**这为探索从订单培养到产教联合体的组织演进,乃至推进产教融合的跃升提供了新契机。**

上海市松江区教育局、人社局、财政局和总工会根据国家产学研政策提出了《职业教育产教融合赋能提升行动实施方案(2023—2025 年)》:为贯彻落实党的二十大精神和党中央、国务院有关决策部署,按照《关于深化现代职业教育体系建设改革的意见》《国家职业教育改革实施方案》有关要求,坚持以教促产、以产助教,不断延伸教育链、服务产业链、支撑供应链、打造人才链、提升价值链,加快形成产教良性互动、校企优势互补的产教深度融合发展格局,持续优化人力资源供给结构,为全面建设社会主义现代化国家提供强大人力资源支撑制定本方案。

上海工程技术大学(以下简称"工程大")和欣诺公司在以上

国家和区域发展战略背景下建立了松江区区级校企合作基地,在2022—2023 年产学研合作的过程中,双方在**工程设备研发和市场开拓、信息和技术交流、企业员工进校授课、联合培养学生、校企员工相互培训、本科生双创中心和专家交流场所的共建、国际生的联合培养、新疆支边**等方面都取得了明显的成效,实现了真正的互利共赢,达到了 2022—2023 年产学研合作的预期目标。

二、实施目标

通过校企人才、技术、信息和平台交流、共同研发设备和开拓市场、共同申请项目和发表文章专利软件著作权、企业导师带教和授课、校企员工相互培训、人才共同教育和培养等工作的开展,提高学生实践、创新创业、社会沟通和抗打压能力,提高校企人员技术和工程研发能力,充分发挥各自的优势,充分挖掘相互的资源,达到校企双方人员在专利和项目申请、产品开发、市场开拓、学生培养、校企相互培训等方面综合能力和水平的共同发展和提高,同时共同提升了校企社会名誉和知名度,共同更好地服务于社会、贡献于国家。

如图 1 所示为工程大和欣诺公司围绕项目实施目标开展的具体实施路线。

三、实施过程

（一）项目合作形式和内容的制定

2022 年 9 月 6 日笔者与欣诺公司乐静和陈捷针对 2022—2023 年展开的产学研合作的形式、内容和实施方式进行了交流。

其后初步确定了双方各自的负责人,针对子项目的实施制定了详细的时间节点和完成指标。合作内容为光纤拾音器设备的

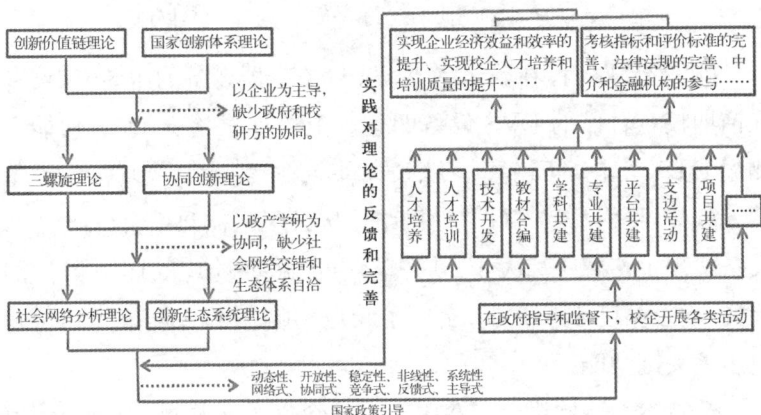

图 1　实施路线

共同研发和市场的共同开拓,学生的培训、实习和竞赛,学生双创中心和专家交流办公室的共建,校企员工间的培训,文章、专利、软件著作权和项目的共同申请等。针对光纤拾音器监控设备的开发和市场开拓,学生带教等工作制定了如下时间节点和任务。

2022.09—2022.12 完成光纤拾音器信号解调的研发,开展污水管道泄漏的监测研究,安排四名广播电视工程的本科生到欣诺实习,安排公司人员到学校授课两次。

2023.01—2023.06 申请相关科研课题,双方携手开拓光纤拾音器的市场,专家交流办公室启动建设,安排四名工程大研究生参与研发。

2023.07—2023.10 发表高水平文章,申请高质量专利和软件著作权,校企共同组织和指导本科生竞赛,组织校企员工互相培训,组织两次专家讲座,组织校企人员到工程大电子电气工程学院交流学习,联合建设本科生双创中心。

2023.11—2023.12 收集、整理和编写相关资料准备政产学研的年底验收工作。

（二）校企共同参与光纤传感设备研发和市场开拓

2022年12月，在欣诺完成了光纤拾音器设备的组装，该设备在前期校企合作的DVS设备的基础上增加了拾音DAS功能和测温DTS功能。可内置OTDR模块，支持光缆监控功能。设备网元软件可通过4G/5G移动网络连接云服务器和手机APP。该设备实现了传感距离大于20公里，声音振动频率大于10 kHz的检测，定位精度小于2米，实现了相位和偏振的去衰落和相位解包裹等关键功能。

笔者参与了欣诺公司在中船污水管道泄漏监测、中石油管道泄漏监测、南瑞电力电缆舞动监测、福建漳州东川水库的水坝结构监测、菏泽人行天桥结构监测、中核围栏预警等领域的相关研究，在欣诺公司已有电信市场的基础上，笔者帮助欣诺公司陆续开展了和中石油、中船、电力、中核、地震局等部门的合作，大大拓宽了欣诺公司光纤传感设备的市场。

（三）企业导师的带教提高了学生实践和沟通能力

欣诺公司谢虎董事长和吴志远总经理已分别于2019年和2018年被聘为工程大兼职硕士生导师，他们的专业能力和科研水平得到工程大的认可，为学校研究生的培养提供了良好的实践机会。2022—2023年工程大十二名研究生在谢董和吴总的指导下显著提高了相关工程化研究水平。由吴志远带教的研究生杜彤耀和李欢由于表现突出、成绩优异已被深圳比亚迪汽车公司和上海商飞公司分别录用。

通过双创中心的建设，企业老师更有针对性和时间来指导学校学生，由校企共同带教的大学生竞赛参与者，在接受学校教师理论指导的同时也接受了企业的实践指导，全面地提升学生的实践和科研能力,并获得优异的成果。参加竞赛的学生获得大学生国家级竞赛一等奖一项、二等奖三项、三等奖两项,上海市一等奖和二等奖各两项。

（四）校企相互培训提高了双方的研发和管理能力

笔者在中国电子科技集团公司工作多年,无论在技术还是工程开发方面都有丰富的研发经验,为校企合作开发的光纤振动监测设备提供了技术保障,从该技术设计、采购、加工、测试、封装、实验等环节都给予了企业员工及时和充分的指导和培训。后续学校老师将对接合适的资源为企业员工学历和职称的提升给予帮助。

企业从生产和管理环节也对工程大相关老师给予了相关培训和指导。2023年笔者和赵莉老师分别被聘任为教授和副教授,这与他们2018—2023年一直开展的松江区政产学研工作密切有关。

（五）社会网络的共同编织提高社会服务和影响

市场声誉影响。2023年7月6日由上海中船勘察设计研究院有限公司组织,由上海工程技术大学、上海市地质调查研究院地环所、上海申通地铁集团有限公司、上海市政工程设计研究总院(集团)有限公司等100多家校企单位200多名委员组建了上海市地质学会地下工程数字化专业委员会,致力于城市地下智慧管网的建设。2023年10月23日《中国石油报》报道了欣诺和工程大联合开发的DVS/BOTDA设备,为非金属柔性管道腐蚀和泄漏的监测提供了重要的措施,同时实现了石油柔性管道的应变、温度和振动的同时监测,具有良好的推广前景。

社会网络影响。分析构建的工程大电子电气工程学院与欣诺公司社会网络模型从宏观角度网络密度来看工程大电子电气学院较欣诺密集,这是因为电子电气学院拥有 179 家校企研究所的硕士兼职导师、114 家校企研究所产教融合合作单位,60 多家国外教育和科研合作单位,这些丰富的社会网络关系为欣诺公司提供了更为广阔的校企合作资源和机会。但上述模型从宏观角度网络关联度来看又不是太高,同时与两家单位有合作关系的仅十家,后续应扩大相互间的合作和交流。另一方面,上述模型从微观角度中心性来看两家单位基本形成了以各自为中心的社会网络的辐射和聚集;而从微观角度核心-边缘结构来看各单位还缺乏交流和合作,没有形成更多的中心角色,今后应加强这方面的建设工作;最后,从微观角度结构洞来看整个社会网络的结构洞较多,应发挥工程大电子电气工程学院与欣诺公司中心角色,加强各单位之间资源的整合和相互的合作。

服务社会影响。本次中组部干部人才计划中,上海市第十一批援疆暨援喀什理工职业技术学院教师工作队共有 16 名成员,分别来自上海城建职业学院、上海电子信息职业技术学院、上海工艺美术职业学院等 7 所高职院校,以及上海工程技术大学、上海应用技术大学等 9 所本科院校。工作队各成员的主要工作,是分别从事校级及院部各部门工作和专业申报的筹建工作。后续的支边工作中工程大和欣诺公司将联合企业共同对喀什理工职业技术学院教师和学生进行培训,为提高新疆的教育和科研贡献工程大和欣诺公司的策略和力量。

增强国际影响。工程大和欣诺公司带领电子电气工程学院大一人工智能的国际生到上海博物馆参观,学习中国的历史和文化,这些国际生一是第一次来中国,二是大都是南亚的学生,对中国的历史和现在缺乏了解和认识,通过带领他们进行参观,了解了中国悠久的历史和古代文明,对中华的强大和复兴有了全部和深入的认识。电子电气工程学院人工智能国际生平时在工程大接受的知识偏理论,通过到欣诺公司参观学习,欣诺员工介绍了公司相关的技术、管理、应用和生产等环节的内容,使得国际生对中国的公司研发、运营和管理等环节有了一定的了解。

四、实施保障

(一)政策和管理保障

校企双方项目负责人做好顶层设计。作为校方项目负责人,笔者与欣诺公司谢虎董事长、陈捷经理等人于 2022 年 9 月 19 日针对学生实习和竞赛、企业员工接受校方培训、科研项目合作及市场开发、双创中心和专家交流办公室的共建等内容确定了详细的实施计划、形式及内容,对合作过程可能存在的一些问题提出了相应的解决方案。大家一致认同为全面深入开展该合作项目双方将提供一切可能的人力、财力和物力支持,双方领导及项目负责人对此项工作的重视和支持为该项目的顺利开展提供了有力的条件。

(二)技术和师资保障

校企双方技术及带教人员积极参与。欣诺公司总经理谢虎、技术经理陈捷、技术人员陈艳等积极参与本项目,他们在光纤通信系统研发中具有丰富的工程开发、管理和培训经验,笔者在光纤通信及传感技术、工程研发和市场推广和教学方面,工程大王占锋老师在模式识别和信号处理方面具有深厚的理论和技术研究基础,这些都为该项目的技术研发、市场开拓、联合学生的带教和校企员工间的相互培训提供了技术和师资保障。

（三）平台和信息保障

校企优良齐全的研究平台、测试设备及交流平台。工程大电子电气学院智能检测及应用实验室为光纤振动传感系统的顺利开发提供了良好的测试、技术研究平台，而欣诺公司为系统开发的器件和测试场地提供了充分的保障，2022—2023年产学研合作过程中，除了政产学研项目支持外，工程大投入的上海科委经费和欣诺公司投入的研发经费为该项目的顺利开展提供了充足的经费保障。校企双方建立的联合办公室和网络资源为信息交流提供了便利和保障。

五、特色与成果

（一）特色

1. 实现了资源互补、平台共享的产学研合作模式

平台的共享。工程大电子电气学院具有5G、人工智能应用、智能检测及应用、物联网技术、智能机器人等30多个研发实验室及人才培训基地，投资上亿元。其中广播电视工程实验室是与国家广播电视总局联合组建的上海市重点实验室，5G技术实验室是与上海联通共建的国内首个高校5G实验室。欣诺公司具有光网络、数据通信、大数据、物联网等几千万元投入的研发、测试、加工平台，双方具有良好的研发、实训设备及平台，为实现双方的产学研合作奠定了坚实的基础。校企双方通过相互共享实验平台和设备等环节的互动，实现了资源互补、平台共享的产学研合作模式。在资源共享的过程中，对设备或仪器可能造成损坏，这是目前面临的主要问题，建议采用租赁的方式进行共用。

2. 实现了优势互补、共同研发的产学研合作模式

技术的交流。在技术方面，欣诺公司在机械设计和加工及软

件设计方面具有较大的优势,而工程大在系统设计、调试和测试方面具有较大优势;在工程方面,欣诺公司可以提供实际的工程测试场地而工程大能够提供齐全的测试设备、实验平台。在技术和工程方面各自优势的互补推进了研发的进程,提高了研发的质量。

校企双方针对项目申请、文章撰写、专利和计算机软件著作权申请等多方面进行了多次经验交流和合作。校企通过相互的学习和交流,双方的优势得到了充分的发挥,真正地实现了理论和工程的结合,知识和技能的结合,技术和市场的结合,使得双方的科研和管理能力得到了较大的提升。

校企双方科研骨干通过相互提高工程化产品的研发水平的互动,实现了优势互补、共同研发的产学研合作模式。如何更好地保障技术转移过程中知识产权或利润的分成,是目前面临的主要问题,建议采用中介公司和政府协调的方式,采用利益共享和风险共担等方式来解决。共同建立用于设备或产品联合研发的实验室是很有必要。

3. 实现了师资共建、联合培养的产学研合作模式

人才的交流。欣诺公司相关职工先后承担了工程大电子电气学院自动控制原理、数字信号处理等相关课程的执教,他们将公司中优秀工程案例带到了课堂中,激发了同学们的学习兴趣,加深了同学们对理论知识点的学习。在本科生培养计划的制定、学生竞赛等方面欣诺公司的相关人员也给予了大力的支持和指导。同时欣诺公司的兼职硕导为工程大指导了一年的研究生企业实习,较大地提高了研究生的实际工程研发和社会沟通能力。除了为学校学生提供了稳定的校外实习基地、就业机会,欣诺公司也为工程大教师提供了到企业锻炼、培训的机会。

如何提高学生和校企人员的专业水平是校企合作长期发展

的根本,双方应共同建立专门的实践场所协同教育,联合培养,让学生真正地参与校企实际工程项目的研发,参与与实际需求相关的竞赛项目;学校中懂政策、善经营的复合型技术人才奇缺;而企业里缺乏知识面广、创新能力强的科研开发型人才。企业和高校、科技单位应双向定期租用、借调、互换技术人员等方式予以解决各自人才缺失的问题。

4. 实现了携手共建、共同发展的产学研合作模式

信息的交流。为进一步推进双方产学研合作的力度和深度,双方在实验室扩建、项目共同申请、人才选用等方面进行了深入的探索和共建,建立了多种信息沟通方式、机制和平台,如线上和线下相结合的沟通方式。还在欣诺公司专门设立一间固定专家交流办公室,这样更加有利于校企之间开展充分的技术和联合带教的交流。

由于技术能力、经营能力信息分布的不对称、信息交流不完全,产学研各方的私有信息无法完全掌握等原因,都会给双方的理解和沟通带来障碍。信息的不对称主要会导致技术价值评估上的协调不一致。这可以通过中介公司或政府搭建信息共享平台,多举办洽谈会或交流会来解决。采用精简行政机构去行政化,采用现代化通信和信息处理方式增加双方的信息沟通。

(二)成果

联合申请中石油课题一项,发表高水平文章 4 篇,出版教材一本,成功获批发明专利 6 项和 2 项软件著作权,获得第二十五届中国机器人及人工智能国家级竞赛一、二、三等奖各一项,全国大学生智能汽车竞赛三等奖一项,中国智能制造挑战赛二等奖一

项。获得上海市 TI 杯电子赛一、二等奖各两项,第十八届中国研究生电子设计竞赛上海赛区一等奖一项。研发的光纤拾音器设备已在国内相关电信、电力、石油、桥梁得到广泛应用,2022—2023 年出售几十台光纤振动传感设备,预期后续三年该项目所研制的光纤振动监测系统所带来的经济效应超过 1 000 万;在工程研发和管理等技能方面培训了上海工程技术大学两名教师,笔者 2023 年被评为教授,并获得 2022 年度产学合作教育工作优秀协调员荣誉称号,参与该工作的赵莉老师被评为副教授,2023 年赵莉老师荣获安徽省"引才计划"专家荣誉称号。指导了 12 名硕士研究生和 4 名本科生。

六、体会与思考

通过近两年双方产学研的合作工作,学校教师在工程研发和专利撰写,学生在实践能力和社会适应能力,公司职员在带教能力、技术创新和文章撰写等方面都得到了很大的提高,真正做到了理论结合实践,科技结合工程,产学研各环节紧密结合,相互促进的目的,达到了校企双方全面提升的良好效果。在产学研合作工作中也存在一些不足和难点,具体体会、思考与建议归纳如下。

（一）政府方（宏观、全局）（国内产学研工作开展不深入和不全面、涉及的部门和关系众多、合作中出现的各类交叉问题复杂,国家层面缺乏统一和具体的政策、法规和体制,需要各政产学研方理论和实践的不断探索来完善）

1. 经济政策的不完善

完善经济政策。目前国家在税收、信贷、利益、产权、合作纠纷等方面尚未形成一套相应完整的政策。对产学研中的人员流动、生活待遇、成果归属、职称评定、个人权益、设备共用等方面还缺乏切实可行的政策。

充实研发资金。加快发展风险投资体系，逐步形成以政府投入为引导、企业投入为主体、银行贷款为支撑、社会集资和引进外资为补充的多元投资体系。

推行企业减税。税收减免方式主要有新产品减免税、免征科技投资税、加速生产资料折旧等。对经财政部门认证以企业为主体的产学研结合体系生产的自主创新产品及时纳入政府采购目录。

2. 法律法规的不健全

尽快健全技术创新、技术转移、知识产权、利益分配等方面的法律，这事关校企双方的直接利益，决定了产学研能否继续正常的开展。

3. 制度体制的不成熟

建立监督、评价及激励制度。政府应缩短产学研合作项目中规划、立项、审批流程，减少政府的直接干预；建立对产学研结果的评价和过程中的监督制度，对学研的考核不能像传统院校或研究所考核的那样只重视文章、专利和纵向课题，应该兼顾考核教师与企业合作的横向课题以及与市场接轨的技术和能力，考核双师型人才的培养等；对企业的考核不能仅限于所带来的经济效益，也要兼顾考核掌握最新技术、信息的能力和水平以及对师生培训的效果，同时兼顾企业社会效益提升的考核等。

领导体制是关键，利益机制是核心，投入保障机制是前提，管理制度、考核评价体系是基础。

（二）校企方（微观、局部）（校企文化、价值取向、制度和追求的目的不同，导致了思想和认识上的不同；合作过程的利益分成、产权的归属、风险承担、信息不平等、人才培养的方式不同等问题导致了合作的阻碍；市场的开拓、资金的投入、技术的提升等因素影响了后期的合作和继续开展）

1. 校企合作目标的统一

企业以追求产品效益和效率为主，学校以追求人才培养和科研为主，企业管理严格，而学校管理宽松；企业应意识到发展过程中产品的非线性效应和高端人才储备及培训缺失的问题；校方应意识到缺少双师型教师、创新应用型人才的培养和技术成果转化的问题；校企双方都应意识到提高社会效益和名誉及服务社会的重要性。

2. 校企合作利益的协调

对科技成果转让的价格问题缺乏公认的判断标准，难以法律形式定量或定性地明确知识产权归属和技术价值确定，使合作各方在技术价值的判断上缺乏依据，合作各方对合作成果与知识产权归属方面的问题认识不一致；采用中介公司和政府协调的方式，采用利益共享和风险共担等方式来解决。

3. 校企合作信息的平衡

由于技术能力、经营能力信息分布的不对称、信息交流不完全，产学研各方的私有信息无法完全掌握等原因，都会给双方的理解和沟通带来障碍。信息的不对称主要会导致技术价值评估上的协调不一致。可以通过中介公司或政府搭建信息共享平台，多举办洽谈会或交流会来解决。采用精简行政机构去行政化，采用现代化通信和信息处理方式增加双方的信息沟通。

4. 校企合作人才的培养

随着企业人力和财力的投入，企业的效率和效益不一定与人力和财力的投入呈线性关系,反而出现 $1+1<2$ 的现象,这需要提高企业的管理和技术水平来解决;目前高校或高职学校人才的培养缺少实践和创新能力较强的学生;双方应共同建立专门的实践场所协同教育,联合培养。

5. 校企合作人才的培训

当前无论企业还是高校和科研单位都存在人才既"多"又缺的局面。在高校和科研单位中,懂政策、善经营的复合型技术人才奇缺;对企业来说,关键是缺乏知识面广、创新能力强的科研开发型人才。企业和高校、科技单位应双向定期租用、借调、互换技术人员等方式予以解决各自人才缺失的问题。

6. 校企合作平台的共建

为加强校企长期深入的交流和合作,共同建立用于技术和信息交流的办公场所是很有必要的,共同建立用于设备或产品联合研发的实验室是很有必要的,共同建立对外宣传的信息平台和社会网络交往平台对于市场的开拓也是很有必要的。

7. 校企合作文化的兼容

技术研发方面合作中的问题,研究与创新阶段可采用偏重院校研究型的文化,为研究创新提供一种宽松的氛围;而在项目验收或工程实施时可采用偏重企业的严格考核文化。管理上的沟通与融合需要理解并尊重对方文化,求同存异、取长补短,为合作创造有助于知识学习、获取与共享的环境与氛围。

8. 校企合作后期的持续

共同开发的设备缺乏风险补偿机制、缺少广泛的市场销售和学校后续的技术支持。为此,可以引进风险投资、金融融资等方式解决技术风险的问题,充分利用双方的社会网络关系并通过成熟的各级技术转让网络解决市场问题,共同建立技术支持中心解决设备升级和故障问题。

各创新主体要寻求价值"共识",形成发展"共谋",推动多方"共建",实现资源"共享"、达成收益"共赢",以利益共同体谋划推动形成创新共同体,通过全链条全要素全过程的融合,最终形成良好创新生态。

七、推广应用

工程大和欣诺公司自 2018—2023 年开展的政产学研合作以来在技术联合开发和校企人才培养方面取得的成绩和成果较为显著和突出,对于同行校企产学研工作的开展具有一定的参考价值和意义。在技术联合开发方面,工程大和欣诺公司逐渐由校企的技术交流发展为学校对企业的技术转移和市场引导;由资源和人才的共享发展为拓享;由信息单方面的沟通发展为双方积极的沟通。在人才培养方面,由学校主导对学生的培养发展为校企共同主导的培养模式;由校方理论教学为主的方式发展为校企理论实践教学并行的教学模式;由单方面的校企培训发展为校企员工的相互培训。逐步实现了教学、科研和生产的校企合作三元三联互动模式,逐渐地达到了平台互享共建、人才互培共用、技术互通共研、信息互交共拓的合作目的。

孔勇(上海工程技术大学)

以产教融合为核心的建筑工程技术专业群多维度平台构建

一、实施背景

近年来,我国经济发展进入新阶段,产业升级速度加快,对技术技能人才的需求日益紧迫。虽然我国现代职业教育体系框架基本形成,但是依然存在体系建设不够完善、企业参与办学不足的问题。《国家职业教育改革实施方案》提出"职业教育向企业社会参与、专业特色鲜明的类型教育转变"的总体目标,《关于深化现代职业教育体系建设改革的意见》指出了"产教融合"的改革方向,新《职教法》明确了企业在职业教育中的主体地位。目前是现代职业教育体系改革的关键时期,现有以学校为主的职业教育体系,向企业参与职业教育、产教深度融合的发展方向转变。

固定资产投资是国民经济中的重要组成部分,建筑工程与固定资产投资密切相关,是我国国民经济的支柱产业。此外,建筑工程的行业特点为牵涉的专业广泛,产业关联度高,就业容量大,包括建筑设计、结构设计、工程测量、建筑施工、工程监理等多个专业。因此,以专业群为建设单位,更符合行业的实际生产。更重要的是,建筑工程行业面临产业转型升级,亟须各种高素质应用型人才的支撑，这为校企双方携手育人提供了良好契机。

上海城建职业学院以城市建设类专业即建筑工程大类为特色，专业群结构完整，建设水平较高，与上海市的建设工程类企业保持着长期合作，并成立了上海建筑职业教育集团（以下简称"上海建筑职教集团"）。本案例依托集团，以搭建平台、提供服务为宗旨，围绕建筑工程技术专业群，探索突出企业主体地位的多维度产教融合体系。

二、主要做法

（一）模式构建——一核、四平台

将建筑工程行业产教融合发展中所涉及的主体要素分解为企业、学生、教师、学校（管理部门）、国际院校和学生，构建以企业为主体的四个交流平台：企业—学生、企业—教师、企业—学校、企业—国际合作（图1），从多个维度促进产教深度融合。建筑工程技术专业群涉及建筑工程技术、工程测量、建设工程管理、工程监理、工程造价、建筑设计等专业。

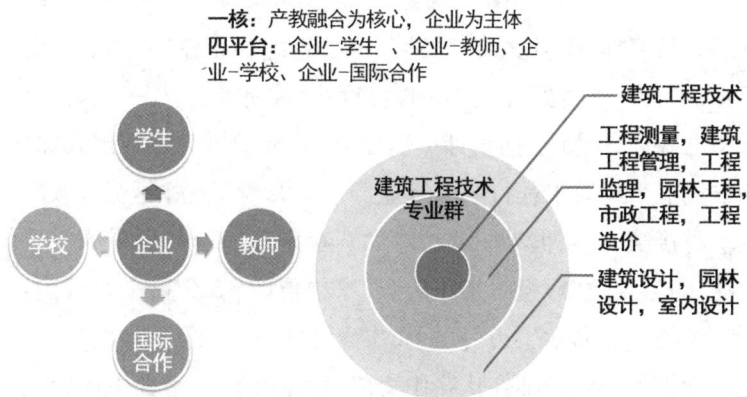

图1 "一核、四平台"多维度产教融合体系模式图

产教融合体系以集团化、项目化为运作思路,即上海建筑职教集团总体统筹调配政府、行业、企业、学校资源,紧扣企业的实际生产,在四大平台上运行对应的项目,从学生、教师、学校、国际合作四个维度,共同推进建筑工程技术专业群产教融合发展。

(二)具体途径

1. 企业—学生交流平台

企业—学生交流平台主要运行职业技能大赛、校企联合职业技能证书培训等项目。近年来建筑工程行业的发展迅速,新技术发展节奏快,国家政策和行业标准变化多,例如:装配式建筑的建设要求,以及 BIM、人工智能等新技术加速行业颠覆性变革,建筑产业面临数字化、智能化、工业化转型。基于以上趋势,以企业为主体,以实际工程需求为基础,校企联合指导学生参加职业技能大赛,并接受相关的职业技能培训,促使学生在校期间的培训内容符合行业实际需求。

2021 年和 2023 年,上海建筑职教集团分别举办了"斯维尔杯"和"品茗杯"BIM 大赛,比赛分为学生组和企业教师组,两组同场竞技 BIM 建模赛项,建模内容包括建筑建模、结构建模、模型融合及可视化、BIM 正向设计一体化应用、模型拆分及装配式深化,基本涵盖了建筑工程行业的专业群。2022 年,上海建筑职教集团主动对接第 46 届世界职业技能大赛特别赛,发挥"世界职业技能大赛"的品牌效应,组织集团内 12 家单位的 43 名员工及教师,10所院校的 352 名学生进行了 BIM 赛前培训、初赛、决赛。

学生和企业教师在比赛中交流,学生在赛前培训中向企业教师学习,提升职业技能水平。

图 2　企业教师、学生同场竞技 BIM 建模比赛

图 3　企业教师指导的 VR 设计挑战赛

2. 企业—教师交流平台

企业—教师交流平台主要运行教师企业实践、双师型教师培训、企业专家执教等项目。依托上海市建筑工程行业骨干企业的实际工程项目，组织职业院校的教师深度参与，校企共同培育"双

师型"教师团队。以企业高级技术人员为主体,赴学校执教,校企共同打造专业建设的企业方和校方双带头人制,校企共组教学团队,形成一套工程实践经验反馈教学的方法,促进教学成长。

一方面,教师从学校到企业。上海建工集团教师企业实践基地充分利用建工集团各子公司的资源优势,依托工程实例和以具体建设项目为载体,结合企业实践培训标准制定培训方案,并通过集中培训、现场观摩、成果交流等形式,提升企业实践培训成效。通过企业实践培训,加强教师对建筑业行业发展趋势、建筑施工四新技术发展等情况的了解,了解建筑行业或企业的管理制度与文化、建筑工程施工现场人员岗位设置、用人标准等基本情况,熟悉建筑工程施工现场各岗位人员的主要工作职责、应具备的专业技能、专业知识等具体内容,并通过参加企业实践,结合所任教专业课程进行企业实践成果转化,促进专业建设,改进课堂教学,提高学生的教学质量,为行业企业培养需要的知识型应用型高素质技能型人才。

另一方面,行业专家从企业到学校。由上海建筑职教集团组织,在企业聘请多名"上海工匠",形成"劳模工匠"引领下的钢结构安装技术、地下空间施工技术、建筑安装工程技术、建筑工程技术4个教学团队,形成一支由"大家""行家""专家""劳模"及较强工程实践能力的人员组成的企业师资队伍。企业专家定期赴学校指导和开展专业研讨,解决人才培养质量与行业发展需求匹配度不高、专业建设对供给侧结构性改革适应性等问题。

3. 企业—学校交流平台

企业—学校交流平台一方面运行现代学徒制、订单班、校企合作的专业标准与课程体系共建等项目。建筑工程行业的发展变化,都应以企业为主体,主导学校课程建设与改革,使课程体系紧密对接产业链、创新链的专业体系。另一方面,企业—学校交流平台还运行信息化平台建设项目。通过建立各类资源库,大力推进集团化办学的信息平台建设、数字化资源建设,包括各平台运作的项目管控信息化、学校毕业生人力资源的信息化、企业用人需求的信息化等。打通原先各个独立的系统,进行数据治理,实现数据共享,使供需网络无缝对接。

在现代学徒制项目中,以上海建工集团的实际工程项目如上海中心大厦、上海迪斯尼中心等为核心,以"现代学徒制班"为载体,形成依托建筑工程项目的教学平台,即"厂中校"模式,建立"工地行走课堂",使学习与工作融为一体。

在企业参与教学资源共建项目中,从建筑工程实际项目需求出发,围绕 BIM 技术,企业与学校共同探讨教学内容及教学模式,以企业为主导编制专业课程标准、编制典型工程的施工案例,在学校增设装配式建筑施工技术、建筑施工新技术、BIM 技术等新课程;将新技术、新工艺、新规范纳入活页式教材之中,形成类型多样的教学资源库。

在企业参与教学标准制定项目中,以产业技术为切入点,企业专家对学校的教学体系进行诊断,针对教学中存在的问题从教学需求出发,开展专业建设和教学改革研讨,将专业建设和教学改革成效融入教育规律,形成教学标准,助推行业标准、技术标准

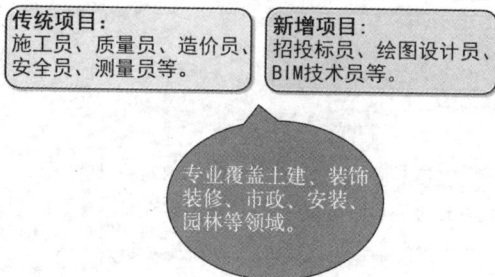

传统项目:
施工员、质量员、造价员、安全员、测量员等。

新增项目:
招投标员、绘图设计员、BIM技术员等。

专业覆盖土建、装饰装修、市政、安装、园林等领域。

图 4 企业的新增项目与建筑工程传统教学项目对比

以产教融合为核心的建筑工程技术专业群多维度平台构建 181

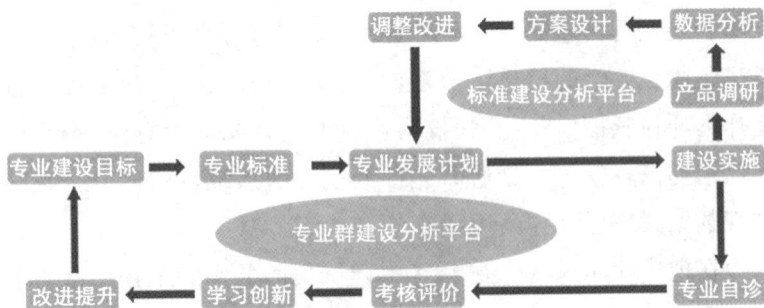

图 5 企业参与的专业群标准制定动态流程

诊断环节"四位一体"

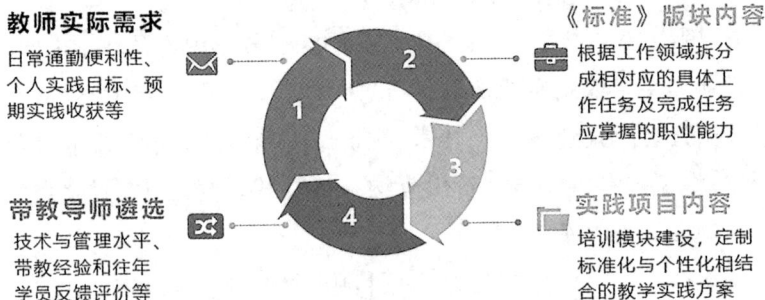

教师实际需求

日常通勤便利性、个人实践目标、预期实践收获等

带教导师遴选

技术与管理水平、带教经验和往年学员反馈评价等

《标准》版块内容

根据工作领域拆分成相对应的具体工作任务及完成任务应掌握的职业能力

实践项目内容

培训模块建设，定制标准化与个性化相结合的教学实践方案

图 6 企业参与的教学诊断模型

新型知识融入教学

BIM技术

将传统的平面设计图纸转换为立体的三维模型，成为智慧建筑、数字城市的发展基础

三维扫描

一种用于侦查并分析某立体结构物体的形状、构造等的科学检测方式

三维打印

三维打印（3DP）即快速成型技术的一种，通过逐层打印的方式来构造物体的技术

智慧工地

以"人、机、料、法、环、测"为核心，打造数字化、信息化、智能化建造工程项目，提升项目精细化管理水平

图 7 企业参与的教学标准调整

的建设,满足行业产业需求。

为了畅通企业—学校人才供需信息渠道,集团开发就业网络供需匹配信息系统。系统通过采集上海建筑产业链数据、上中下游行业人才需求数据,分析产业人才需求趋势,动态呈现人才需求特征。厘清产业链、人才链和专业链之间的内部数据逻辑,为学校专业(群)建设发展提供数据分析、数据决策,探索研究人才培养供给和产业需求在结构、质量、水平对应上出现

产业发展情况动态监测
研制上海市建筑产业产教对接图谱,按年度,从产业结构、主要经济指标、企业状况等维度,对上海市建筑产业发展情况实现动态监测

产业人才需求情况动态监测
从产业状况、产教对接、产业人才需求、紧缺人才等维度,对上海市建筑产业进行人才数据分析

人才需求信息发布
发布企业用人需求及用人标准,学校和毕业生根据企业用人需求和标准精准选择就业企业和就业岗位

专业开设及人才供给信息发布
集团内学校成员单位发布学校简介信息。发布学校开设的专业情况、专业方向、专业水平及其与地方产业匹配情况;发布学校人才培养情况,便于企业根据需求选择需要的人才

上海市建筑产业数据采集、分析以及数据呈现

图 8　就业网络供需信息系统建设目标

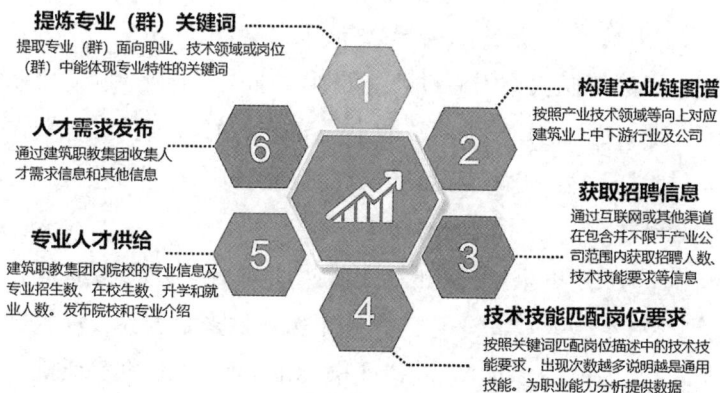

提炼专业(群)关键词
提取专业(群)面向职业、技术领域或岗位(群)中能体现专业特性的关键词

构建产业链图谱
按照产业技术领域等向上对应建筑业上中下游行业及公司

人才需求发布
通过建筑职教集团收集人才需求信息和其他信息

获取招聘信息
通过互联网或其他渠道在包含并不限于产业公司范围内获取招聘人数、技术技能要求等信息

专业人才供给
建筑职教集团内院校的专业信息及专业招生数、在校生数、升学和就业人数。发布院校和专业介绍

技术技能匹配岗位要求
按照关键词匹配岗位描述中的技术技能要求,出现次数越多说明越是通用技能。为职业能力分析提供数据

图 9　就业网络供需信息系统实施路径

以产教融合为核心的建筑工程技术专业群多维度平台构建　　183

的问题,为企业发展提供人才供给和结构性调整提供参考。信息系统可提供产业发展情况数据库、人才需求数据库、产业发展动态监测、人才需求动态分析、产教对接图谱等,以此资源共享,推进产教融合。

4. 企业—国际合作交流平台

企业—国际合作交流平台主要运行"一带一路国家基础设施建设国际人才研修班"、中英双语在线课程、世界技能大赛及更多的国际交流合作等项目。创新国际交流与合作机制,推动成立世界职业技术教育发展联盟,打造职业教育国际品牌,推广"中文+职业技能"。

基于上海建筑职教集团内部企业特色,围绕建筑工程行业领域,充分发挥上海建筑职教集团资源集聚性优势,采取线上线下相结合方式,积极开展职业技能提升培训工作;对"一带一路"沿线国家开展线上相关内容培训,做到"停课不停学,不出门学习,不见面培训"。

三、成果成效

(一)企业—学生交流平台的促进就业作用

上海建筑职教集团通过建立企业—学生交流平台,依托职业技能大赛,使企业对学生的技能水平充分了解,并进行指导;学生也通过参与比赛,进一步提升了职业技能,符合企业的岗位需求。平台起到了促进学生就业的作用。

自2018年以来,上海建筑职教集团先后举办各类职业技能大赛8场,参与人数2 076人;集团牵头建设多个世界技能大赛实训基地,集团成为多项"1+X"证书标准起草单位和考证试点单位;近年来,集团内职业院校的建筑类相关专业一次性就业率

96％,对口率90％,毕业生满意度97％以上,用人单位满意度92％以上;30％的毕业生被上海建工集团、中国建筑等全球500强或龙头企业录用,毕业生作为骨干力量参与上海中心大厦、城市管廊、海绵城市等地标性、时代性的项目建设。

(二)企业—教师交流平台的师资提升作用

上海建筑职教集团通过建立企业—教师交流平台,通过教师下企业培训和企业专家赴学校教学的双向交流,起到了师资提升的作用。

自2018年以来,上海建筑职教集团组织教师企业实践546人;先后培训"双师型"教师360名,培训企业师资1 150名;形成办学研究成果477项。2022年,上海建筑职教集团已初步建立起集团层面的师资资源库,通过组织成员单位遴选教学名师、技能大师,企业参与评选,进一步发挥优质师资资源的示范、辐射与引领作用,形成了集团内一批名师和团队。

(三)企业—学校交流平台的人才培养和管理体系优化作用

上海建筑职教集团通过建立企业—学校交流平台,落实了现代学徒制、企业参与课程标准建设,建设内部供需网络和师资资源数据库,起到了人才培养和管理体系优化的作用。

自2018年以来,上海建筑职教集团促进学校和企业合作培养学生(包括订单培养学生)3 091名,现代学徒制试点学生643名;企业参与专业标准、课程体系、实训室建设、共建共享课程162个,共建教材146本,共建基地1 404个。2020年,上海城建职业学院成为第二批现代学徒制试点院校。近三年,上海建筑职教集团发挥平台优势,校企共建专业标准 10 个,制定或修订专业标准 22 个,集团内外 110 家企业分别参与了 65 个课程标准建设。2023 年,上海建筑职教集团积极拓展和优化数据资源平台,同时打通原先各个独立的系统,进行数据治理,实现数据共享。

（四）企业—国际合作交流平台的服务国家战略作用

上海建筑职教集团通过建立企业—国际合作交流平台,提升了专业师资的海外教学水平,为企业开展国际交流贡献了力量,在建筑工程专业领域发挥了服务国家战略的作用。

自 2018 年以来,上海建筑职教集团联合上海市建筑工程行业的骨干企业先后举办 5 期"一带一路沿线国家基础设施建设国际人才研修班",共为 17 个国家和地区培训 871 名基础设施建设政府官员、高校教师和大型建造企业骨干,其中境外来沪 133 人,到印度尼西亚和马来西亚培训 738 人。2022 年,结合疫情特殊时期,上海建筑职教集团进一步开展疫情防控期间职业技能提升培训工作,对"一带一路"沿线国家积极开展线上相关内容的培训,并开发建设"城市道路建设"和"装配式建筑"两门中英双语在线课程。

（五）项目化、集团化运行的总体成效:"搭台"方和"唱戏"方双赢

自 2018 年以来,上海建筑职教集团在集团化、项目化运作的工作思路下,先后向上海市教委申报建设项目 68 项,经费 1 939.82 万元。依托相关项目,不仅夯实了以企业为主体的四个交流平台,还扩大了集团的影响力,达成了"搭台"方和"唱戏"方双赢的效果。

2020 年 10 月，上海建筑职教集团被教育部批准为首批国家示范性职业教育集团（联盟）培育单位；11 月，集团成为由上海市10 家行业职教集团组成的第一协作组牵头单位，集团牵头成立长三角绿色智能建造产教协同联盟，聚焦绿色智能建造领域，联合开展科研攻关、协同推进人才培养，促进创新技术转化与产业提升，影响力辐射到包括山东、安徽、浙江等地区。

四、经验总结

（一）成功的关键要素

本案例的关键要素一方面是学校和企业的角色转变。在传统的职业教育体系中，学校为主、企业为辅。然而，在新的发展背景下，职业教育改革的关键是突出企业的主体地位，紧密链接教学环节中的主要要素，包括学生、教师、学校组织管理和国际合作。在此过程中，上海建筑职教集团承担了服务角色，搭建交流平台，服务于企业；另一方面，紧扣建筑工程行业的特点，不仅针对一个专业进行产教融合发展，而是依托专业群，拓展到整个产业链。

（二）不足与下一步举措

上海建筑职教集团已经促进校企共建教学标准，然而还未开展校企合作研发岗位规范和质量标准；下一步，集团将探索鼓励学校参与建筑工程相关行业岗位规范和质量标准，使教学内容、教学标准与岗位要求无缝对接。此外，校企协同创新与成果转化、校企合作的研究及实践，即纵向和横向科研合作深度不足。下一步，上海建筑职教集团将鼓励学校的专业教师参与企业的课题研究，为教师的科研提供机会，有效提升教师的科研能力。

五、推广应用

（一）适用范围和应用场景

本案例梳理了产教融合的主体要素，确立了企业的主体地位，提出了"集团化、项目化"运行思路，基于"四个平台"，构建了开放式、可复制的产教融合体系架构，为职业院校的校企产教深度融合发展提供了借鉴。

2023 年 8 月，教育部发布《行业产教融合共同体建设指南》，指明了由行业龙头企业联合本科和职业院校共同牵头建设行业产教融合共同体。《指南》是上海建筑职教集团向产教融合共同体转变的标志，本案例正是依托集团，探索从学校为主体，向企业为主体的职业教育体系转变路径，可以应用于其他职教集团的转型、行业产教融合共同体的工作框架搭建。

（二）注意事项

在推广和应用多维度产教融合体系时，专业群范围的框定应针对各行业的特征，通过解构产业链，充分调研上下游产业，调整专业构成，做到不冗余、不遗漏。多维度产教融合体系中的国际交流活动，也应基于各行业的已有基础和未来发展趋势，进行项目内容调整。

许劼（上海城建职业学院）

精准化培养"光明城市厨房"高技能人才

一、实施背景

国内知名现代都市产业集团光明食品集团以"光明城市厨房"为载体,力求在夯实上海城市主副食品供应链体系中发挥重要作用。

身为光明集团下属职业学校,上海市贸易学校紧贴大食品行业和集团产业发展需求,以岗位能力要求为导向,构建了包括食品加工、西餐烹饪、咖啡制作、物流、信息技术、物联网、粮油储运检验在内的"大食品专业"群,致力于为"光明城市厨房"培养满足"城市厨房、全温带与全品类物流快速配送、技术、产品、品牌、服务升级"需求的复合型高质量技术技能人才。

在激烈的市场竞争中,"光明城市厨房"岗位的更新迭代对岗位职责要求不断提升,专业教学需要根据"光明城市厨房"的运营模式和岗位需求,及时解决专业教学滞后于产业链岗位能力需求、教师科研创新能力欠缺、学生职业能力培养不到位等问题,重新构建课程体系,更新完善教学内容,满足产业需求。

一方面,产业的持续发展需要具备发展潜力的高技能人才来提升企业核心竞争力;另一方面,消费潮流的不断变化,也要求

"光明城市厨房"持续保持产品创新。学校依托"光明城市厨房"，通过深度进行课程建设、人才培养模式及教科研机制等方面的改革与完善，提升了学生培养规格与专业影响力，师资队伍的教科研综合实力也有了显著提高。

二、主要做法

为对接上海经济社会发展需要以及行业新要求，上海市贸易学校与"光明城市厨房"进行校企合作，面向光明集团"从田间到餐桌"全产业链，以"光明城市厨房"岗位需求为中心，深化产教融合内涵建设，培养出了满足"光明城市厨房"岗位需求的技术技能人才。

（一）解决方法

1. 精准对接岗位需求，构建"四能"模块化课程体系

紧密关注产业发展与市场变化，与"光明城市厨房"合作成立专门的校企合作领导小组与工作小组，形成校企合作工作机制。深入开展市场调研，积极沟通协调，与企业一起重新进行"光明城市厨房"岗位能力梳理，形成调研报告，对光明食品集团产业链的人才需求有了全面精要的了解。

在调研基础上，经过三年合作，双方共同调整教学内容，引入了企业与行业优质资源，适应企业岗位流程，完善"大食品"专业群人才培养方案，培养"光明"准员工，教学过程与生产过程对接，实现人才培养与岗位需求的精准对接。围绕职业能力、综合素质培养两条主线，构建专项技能、岗位综合技能、产品研发技能、经营管理技能的"四能"模块化课程体系（见图1），既能满足"光明城市厨房"对技能人才的综合能力需求，又能满足行业中以单类产

专项技能	岗位综合技能	产品研发技能	经营管理技能
面包制作技能	主题组合面包设计与制作出品	面包研发技术	成本核算、门店经营及大数据分析应用
蛋糕/甜品制作技能	主题组合蛋糕/甜品设计与制作出品	蛋糕/甜品研发技术	成本核算、门店经营及大数据分析应用
西餐轻食制作技能	西餐/轻食套餐设计与制作摆台	西餐/轻食研发技术	成本核算、门店经营及大数据分析应用
咖啡饮品制作技能	主题系列咖啡饮品设计与制作出品	咖啡饮品研发技术	成本核算、门店经营及大数据分析应用

图 1 "四能"模块化课程体系

品制作为主的企业技能人才需求,增强学生就业适应能力。

2. 精准对标世赛标准,创新"明厨"岗位技能评价模式

解析世界技能大赛及其他大赛中相关项目技术文件,对标国家标准、行业标准及国际先进标准,参照世赛的评价体系来梳理"明厨"岗位技能评价要素,完善技能评价机制,创新"明厨"岗位技能评价模式(见图 2),将职业标准融入课程标准,建立形成性评价为主、终结性评价为辅的课程评价体系,促进岗位技能水平大幅提升。

以赛促教,积极参赛,高质量办赛,将各大赛事中最新技术、最新标准融入课程教学实践中,全面、快速地提升学生技能水平和综合素养,为"光明城市厨房"高效发展提供坚强人才保障。

3. 精准服务产业发展,共建"明厨"产教融合共同体

在"光明城市厨房"牵头下,集结光明集团下属职业院校、科研机构及相关行业组织,成立产教融合共同体,汇聚产教资源,创新研发机制,应用智慧数据技术,有效促进产教布局高度匹配、服务高效对接。

岗位	评价维度		
制作岗岗位技能	职业素养评议	应知考核	应会（客观要素）评价
销售岗岗位技能	职业素养评议	应知考核	应会（客观要素）评价
配送岗岗位技	职业素养评议	应知考核	应会（客观要素）评价
研发岗岗位技能	职业素养评议	应知考核	应会（客观要素）评价

图2 "明厨"岗位技能评价模式

以三大世赛基地与技能大师工作室为基础,完善产教融合实训基地与产品研发中心运行机制,搭建创新创业教育平台,充分发挥技能大师带教功能,将产品研发、品牌推广等产业发展趋势与需求融入专业教学与实践,全面培养师生职业技能、职业素养与创新创业能力。

校企共同制定人才培养实施性方案,提升设备应用与管理水平,创新实习实训方式,启发产品创新意识,深化产教融合内涵,

图3 世赛集训基地

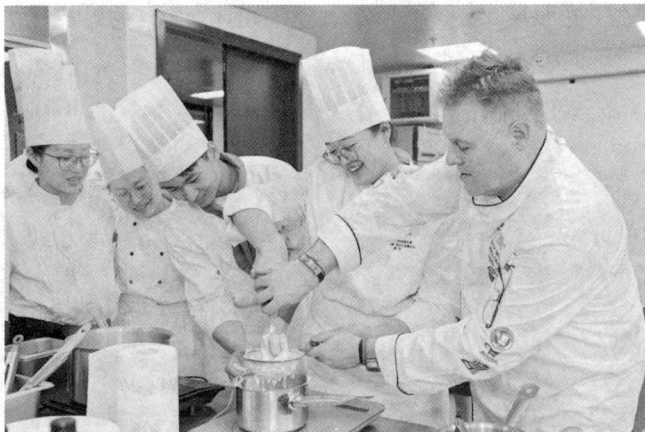

图 4　基地邀请外国专家来校交流指导

通过职前职后一体化培训模式为光明集团实现"人才蓄水池"作用，助力"光明城市厨房"行稳致远。

（二）实施过程

1. 调研阶段

制定调研方案，开展"光明城市厨房"职业岗位需求调研并完成前期调研资料整理汇总。观摩第二届中国职业技能大赛、上海市第一届职业技能大赛、"星光计划"职业技能大赛、WBC世界咖啡师大赛等赛事，对选手、裁判及赛事主办方进行问卷调查，汇总调查结果并进行结果分析。开展"大食品"专业群相关专业职前、职后职业资格证书考证情况调研分析。

2. 实施阶段

形成"光明城市厨房"职业岗位需求调研与职业能力分析报告，解析职业技能大赛与职业资格证书评价标准，开发"明厨"岗位技能评价体系。梳理整合课程内容，确立核心课程模块，校企共同开发构建"四能"模块化课程体系。

成立"光明城市厨房"产教融合共同体,申报世界技能大赛国家集训基地,成立"技能大师工作室",合作开展实训教学、备赛办赛、产品研发、技能培训等工作。

图 5　进博会创新产品与技能展示

3. 应用推广阶段

编写大赛转化教材、开发课程资源包,在职业院校相关专业使用。在教学中应用"光明城市厨房"技能评价模式,着力提升职业技能与综合素养,在职后培训中推广。

总结竞赛选手培养模式,在世赛以及相关赛事及基地中应用推广。应用产品研发型人才培养路径,在光明食品集团其他产业领域及长三角、云南对口地区进行应用推广。

三、成果与成效

(一)注重职业素养养成,树立职业认同感

依托学校校园"明文化",渗透宣扬光明优秀企业文化,在教学中加强课程思政和立德树人引领,食品专业毕业生90%以上被"光明城市厨房"认证为"准员工",可以在中职或大学毕业后进入"光明城市厨房"工作,实现光明"人才蓄水池"功能。

通过观摩、竞赛、实习实践活动,熟悉光明优质品牌,走近"光明劳模""技能明星",引导学生树立正确职业认知与良好职业价值观。三年建设过程中毕业生在"光明城市厨房"录用率提升50%以上,实现"光明城市厨房"关键岗位全覆盖。

(二)精准掌握岗位技能,提升人才培养规格

构建模块化课程体系,完善竞赛机制,申报世界技能大赛国家集训基地,完善基地运行制度。在各级各类比赛中屡获佳绩:第二届全国职业技能大赛烘焙、西餐项目银牌,2人入选第47届世界技能大赛国家队并获"全国技术能手"称号;全国职业技术院校在校生创意西点技术大赛金奖、银奖各2人次;上海市"星光计划"职业院校技能大赛烘焙项目、糖艺/西点项目一等奖3人次,二等奖5人次;第三、四届上海咖啡大师赛冠军;中国国际"互联网+"大学生创新创业大赛上海赛区中获银奖、铜奖12人次。

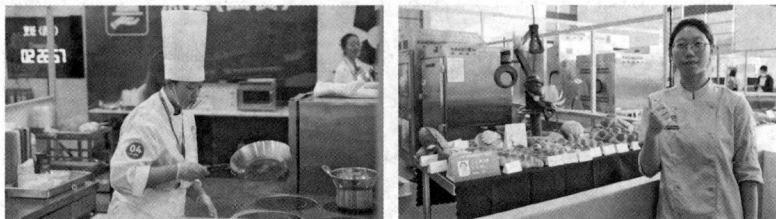

图6 第二届中华人民共和国职业技能大赛学生选手

(三)加强成果转化,推进高水平社会服务

成立"光明城市厨房"产教融合共同体,推动产品迭代升级,为

"光明城市厨房"设计咖啡、西点、创意面包六十余款。"春夏秋冬""梅兰竹菊""上海记忆、光明味道"系列创意咖啡连续三次在进博会展出,并优选产品在"光明城市厨房"连锁门店上市销售。

推动成果落地,将职业技能大赛体现的最新技术内容融入专业人才培养方案。申报成立"陈刚技能大师工作室""干文华技能大师工作室",与学校"姚圣煊焙烤食品名师工作室"在人才培养与师资队伍建设中互联互动。开发竞赛转化教材 1 本,公开出版教材 6 本,食品专业建设市级在线开放课程 2 门,在兄弟院校与长三角、对口支援地区应用推广,服务产业与区域经济发展。

（四）弘扬科研创新建设高素质师资队伍

通过产教融合,在创新实践中教学相长,师生共同进步。三年建设期间,食品教学团队获批教育部第二批国家级职业教育教师教学创新团队,并于 2021 年获得上海市教学成果一等奖。"双师型"教师占比 94%,企业兼职教师均为正高级教授或高级技师。

教师科研能力逐步提升,参与开发咖啡师国家职业标准和咖啡师国家职业资格证书题库;制定速冻米面制品行业标准,修订食品安全国家标准,独立完成坦桑尼亚国家职业标准开发,领衔完成上海市中等职业教育食品加工工艺专业教学标准编制,开展国家级、市级课题研究 4 个。指导学生获市级及以上奖励 62 项;培养学生"全国技术能手"3 名;担任国际级、国家级、市级裁判、专家 15 人次。

四、经验总结

（一）标准融通,构建课程体系新内容

应对市场变化,精准分析"光明城市厨房"典型工作任务及岗位需求，对标国际、国家及行业先进标准，提炼技能大赛及技能鉴定中的职业技能与素养评价标准，将之反哺于学校实践课程教学，以光明全产业链典型工作岗位能力为导向，构建专项技能、岗位综合技能、产品研发技能、经营管理技能的"四能"模块化课程体系，满足不同岗位核心业务对技能人才的要求，提高人才培养规格，增强人才对岗位的适应力。

（二）文化融入，赋能人才培养新理念

教学中以立德树人为根本，实现专业课程思政全覆盖，对接上海"五个中心""四大品牌"战略，以为"光明城市厨房"精准培养技能型人才为目标，通过校园"明文化"抓手，在专业课程教学中有效融入中华优秀传统文化，引导学生熟悉光明企业文化与优秀民族品牌，传承"劳模精神"与"光明精神"，树立文化自信，增强学生对光明的企业认同感。

（三）产教融合，探索社会服务新路径

成立"光明城市厨房"产教融合共同体，运行产品研发中心与共享实训基地，充分发挥世赛集训基地的集聚效应，通过设备引进、技术培训与技能交流，与国内外世赛水平先进国家或地区、先进企业保持紧密联系，实现资源共享，应用大数据分析准确把握消费潮流，加强成果转化，为"光明城市厨房"激发更多产能，迭代出新的服务与产品类型。

五、推广应用

"光明城市厨房"人才培养模式已经在上海、长三角地区及对口支援云南等地区相关竞赛项目世赛基地、职业院校食品类专业

建设中进行了一定的推广应用。未来，其他地区的职业院校技术技能型人才培养模式改革、实训基地建设、竞赛备赛、培训认证等领域可以进一步推广应用。在推广过程中须根据实际情况，做好以下两点。

1. 强化产教融合共同体建设，找准学校与企业的共赢点，促进学校、企业、教师、学生之间的信息共享与互动，做到两头热、真融合，确保培养出的人才符合实际需要。

2. 完善"产品研发机制"，促进科技创新，在与企业产教融合、共建共享共赢中，由熟知市场需求的企业来提供实际需求和研究方向，学校提供研究设备和人才支持，双方合作进行科技研究，资源共享、信息互通、优势互补，形成良性循环，既能解决企业实际问题，又能推动科技创新。

何笑丛（上海市贸易学校）

校企合作精准培养航天器制造人才

一、实施背景

多年来,上海市工业技术学校与上海航天技术研究院(以下简称"上海航天")紧密合作,为中国航天器的零件加工制造领域培养了大批发挥骨干作用的技能人才。近年来,随着我国航天事业的发展,航天产品日益体现高新技术密集、产品质量零缺陷、工艺规程能力强、精神品质要求高的特点,传统制造专业的人才培养模式已不能适应新业态下智能制造(航天领域)企业对职业人才的需求,主要体现在以下三个方面。

(一)航天领域加工制造业快速发展对职业人才培养带来巨大挑战

智能制造改变了中国的制造业,在资源技术、运作模式、业务规模、服务质量上提出了更高的要求。传统职业人才培养不适应航天领域加工制造企业跨专业领域、专业技术复合型、创新实践型高素质技能人才的用人要求。

（二）促进产教融合、校企"双元"育人是职业教育实现精准育人的重要保障

长期以来，创新职业教育与产业融合发展的运行模式，精准对接区域人才需求，提升职业教育服务产业转型升级的能力，是摆在职业学校面前的首要任务。国务院颁布《国家职业教育改革实施方案》明确指出要"引导行业企业深度参与技术技能人才培养培训，促进职业院校加强专业建设、深化课程改革、增强实训内容、提高师资水平，全面提升教育教学质量"。

（三）亟待破解航天工业人才培养从服务传统制造转变为适应（航天工业）先进制造的关键性问题

长期以来，人才培养方案与行业发展脱节、学生综合职业能力培养不足、学生实习实训效果差是困扰职业教育教学的核心问题。职业院校多采取以学校为主体的人才培养模式，导致人才培养目标匹配不高、培养成效适用性较差等问题。此外，传统加工制造专业的校内实训室（中心）的设备、实训项目与智能制造（航天领域）运作差异较大，校内外实训实习环节不能一体化等问题，导致传统加工制造专业培养不出航天领域先进加工制造企业所需要的高素质技术技能人才。

二、主要做法

为解决航天工业人才培养从服务传统制造转变为适应（航天工业）先进制造方式的三个关键性问题——人才培养模式难以匹配现代航天技术技能人才的培养要求，专业课程体系难以培养现代航天技术技能人才的职业素养，实践教学平台难以支撑现代航天技术技能人才的能力需求。学校与行业标杆企业上海航天深入开展与航天工业适配度高、专业性紧密结合的加工制造类人才培养改革。

（一）构建"三共同三渗透"校企合作培养模式

学校与上海航天精诚合作，协同育人，以适应航天工业发展的高素质技能人才需求为出发点，聚焦人才培养规格、专业课程内容、实习实训基地等关键环节与航天工业发展的匹配度、适用性，创新提出并践行"三共同三渗透"的培养模式与育人机制（见图1），人才培养取得实质性成效，切实保障航天制造业人才结构性需求。

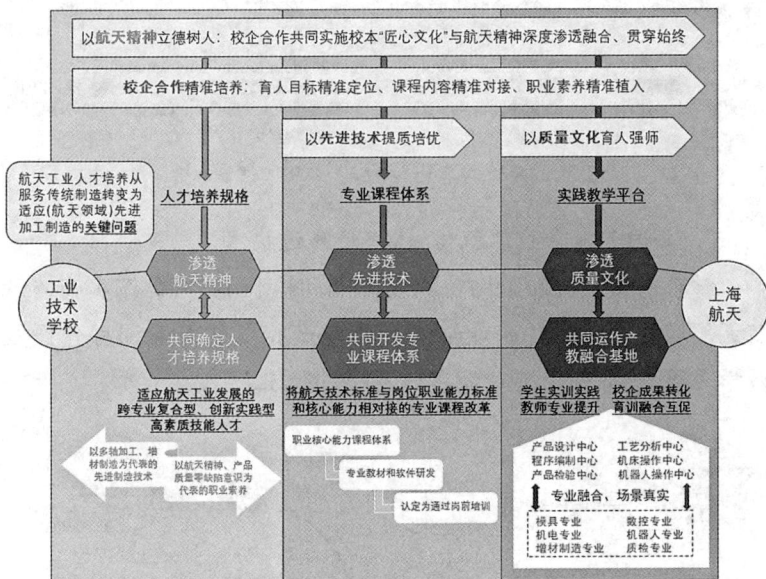

图1 "三共同三渗透"校企合作培养模式

1. 共同确定人才培养规格，渗透航天精神

学校紧贴航天加工制造业发展，构建以航天精神为核心的德育课程研修体系。将以适应航天工业发展需求的多轴加工、增材制造为代表的先进制造技术和以航天精神、产品质量零缺陷意识为代表的职业素养深度融入学校的人才培养规格之中，打造以航天精神为

核心的基于"两馆两基地"的校本德育课程研修体系(见图2)。

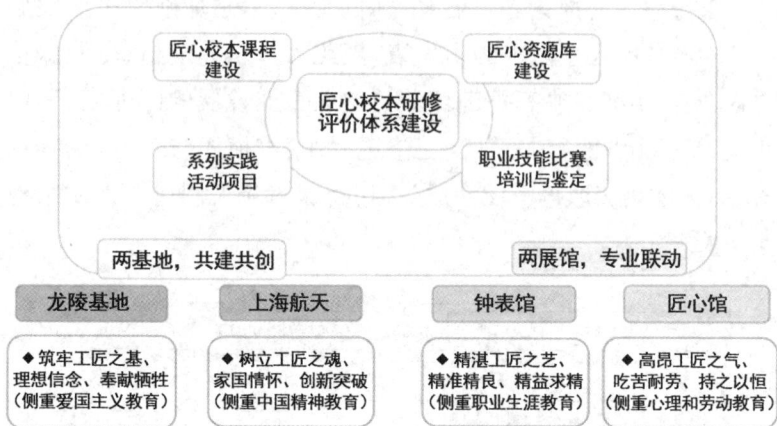

图2 "两馆两基地"校本匠心研修课程体系

2. 共同开发专业课程体系,渗透先进技术

学校对接上海航天岗位职业标准和核心能力,合作实施体现航天领域先进技术和企业真实产品生产相关的专业课程建设及教学改革,建立新的专业课程体系(见图3)。

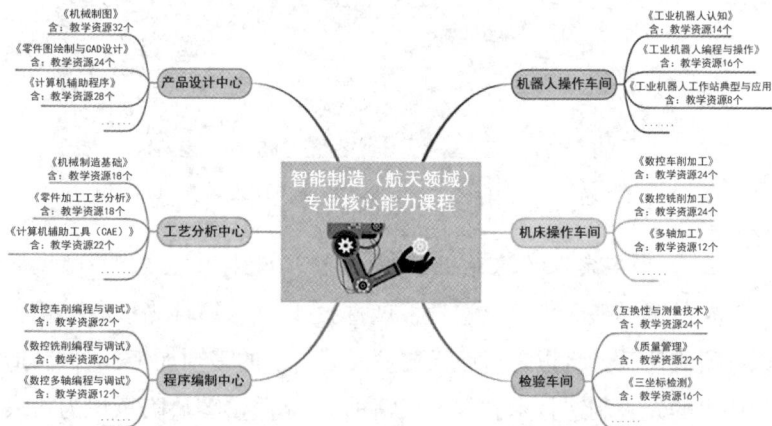

图3 智能制造(航天领域)专业核心能力课程

3. 共同运作产教融合基地,渗透质量文化

学校与上海航天校企共育,合作打造集航天加工制造专业学生实训实践、教师专业提升、校企成果转化、教育与培训融合互促于一体的高质量、高规格、高水平航天制造产教融合实训基地,将质量文化潜移默化渗透在日常实习实训中。

(二)形成"三精准"人才培养体系

学校和上海航天通过对接岗位职业标准优化人才培养方案、对接职业岗位核心能力推进专业课程改革、对接企业真实生产环境打造实训基地构建起集人才培养目标定位精准、专业核心课程精准、实训实习精准("三精准")的航天领域智能制造专业精准化人才培养体系。

1. 以航天精神立德树人,优化人才培养方案

校企双方深度融合校本"匠心文化"与"特别能吃苦、特别能战斗、特别能攻关、特别能奉献"的航天精神;同时根据航天对一线技能人才的要求,注重德技并修,推动人才培养规格从服务传统制造向适应航天工业最新发展需求转变。通过价值引领、环境熏陶、技能磨炼,将航天加工制造业技能人才的精神品质和以高质量、高效率加工复杂异形零部件的先进制造业职业能力为代表的职业素养要求渗透到育人全过程。

2. 以先进技术提质培优,重塑专业课程体系

校企双方围绕航天加工制造业技能人才培养目标重塑专业课程体系,将航天技术标准与岗位职业能力标准和核心能力相对接,开发涵盖"行业标准—职业能力—企业产品—学校课程"的"职业核心能力课程",新增课程 10 门、调整课程 36 门、开发教材16 本。例如:原课程"零件加工工艺分析"调整为"复杂零件加工

工艺分析",课程内容增加了航天复杂产品的结构认知、航天复杂产品的多轴加工技术工艺分析等。"互换性与测量技术"课程的教学内容增加复杂零件的精度测量、三坐标等先进测量仪器的测量技术等。课程的开发和调整助力学校成为上海首个开发增材制造课程、编写多轴加工教材的学校。

同时,学校与上海航天合作开发虚拟仿真软件22套,解决了实训教学中风险大、再现难、成本高等问题,提供了数车、钳工和五轴加工等实践岗位,实现了教学内容的精准性。

课程体系得到上海航天培训中心认可并部分采用,毕业生入职上海航天可直接认定通过岗前培训。

3. 以质量文化育人,做优产教融合基地

校企双方共同投资5 200万元、打造占地面积6 000余平方米集教学、实训、技能鉴定等功能为一体的定制式、共生型产教融合实训基地。以此为基础,对照航天质量管理的环节和标准,共同建设产品设计中心、工艺分析中心、程序编制中心、机器人操作车间、机床操作车间、检验车间等对接企业真实生产环境的虚拟仿真实训场景,构建学生实训实践、教师专业提升、校企成果转化、教育与培训融合互促的重要载体。

学生可以在入学到毕业的多个阶段进入实训基地进行企业实践,包括岗位体验、跟岗实训、顶岗实习等不同阶段。教师也可以通过基地组织的共同设计研发航天产品,联合开发实训教材等企业实训活动,不断提升专业教学能力。

4. 以大国工匠引领,打造"双师"教师团队

创新"双师型"教师队伍建设机制,学校教师进车间与职称挂钩、企业师傅进课堂与待遇挂钩、企业师傅参与学生培养与职称挂钩,与上海航天共建了以大国工匠王曙群为领衔的专兼职教师团队(上海市优秀特聘兼职团队)。

上海航天承担我国国防安全的军工产品生产,企业保密要求高。学校在与有关部门进行沟通后,安排政治素养高的教师,经过保密培训并签署保密协议后,进入航天相关岗位进行实践;企业也将经过一定去密化手段的设备、产品和生产工艺提供给学校教师学习,以此提高教师的专业技能。

三、成果成效

通过校企合作,全面提升了学校教育教学质量,为上海航天输送大量高质量技能型人才。

(一)高素质人才培养质量成效显著

为智能制造(航天领域)专业培养学生约 600 名,校企共同培养的学生参与了中国第一个载人航天器对接机构、第一个月面巡视器以及新一代运载火箭阀门等多项中国航天重器的加工任务,为我国航天各型号任务圆满完成做出了突出贡献;学生参加各类技能大赛屡获佳绩,获得国家级奖项 39 项,市级奖项 63 项。

(二)双师型教师队伍建设成果喜人

学校与上海航天共建了一支高质量教师队伍,教师队伍中有上海市首席技师工作室 1 个,上海市首席技师资助 24 人,上海工匠 1 人,全国技术能手 28 人,国防技术能手 1 人,国家劳动部技术能手 1 人,上海市杰出技术能手 1 人,航天贡献奖 2 人,上海市园丁奖 2 人,教师其他各类获奖 48 人次,享受国务院政府津贴 1 人,论文获奖 4 人次。在 2021 年的全国教学能力大赛中,我校团队获得一等奖;2022 年上海市青教赛一等奖 1 人,2023 年第十届职业院校技能大赛中等职业学校教师教学能力比赛,我校团队获得一等奖。

（三）国内职业教育影响力充分彰显

以学校培养方案和课程为基础,开发了上海航天局职工先进制造技术培训教材及课程体系。学校还牵头制定教育部模具、增材制造中职专业教学标准;牵头组建上海市增材制造职业教育集团;智能制造(航天领域)示范性虚拟仿真实训基地获国家职业教育示范性虚拟仿真实训基地立项。

（四）社会服务能力和水平全面提升

近五年,学校作为市级教师企业实践基地和市级骨干教师培训基地,承担相关专业各类培训 800 多人次;承担上海市及长三角地区职业院校教师专题实践约 500 人次,组织学生岗位体验约 2 000 人次;先后接待了其他行业各级各类参观交流 1 000 人次以上。

四、经验总结

（一）经验与启示

针对传统制造专业的人才培养模式已不能适应新业态下智能制造(航天领域)企业对职业人才的需求,学校进行了深入的反思,联合上海航天在理论层面上研究"航天领域制造业要培养怎样的人",在教学实践、实训实践层面上分别探索"校企合作怎样培养人"的重要命题。构建"三共同三渗透"校企合作、精准培养的创新培养模式,形成航天精神贯穿始终的合作育人新机制;凝聚航天技术精准对接的合作培养新特色;打造高质量高规格高水平校企合作新品牌，实现了从培养传统加工人才向培养航天工业所需的高端技能人才的转变。

（二）不足与举措

目前学校与上海航天的合作主要聚焦于机械领域，根据上海航天实际需要，后续学校将完善电气领域相关建设，充实专业师资，设置专业岗位，提前规划匹配课堂教学的师生企业实践内容，同时确保航天精神及相关企业文化融入日常教学全过程，稳步提升人才培养质量。

五、推广应用

依托合作，学校影响力和竞争力得以显著提升，形成了可复制、可推广的实践经验。

探索以航天精神为引领、强调航天人才培养专业性、适配性的"三共同三渗透"校企合作精准培养育人机制，对于研究与实践在航天等技术先进、内容保密的特殊行业中如何落实校企合作具有一定的理论价值和启示意义。

校企合作推动航天先进技术标准渗透专业课程建设、教育教学各环节，对接岗位职业标准和核心能力重塑"职业核心能力课程"体系；建立课程体系动态调整机制，实现学历课程与培训课程融合互动，创新性引入并探索了多轴加工、增材制造等先进制造技术在中职课堂的有效落实路径，对研究围绕先进制造业核心技术和核心能力合作优化专业、开发课程、实施教学提供了实践样本。

为应对航天工业"四新技术"、资料保密级别高、设施设备价值高、占地面积大对传统实践教学提出的挑战，学校与上海航天共同守住航天质量生命线,以标准化质量管理为抓手合作打造拥有多轴加工中心设备型号最齐全、实训体系最完整的高质量高规格先进制造产教融合基地,获评上海唯一的五星级开放实训中心,为职业院校做大做优做实实训基地、形成校企合作品牌提供案例借鉴。

徐琳(上海市工业技术学校)

保时捷 PEAP 项目符合型
人才培养模式创新

自研"人才大数据对接平台"驱动育人模式

一、PEAP 项目合作背景

为加快推进人才强国战略,健全现代职业教育体系,培养高技能人才,上海博世汽车职业技术培训学校(以下简称"上海博世")引进德国职业教学理念,不断深化校企合作、产教融合,推动专业设置与产业结构更好链接、人才培养与企业需求匹配,培养更多实用型、应用型高素质技能人才。

上海博世 2014 年加入保时捷品质实习生项目(Porsche Elite Apprentice Programme,简称"PEAP 项目"),该项目是保时捷中国汽车销售有限公司联手全国各优秀职业院校及保时捷中国经销商网络,合作建立并运营的职业教育培训项目。其宗旨是为职业院校的学生和老师提供高品质职业技能与素养训练,为保时捷中心培养和输送具备铜级认证资质的机电和钣喷服务技师以及助理级资质的营销服务人员的同时,提升学校在国际高端汽车品牌维修、销售领域的专业教学实力。通过选拔富有潜力的优秀学员,为他们提供以生产实习训练为主导的培训项目,通过分阶段在校园、保时捷培训中心及保时捷经销商开展的教学培训、体验及实习,促成他们在毕业时成为保时捷铜级认证技师及胜任各非技术类岗位的助理服务人员。

PEAP 项目的教学培训包括校园日动员活动、职业胜任力测评、校园内核心课程教学、遴选考核、保时捷导入培训暨品牌体验、保时捷中心实习以及毕业认证考核等七个环节。入选学生在完成保时捷中国培训学院提供的技术及非技术核心课程理论学习和实操训练后,参加实习遴选,被保时捷中心录用实习的学生将参加保时捷导入培训,目的是让学生进一步了解保时捷产品、历史及品牌文化。在保时捷中心完成实习之后,将参加PEAP 项目毕业考核,该考核与保时捷铜级认证技师考核标准完全相同,通过考核的学生将获得保时捷全球认证的铜级证书。

二、"人才大数据对接平台"驱动育人模式

上海博世通过 PEAP 项目,创新开发实践 PEAP@ME 数字化智能平台,学生自入校就通过在平台注册和用人企业建立联系,学习进程中通过不断更新学生信息,增加学生与企业黏度,提高就业对口率(见图 1)。落实学校考核评价和铜级证书考核评价

图 1 "人才大数据对接平台"驱动育人模式

"双标准",提高学生综合职业素养。以品牌文化、师资培养、技能大赛作为支撑,打造优质的教学团队。通过建立岗课融通、课证融通、学工融通教学模式,实现课程体系与职业岗位、课程内容与职业标准对接,教学过程与生产过程对接,企业认证与职业资格证书对接,提高就业对口率、企业忠诚度和职业素养,达到精英人才培养的目的。

（一）创新 PEAP@Me 数字化智能平台,提高就业对口率

PEAP@Me 数字化智能平台（见图 2）是根据我国推进现代化职业教育体系建设、深化校企合作、工学结合人才培养模式改革的战略布局,为校企合作、现代学徒制、产教融合量身定制的一款贯穿从招生入校到毕业应聘的校企共育、双师教学全流程支撑、校企用人需求对接的一站式融合平台。以移动互联、云计算、大数据、AI、区块链等为技术支撑,全面实现共同制定切实可行的人才培养目标和可执行方案,明确学生职业发展路径,院校教、学、管、就过程全记录实时对接,教学质量可评估提升,教学成果可评价,教师队伍精英化,学生多场景多维度学习提升适应度,院校企业需求匹配精准的多赢成果。

用人企业和学生实时发布各自最新动态,学生可以提前了解各个企业的基本概况、企业简讯和用人需求,企业可以通过学生发布的视频、文字、成绩等信息,多维度实时及动态化跟进和了解学生的学习成效、成长进程、性情性格、爱好特长等,关注学生的全周期成长过程,彼此间更早、更长久地确立黏性,结合邀请意向学员不定期前往企业参与见习和体验,让学员得以更早更切身地理解未来的工作岗位要求,认识自身差距,更加清晰地确立职业

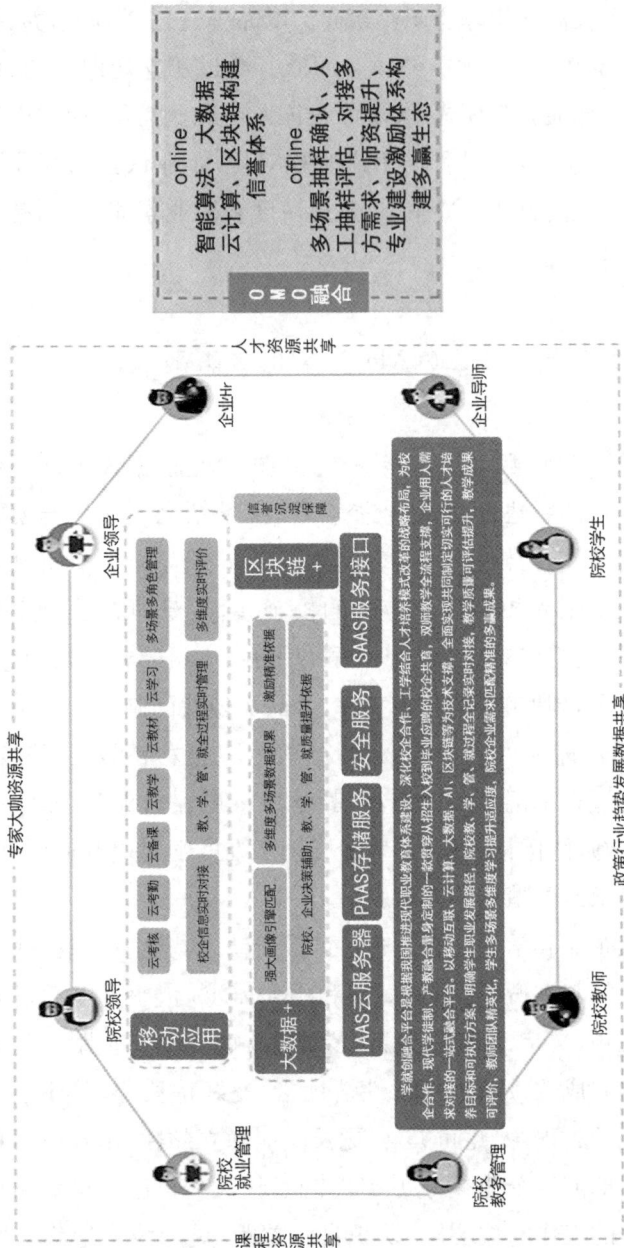

图 2 PEAP@ME 教学化智能平台

观和择业观,有效避免了传统招聘形式中仅仅通过短暂的平面简历查看和交谈选拔人员的弊端,有效提高了就业对口率和稳定率,降低了人员流失的损失和风险。

（二）建立"双标准"考核评价体系,提高学生综合职业素养

PEAP项目的"双标准"考核评价体系指的是学校考核评价体系和铜级证书考核评价体系,是学校评价和企业评价的结合。PEAP项目的学生毕业前要完成"双证书"的考核,即职业等级证书和职业资格证书。职业等级证书为人社等部门颁发的证书,职业资格证书为保时捷全球认证的铜级证书。通过在学校、保时捷中国培训学院和保时捷中心分阶段开展的集训学习和企业实习,培养出具备保时捷"铜级证书"认证的优秀毕业生。

上海博世的考核评价主要以老师评价为主;进入实习阶段全职在各保时捷中心开展并完成生产性实习,需要完成企业实习和论文的撰写,由老师和企业共同评价。评价形式需多样化以满足课程性质不同的需要,基础课考核以理论试卷答题形式为主进行考核评价,专业课以项目化教学内容为考核点,考核评价采用过程考核和综合考核结合的评价方式,以过程考核为主,综合测验评为辅。过程考核从学生的操作规范、项目完成情况、课堂表现等方面综合考评。铜级证书的考核评价主体是企业,由保时捷培训学院的培训师对学生的理论知识、操作技能、职业素养进行全面考核。"双标准"考核评价体系,充分结合教学标准和企业要求,对学生学业水平给予客观、公正、全面的评价,强化学生职业能力的培养,实现对职业素养、实际操作能力、

团队协作精神、理论知识等综合职业能力考察，提高了学生综合职业素养。

（三）打造优质教学团队

教师的质量决定教育的质量，教育的质量决定着培养人才的质量。教师的师德、知识水平、操作技能关系到技术技能人才培养的质量。PEAP项目通过强化品牌文化、师资培养、技能大赛等支撑，打造优质的教学团队。

首先，以品牌文化为支撑，唤起教师内心梦想。保时捷是与众不同的代名词，代表着激情、魅力和对挑战的渴望。每一辆保时捷跑车都拥有极具魅力的传奇、创新的设计理念，为未来蓄势待发，带来纯粹的激情和非凡的驾驶乐趣。"一开始我环顾四周，但未能找到我梦想中的汽车。于是，我决定自己制造汽车。"保时捷之父费利·保时捷教授这句广为传颂的名言，昭示了PEAP项目勇于创新的理念。作为培育保时捷铜级技师及非技术岗位营销服务助理的摇篮，PEAP项目始终致力在热情、品牌忠诚度、扎实的实操作业能力、保时捷产品知识和服务技能、与品牌相符的态度和举止以及铜级认证目标等六大维度上培育优秀项目教师。

其次，以高标准师资培养为支撑，培养德技并修的双师团队。教师遴选为支持合作院校增补优秀项目教师提供帮助。首先通过远程测试和现场评价的方式对参加遴选的老师进行考核。通过远程的理论测试了解老师的专业基础背景，现场评价包括实操测试、综合面谈和课程试讲，分别测试老师的专业素养、发展潜质和授课技巧，最后遴选出综合素质高的老师加入项目教师团队。加入项目的老师开始核心课程的学习和考核认证。PEAP项目不断强化教师能力提升及认证培训活动,不断更新教师培训指南课程路径,包括经销商常规课程和 PEAP 核心课,项目老师享受和经销商同等待遇,可以进行网上的课程学习,也可以进入保时捷培训学院进行现场理论学习和实操训练,其认证考核严格按照保时捷中心技师的考核要求完成铜级认证。提高教师的理论水平和规范、熟练的操作技能。

最后,以技能比赛为支撑,培养教师精湛的操作技能。工匠精神的培育已经上升到国家战略高度,政府工作报告中明确指出:"全面开展质量提升行动,推进与国际先进水平对标达标,弘扬劳模精神和工匠精神,建设知识型、技能型、创新型劳动者大军,来一场中国制造的品质革命。"工匠精神是一种职业精神价值取向和职业道德文化,也是职业能力与职业品质的体现。保时捷员工的职业素养之所以在行业内有口皆碑,原因是保时捷有自己的一套全球统一标准,对应岗位的技师需要什么等级的职业资格绝不会降低标准。PEAP 项目通过搭建技能比赛平台,严格按照保时捷的全球统一标准,来完成保时捷项目的操作流程,体现出精益求精的工匠精神、安全意识、职业道德、职业规范、信息素养、环保理念、健康体魄、逻辑思维等职业素养。提高教师的职业素养和专业技能,展示教师精湛技能和精英风采。

(四)创建人才创新、融通培养模式

通过创建人才创新、融通培育模式,实现人才供给与岗位需求精准对接,通过创建岗课融通、课证融通、工学融通的教学模式,实现课程体系与职业岗位、课程内容与职业标准、教学过程和生产过程、技能等级证书与企业职业资格证书的对接,达到人才供给与岗位需求精准对接的目标。

1. 岗课融通，实现课程体系与职业岗位的对接

保时捷课程开发以工作过程为主线，以工作任务为中心，以企业要求和职业资格为标准，以真实工作任务及工作过程所需要的职业能力、通用能力、社会能力、发展能力要求为依据，构建以典型职业岗位工作能力为导向的专业课程体系。保时捷培训学院通过深入经销商店进行调研，提炼出企业典型工作任务，分析其需要的职业能力和素养，突出实践技能培养目标，创建模块化、能力递进式的"课随岗动"新型课程体系。

2. 证课融通，实现课程内容和职业标准对接

保时捷 PEAP 项目主要是为保时捷中心培养全球统一的铜级技师，铜级职业资格证书所需的知识、技能与职业素养的标准要求有机融入现有的课程体系。在课程内容上，要依据铜级、银级的职业技能要求设置对应的专业课程内容，将其重新组合设计为新的模块化课程，课程内容在广度和深度上均会螺旋式上升，并融入了职业标准。课程包括国家学历教育必修课程、品牌通识课程、铜级核心课程、银级课程，学生在学习课程内容的同时，掌握了不同职业技能等级的标准。

3. 学工融通，实现教学过程和生产过程对接

保时捷项目有校内和校外实训基地，校外实训基地是全国各保时捷中心，主要完成学生的识岗和顶岗实习。采用"双师教学"，聘请企业专家进入课堂授课，由校内教师和企业专家共同完成授课，校企共同完成人才培养，深化产教融合。在教学过程中，以保时捷的工作流程为导向，通过任务驱动法，将工作流程转化为符合教学规律、学生认知的教学流程。采用"理实一体化"的实践模式，模仿企业的实际工作模式，实现"工"与"学"的行动、成果相结合。

三、PEAP 项目取得的成果

（一）育人体系完善，增强实践动手能力，提高技能型人才培养质量

依托产业人才大数据对接平台，形成协同育人体系。PEAP 订单班学生就业率 100%，获企业的高度认可。我校已经连续 6 年在 PEAP 项目体系排名第一，毕业生职业前景广阔，一部分自主创业，一部分从事研发工作，更多的继续从事汽车行业，成为企业的中流砥柱。

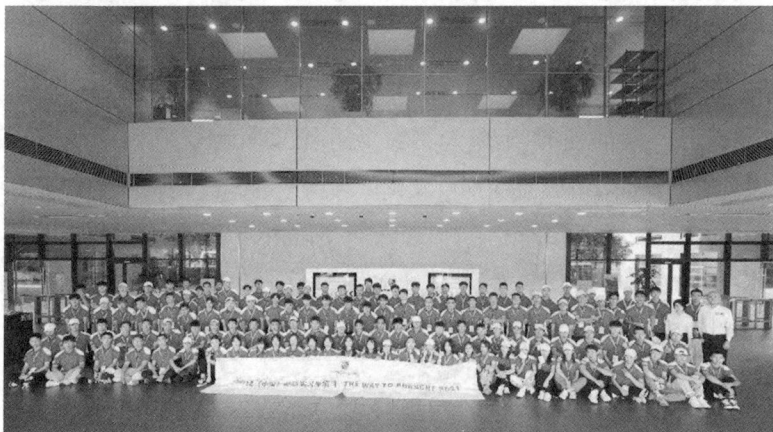

图 3　优秀学生代表

（二）严格的教师培训体系，大大提高了老师的教学科研能力

保时捷 PEAP 项目在老师的遴选、培训、考核过程中，对老师的基本教学能力、素质素养、理论知识和操作技能进行全面严格的考核，实际操作完全按照技师的考核要求，增强了老师的实践

保时捷认证教师

| 黄厚琴
非技术认证教师 | 蒋小龙
机电认证教师 | 陈浩
机电认证教师 | 韩鑫
机电认证教师 | 高明阳
钣金认证教师 |
| 殷勇
钣金认证教师 | 王苏阳
喷漆认证教师 | 魏凡凯
喷漆认证教师 | 唐德旺
喷漆认证教师 | 刘佳
非技术认证教师 |

图 4　教师代表

动手能力、拓宽了知识的宽度和深度,大大提高了团队教师的综合素质,取得了丰厚的成果。

（三）以职业精英育人模式为引领,推动专业内涵建设

借助保时捷 PEAP 项目,深化产教融合、校企合作,探索职业精英育人模式,在课程开发上,以职业岗位需求为导向,以能力培养为中心,充分引用企业标准、技能大赛标准、保时捷铜级认证体系,构建"岗课赛证融通"课程体系。校企共同开发课程、共同培养学生,积极推动教学改革,为学生提供更多的实习、实践机会。以立德树人为根本,工匠精神、劳动意识贯穿始终,实施课程思政,提高学生的技术能力和非技术能力,满足企业人才需求。为全国同类院校的专业的建设、教学水平提升、人才培养模式的改革等起到引领作用。

四、PEAP 项目复合型人才培育模式创新点

（一）引岗入课,建立以职业岗位工作能力为导向的专业课程体系

通过深入企业调研完成学生就业岗位分析,通过与企业专家

召开的职业分析会完成典型职业活动分析、工作任务分析和能力需求分析，进一步完成核心课程的转化，形成了以职业岗位工作能力为导向、满足企业需求的专业课程体系。

（二）夯实宽基础，实现"一专多能"，提升学生的发展空间

PEAP项目有机电维修、钣喷维修和非技术三个专业方向，无论将来想从事什么专业方向，三个专业的基础课程都要学习，核心课程是自己选择的专业方向。例如上海博世的机电专业学生，在开设机电类课程的同时，也开设了钣喷和非技术类课程，实现了"一专多能"的培养方式。核心课程既有铜级核心课程，也有高阶银级课程，为以后考取银级证书做准备，拓宽了学生的宽度和深度，促进学生全面发展，使学生有更广阔的发展空间。

（三）引入德国职业教学法，实现职业技能与素质素养的有机结合

在PEAP项目实施过程中，引入德国先进的职教理念与方法，引用企业典型工作任务，以能力为基础，以问题为导向，采用任务驱动法，实施"理实一体化"教学模式。运用多元化、多维度的教学评价模型，建立学生自评、互评、教师与企业专家评价相结合的多元评价体系，培养学生专业及非专业能力，提高职业技能和培养职业精神高度融合，不仅有一技之长，而且能够牢固树立敬业守信，精益求精等职业精神，培养出能够独立地、负责任地、在团队条件下有效解决问题的可持续发展职业人才。

刘勇（上海博保汽车科技有限公司）

"双协同"视角下产教融合的
创新实践

一、实施背景

  随着国家产教融合整体制度设计的逐渐清晰，学界对产教融合的核心内涵、运行逻辑和实施机制等理论层面的认识逐步深化，对于如何在人才培养、技术创新和成果转化等实践层面真正突破产教融合的"最后一公里"，实现产教双方的供需对接和流程再造等成为热点问题。特别是对高水平地方应用型大学而言，迫切需要转变传统的校企合作思路，探索构建校企合作深度交融的新路径、新方法，共同培养面向未来产业发展的高素质应用创新型人才。

  从高校的角度看，产教融合"最后一公里"困境主要是指在实施层面存在的"合而难融"现象。解决这一问题的关键在于进行校企合作模式创新，将产业需求、生产过程、生产要素和应用研究、教学过程、教育要素进行系统整合。在实践领域主要落实为校企协同创新和协同育人两大核心任务。依托"协同创新"推动企业技术进步和产业升级是应用型大学产教融合发展的内源性动力，以"协同创新"促进"协同育人"，推动产教融合系统自适应、可持续发展。

二、主要做法

上海应用技术大学是一所坚持"应用导向、技术创新"特色定位，以培养高素质应用创新型人才为目标的高水平地方重点建设大学。学校针对现有产教融合存在的内源性动力不足等问题，以协同创新与协同育人"双协同"理念为引领，对传统的校企合作模式进行集成创新，提出并完善产教融合"双协同"人才培养模式，取得了显著的育人成效。

（一）模式提炼

产教融合"双协同"人才培养，即校企协同创新和协同育人相结合，构建"协同创新"和"协同育人"的螺旋式演进路径。一方面，以校企协同创新推动高水平学科建设和科研发展，建设"国家级—省部级—校级"三级协同平台、国际联合实验室等，依托平台校企联合攻关，解决企业关键技术问题，激发企业参与产教融合的内源动力。另一方面，以校企协同育人提升教学质量，开展"引企入教"专项建设、校企合作"双百工程"建设及跨学科校企导师团队建设，将产业前沿知识和实践经验转化为教学内容，提升学生应用创新能力。

（二）具体做法

1. 对接产业发展优化学科专业布局

重点围绕上海"美丽健康"产业、"上海制造"和"上海文化"品牌建设，依托高峰高原学科，打造香料香精化妆品和绿色化工、功能新材料和智能制造、设计文创与创新管理三大特色学科专业群。依托三大特色学科专业群优化专业结构，开展新工科、新农科和新文科建设。

例如,学校面向"美丽健康"产业,对接上海"东方美谷"产业发展需求,发挥香料香精化妆品领域的特色优势,结合材料、营销、设计等相关专业,构建了服务香料香精化妆品全产业链的专业群。在全国首设香料香精技术与工程专业和化妆品技术与工程专业,对标国际一流水准制专业教学质量标准。2019年,在全国首设国际化妆品学院。在学院的运作方式上,以项目、平台、团队和成果为牵引,以联合行业龙头企业为关键,形成人才培养、技术创新、产业发展、资源共享的良性生态链,培养化妆品领域集学术、技术、艺术和话术于一体的高级复合型人才,为上海的美丽健康产业发展和国际"设计之都、时尚之都、品牌之都"建设提供智力支持。目前,国内80%以上的香料香精行业专业技术人员毕业于我校。化妆品技术与工程专业在2021"软科中国大学专业排名"中被列入A+专业。

2. 搭建"三级平台"赋能产教融合创新路径

"栽好梧桐树、搭好黄金台"。学校以建机制搭平台为抓手,积极为科研队伍"筑巢引凤",以美丽健康和知识产权等特色方向为突破口,整合校内外优势资源,聚焦香精香料化妆品和绿色化工、功能新材料和智能制造、设计与文创类三大学科群建设,合理布局,形成"国家级—省部级—校级"三级平台联动体系。首次获批省部共建协同创新中心国家级平台,成功入选首批国家知识产权试点示范高校,获批上海市"一带一路"国际联合实验室、国家种质资源库。主动对接国家和上海产业发展重点和科技前沿,整合校内外优势资源,拓展产学研合作区域,形成长效合作机制。

立足大上海,辐射长三角,织牢织密各类合作资源网,搭建政产学研用"五位一体"的产学研深度融合新模式(见图1),与奉贤区、南通市等13个地市、30多个区县共建了"一对一"的产学研联络机制；与地方政府、企业多次互访、实地考察，深入挖掘地方技术需求。产学研项目持续创新高，科研项目 75% 来自企业，"十三五"期间年均横向经费较"十二五"翻一番，承担企业课题 3 000 余项，年均经费突破 2 亿元，为企业解决了几千项技术难题。以学校与南通的产学研合作为例，我们的平台遍布南通每个区县，合作产出从 5 年前的 60 万元发展至 2021 年的 820 万元，成为长三角校地合作的标杆和典范。

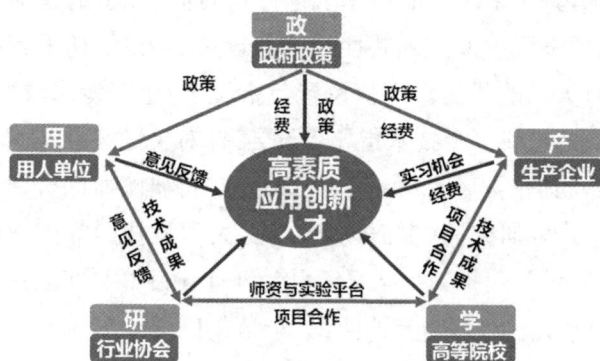

图 1 "五位一体"的产教深度融合新模式

3. 建设现代产业学院，创新产教联动发展机制

学校在开展"引企入教"专项建设，实施校企合作"双百工程"（共建 100 门课程和 100 项实验），共同开发特色教材的同时，建设了 7 个现代产业学院，探索校企共同打造新型人才培养实体。

例如，学校设立的信息与智能技术产业学院，获批为市级现代产业学院。与上汽、东软、百度、上海智能网联汽车技术中心共建了 V2X 试验创新基地，培养车联网、智能驾驶产业链中所需的人工智能、软件开发、大数据等应用型人才。依托该现代产业学院，已获批教育部产学合作协同育人项目 6 项，新建 V2X 特色课程群，编写 4 本特色教材。依托现代产业学院，学生参与"课证融通""职业见习""职业训练营"等活动的比例达到 90％,每年还有 20 余名学生直接参与无人驾驶云平台等产学研课题的合作研发。

4. 共建高水平协同创新平台促协同育人

学校将协同创新作为基本战略,坚持营造校企创新文化,将人才培养置于校企协同创新过程中,注重协同创新成果的转化,与企业共同打造"双协同"的产学研用创新联合体,协同育人成效显著。校企共建高水平协同创新平台服务于国家、地方经济社会战略需求,聚集了优秀的技术人才队伍,拥有先进的仪器设备等资源,具备进行重大关键共性技术的攻关能力,依托平台培养研究生具有天然的优势。学校设置包括院士、企业专家、校内专家联合组成的学科平台技术指导委员会,针对关键共性技术问题开展校企协同创新,与地方政府、头部企业、科研院所联合建设上海东方美谷产业研究院、上海创业学院、大学科技园等产教融合创新平台,建设了包括 5 个国家级平台、1 个国际联合实验室在内的 59 个协同创新平台,与光明集团、华谊集团等知名企业共建产教融合联合创新培养基地 216 个。

依托香料香精化妆品省部共建协同创新中心,校长柯勤飞教授领导的"芳香科学与美丽健康创新团队"针对香气控释机理、协同调控机制等关键科学问题及长效摩擦释香新材料体系兼容性等共性技术难题,创造性地提出解决方案,采用"实验室—中试—工厂"多环节快速联动模式,成功研发出高兼容性功能性芳香新材料体系,帮助企业解决技术难题。依托校企协同技术攻关推进"双协同"产教融合,不仅解决了企业的技术难题,也通过技术攻关锻炼、培养了研究生的实践创新创造能力,为企业的技术进步提供理论指导,为企业的持续创新注入了活力。校企协同创新成果先后获国家科技进步二等奖、上海市科技进步一等奖、中国轻工业联合会技术发明一等奖及上海市教学成果特等奖。近五年,依托香料香精化妆品省部共建协同创新中心培养研究生 100 余名,研究生在校企导师指导下获授权专利 70 余项。

5. 创新优化能力导向产教融合的研究生课程体系

对接行业企业需求,对研究生教学进行"轴心翻转",以应用创新能力培养为导向从课程体系、教学方式进行翻转,基于综合素质、知识结构、创新能力重构由 9 个课程模块构成的研究生课程体系(见图 2),支撑"理想信念、家国情怀、过硬本领和勇担责任"的培养目标。

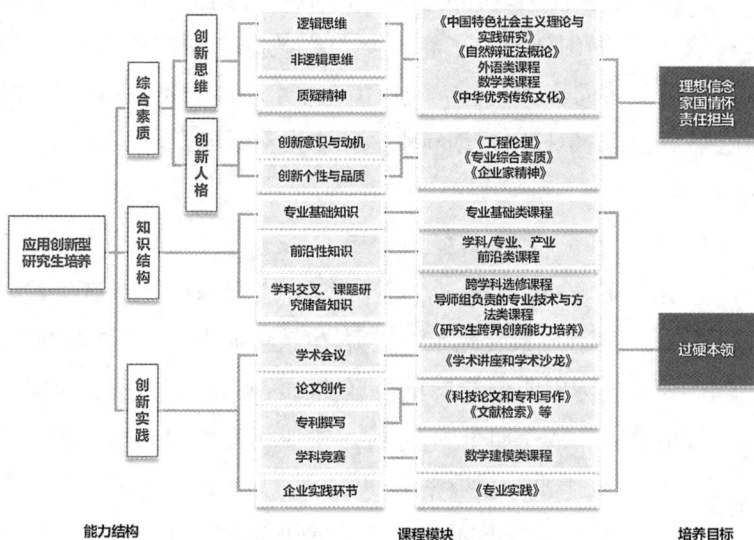

图 2　应用创新能力培养为导向的研究生产教融合课程体系示意图

设计以课题研发为导向的课程组教学模式。学校开设"专业研究方法"等一批学科融合型专业课程,由校企导师团队围绕课题研究方法联合授课,灵活设置授课方式和地点,有效支撑"1＋4＋1"培养模式。学校通过校企合作形成一批满足企业和研究生需求,具有实践性和针对性、经验性和实效性的互动开放的产教融合课程。以项目制推进产教融合课程建设,坚持设置年度校级研究生课程建设专项,重视通过产教融合的方式推进校企合作课程建设,促进和形成一批教学理念先进、教学内容优化、教学方法合理、教学水平高的产教融合课程。近 5 年来,学校建成和在建的校企合作课程近 100 门。"食品工艺学"获评国家级精品资源共享课程。

三、成果成效

以应用创新能力培养为导向,采用产教融合"双协同"人才培养机制,以协同创新激发了企业参与产教融合的内源性动力,以协同创新促协同育人,提高了应用型人才培养质量,强化了学校社会服务能级,学校科技创新水平和能力不断提升。

(一)学生应用创新能力提升

近五年来,在校企导师指导下,研究生参与为企业解决技术难题 1500 余项,成果转化 500 余项,申请发明专利 3000 余项,获中国(上海)国际发明创新展览会金奖 16 项,2021 年研究生参与的学校申请专利数位居全国 66 位。毕业研究生得到用人单位认可,近五年研究生平均就业率为 99.49%,显著高于上海高校平均水平,研究生经过企业技术难题攻关的历练,科研能力、适应能力得到显著提升,用人单位认为学校研究生爱岗敬业、本领过硬,工程思维和创新能力强。

(二)学校社会服务能级和高质量人才培养能力增强

学校与行业头部企业等加强对接、获取企业真实需求,形成了长期、稳定、持久的合作关系,依托高水平平台强化学校关键技术供给能力,引领行业企业技术进步,支撑产业快速发展,为企业输入急需的技术人才。以香料香精化妆品学科专业为例,学校与企业联合开展协同创新,确立了在我国香料香精化妆品行业和领域的主导地位,培养了国内香料香精行业80%高级专业技术人才,提供了50%以上产业化技术。

(三)科技创新水平和能力不断提升

"双协同"机制引导下,学校更好发现和了解企业行业的需求,为企业解决问题、创造价值。根据教育部的数据统计,在2020年高等院校以技术开发、咨询、服务、转让、许可、作价投资等转化科技成果合同金额排行中,我校以20 650万元位列榜单85位,居上海所有高校第七,市属高校第三。近5年,数百项成果在工博会、上交会等国家级展会展出。学校高质量专利申请量位列全国高校66位。在全市同类高校中,发明专利申请数和授权数位居第一。

四、经验总结

产教融合"双协同"培养机制通过协同创新激发企业参与的内源性动力,使协同创新与协同育人有机结合,打通了校企协同育人的路径,提升应用创新型人才培养质量,为地方应用型高校高质量发展提供了新思路、新范式。与此同时,产教融合"双协同"培养机制有利于促进高校和企业共同服务国家创新驱动发展战略,努力发挥各自优势,寻找最大的交集,从而达到一种共生共赢局面。

但实践中仍然存在着"校热企冷"的现象没有根本性改变、现代产业学院作为一种新型的校企协同育人机构缺少强有力的支持和引导、教师的"应用性研究"能力不强等问题。下一步,将从三方面着力寻求对策:一是从系统的制度改革入手,兼顾产教融合中的技术创新、成果转化和合作育人等多重环节,在大学、政府、产业界、行业指导协会之间建立一个沟通、交流、协商机制,从根本上破除制度障碍,构建起支持"产教融合"发展的新制度环境;二是搭建双能教师发展平台,校企双方在政府的支持下建立更高水平的师资互聘、共建和员工培训制度,既提升高校教师的应用性研究能力,也提升企业专家的教育教学能力;三是创新产教融合的评价机制,对高校深化产教融合中的重要事项和绩效进行评估,引导和保障产教融合可持续发展。

五、推广应用

"双协同"机制在国内外 28 所高校应用推广,包括上海应用型高校、中西部地区以及"一带一路"国家高校,《光明日报》《中国教育报》《学习强国》等主流媒体广泛报道,"双协同"机制创新与实践经上海市推荐报送中央教育工作领导小组,发挥了示范和辐射作用。本案例的实践成果具有普适性,重点适合应用型高校在服务国家创新驱动发展战略与地方经济发展、产教融合平台建设与运行体制机制创新、校企协同人才培养改革等方面的应用推广。

韩生、陈臣、董建功、周明安、刘晨霞、代晨(上海应用技术大学)

基于产教赛研融合背景下西餐烹饪工艺专业人才培养的新模式

一、实施背景

高职院校西餐烹饪工艺专业人才培养的目标是培养菜品集色、香、味艺术于一体的全能烹饪人才,满足社会不同消费人群饮食的需求。这样的全能型人才依靠传统的培养模式很难达到预期效果,只有不断创新与改革,将"产教赛研"融入培养模式中,才能在学习、实践、创新、改革中达到人才培养的目标,为烹饪行业、企业注入新的活力。为了适应我国城市现代化和国际化对西餐产业人才的需求,提升我国大型国际活动的接待能力,上海旅游高等专科学校于 2008 年开设了西餐烹饪工艺专业。着眼于培养高星级酒店或高级餐厅的西餐主厨等应用性专业人才,对餐饮烹饪类专业人才培养的实践教学模式进行了探索与实践。

（一）存在的问题——传统西餐教学对学生的岗位综合能力培养不够

在传统西餐专业实践教学设计中,基本上都是围绕"一菜一品"的传统教学,缺少对岗位综合能力的系统训练,毕业生与用人单位对西餐厨师的操作综合能力需求存在较大差距。

（二）存在的问题——传统西餐教学对学生的创新融合能力培养重视不足

在传统西餐专业实践教学设计中,基本是集中开展基本功训练,缺乏食材、烹饪设备和烹调技术的创造性应用,无法满足现代餐饮企业要求厨师长（或行政总厨）不断开发餐饮新产品的职业能力需求,从而制约了毕业生未来的职业发展。

二、解决问题的方法

（一）搭建了"四、二、二"西餐主题宴会综合生产性实训平台

搭建了以西餐主题宴会设计为核心教学任务的综合性实训平台,通过多课程融合、多主题设计、多任务驱动和多主体参与等"四多设计";全员全程的"二参与";课程教学和产教融合的"二支撑";构建了专业实践课程体系,有效解决了西餐厨师岗位综合能力的系统训练问题。

1. 四多设计:多元主体参与、多岗位课程融合、多主题设计和多任务驱动

多元主体参与:上海旅专西餐专业与行业协会、企业（酒店、设备供应商、食材供应商）共同开发了"西式烹饪技艺""西式面点技艺""咖啡制作技艺"等实践课程,参与了"世界街边小吃大赛"实践周活动、"西餐主题宴会毕业设计大赛"等实践课程教学过程。

多岗位课程融合:融合了西餐热房厨师、冷房厨师、饼房点心

师和餐厅服务员等多个岗位群的核心课程(西式烹饪技艺、西式面点技艺、食品雕刻与装饰、西餐创新制作、餐厅服务技艺、筵席设计与宴会组织),构建多岗位联动轮岗的实训模式。

多主题设计:传统节日宴会(感恩节、圣诞节、新年宴会)、世界代表性风味宴会(法式、意式、西班牙、美式、地中海等地方宴会)、功能型宴会(商务宴、国宴、自助餐会、冷餐会、烧烤餐会)。

多任务驱动:在教师指导下,学生全程参与宴会策划、菜单设计、原料采购、菜点制作、出品服务、收台清洁、宴会总结等多项任务;实现了多任务分工协作。

2. 二参与:学生全员全程参与,教师企业专家全程参与

整个活动设计充分体现以学生为中心,由学生自行组队,从方案设计、采购食材、制作、售卖等全部由学生自己主导完成。学生全员全程参与本专业的主题宴会活动、竞赛类实践以及社会专业服务等校内外生产性实训;师生与企业专家共同参与校内生产性实训活动的设计、组织以及评价。

3. 二支撑:课程教学支撑和产教融合支撑

依托专业基础课程、核心课程和拓展课程等"阶梯式"课程的课堂教学支撑,开展了"阶梯式"主题宴会项目活动设计。使学生的专业职业能力得以"阶梯式"提升。通过与酒店(高星级酒店、高档餐厅、国际连锁餐饮企业)、设备供应商(伊莱克斯、米技等国际知名品牌)、食材供货商(恒天然、麦德龙、麦隆咖啡等国内外供货商)等全产业链的深度校企合作,构建了产教深度融合支撑。

(二)创建了一个产教赛研"浸润式"融合的实践教学实施方案

实施方案以产教赛研融合的西餐主题宴会项目设计为平台,

对接国际国内大型活动接待和餐饮行业标准,构建了专业实践课程体系。基于西餐岗位创新融合能力培养,将西餐主题宴会项目与实践课程体系、校内主题竞赛、岗位群职业能力需求、职业资格证书及职业技能大赛标准等融合,构建了一个岗课赛证"浸润式"融合的实践教学体系。

1. 西餐主题宴会项目与专业实践课程体系融合

西餐专业围绕西餐主题宴会的常态化生产性实训,根据西餐主题宴会流程不同环节分析岗位工作内容和职业能力要求进行任务分解,制定学习标准融入专业实践课程体系。

2. 西餐主题宴会项目与校内主题竞赛融合

西餐专业设计了"企业创新创意大赛""世界街边小吃大赛"和"西餐主题宴会毕业设计大赛"等校内竞赛活动,通过学生全员全程参与,把对学生开展从菜单设计、菜点制作、出品服务、项目管理到创新融合能力等全方位的综合能力展示作为专业竞赛的主要评判目标。

3. 西餐主题宴会项目与岗位群职业能力需求融合

对接西餐厨师以及咖啡师等新兴的西餐职业岗位群的职业能力、专业教学标准和健康卫生标准,同时也根据咖吧、水吧、单品点心店等新业态知识需求,适时更新西餐主题宴会设计的教学内容。

4. 西餐主题宴会项目与职业资格证书及职业技能大赛标准融合

对接世界技能大赛,将"西式烹调师""西式面点师"和"咖啡师"等职业资格鉴定标准、世界技能大赛标准,嵌入以西餐主题宴会设计为核心的实践教学。借助以西餐主题宴会设计为核心教学任务的综合性实训平台,对原有的实践课程体系进行解构,构建了一个围绕西餐主题宴会设计的专业实践课程体系(见图1)。

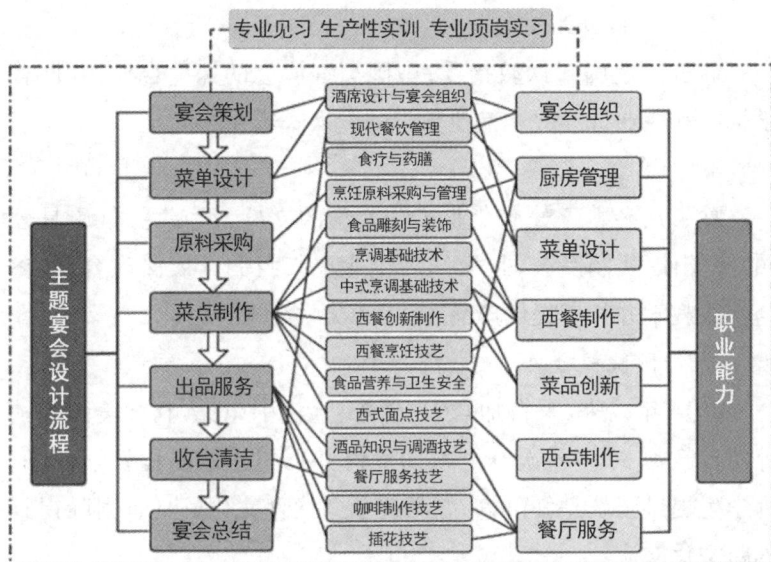

图 1　融合西餐主题宴会设计流程和岗位职业能力的专业实践课程体系

（三）构建了一个学校和行业协会、知名企业、国际院校四位一体的实践教学互融保障体系

1. 学校建设

实训基地支撑：首次在国内建设了校企共建的开放式模拟中西餐厅，开展师生共融式生产实训实践教学。

师资团队支撑：通过引培并举，打造了一支在国内具有引领行业和重要影响力的 100% 双师素质创新型教学团队；团队教师有世界技能大赛烹饪（西餐）技术指导专家和教练，有全国餐饮职业教育教学指导委员会委员，有中烹协世厨联青年委执行主席和副主席，有具有二十多年行业经验的西餐名厨等；除在中国烹饪协会担任重要职务外，专业教师还带领青年厨师积极参加国际餐饮文化交流和各项国际烹饪赛事。

2. 行业协会深度参与

通过与全国餐饮教指委、中国烹饪协会的深度合作，开展教学标准和职业标准对本专业教学的嵌入式研究。

3. 知名企业深度参与

除了众多酒店对本专业实践教学的支持，伊莱克斯（厨具公司）和安佳（奶制品公司）等知名企业也与我们开展深度合作，参与实践教学并长期提供产品、技术和奖学金支持。

4. 国际院校合作

2014 年以来，来自加拿大、爱尔兰、法国、意大利和美国等国外院校教师 60 多人次开展双向交流并承担专业课程教学任务，为学生提供了从烹饪语言、烹调技术到饮食文化的具有国际视野的跨文化交流。

基于上述保障条件建设，建立了一个校内外相互支撑融合的实践教学互融保障体系。

三、成果成效

（一）主要成果

1. 国内首创基于西餐主题宴会设计的综合生产性实训模式

在设计校内生产性实训时，首次引入了非经营性的仿真模拟实训，开展涵盖各种西餐主题宴会，包括：传统节日宴会（感恩节、圣诞节、新年宴会）、世界代表性风味宴会（法式、意式、西班牙式、美式、地中海等地方宴会）、功能型宴会（商务宴、国宴、自助餐会、冷餐会、烧烤餐会）等所有餐会形式的实景训练。西餐主题宴会根据岗位把学生分成四个小组（餐厅服务、前菜制作、主菜制作、甜品［面包］制作）进行岗位轮换训练，让学生掌握不同岗位的基本工作内容以及各岗位间的协调沟通。自助餐会、冷餐会、烧烤餐会等宴会需要学生共同完成菜单设计、原料采购、菜点制作、餐厅布置和宴会服务等学习任务,重点培养学生熟练掌握宴会策划、组织和实施等活动全过程。通过西餐主题宴会项目设计教学活动达到课程学习活动化、活动过程系统化、理论实践一体化、考核评价综合化等学习目标。

2. 基于新型职业岗位核心能力培养,构建了一个融合了产教赛研的实践教学平台

西餐职业岗位的核心能力是创新与融合,是对食材、烹饪设备和烹调技术的创造性运用能力,是能设计和制作出在高级餐厅出售的西餐宴会;这是世赛技能大赛烹饪(西餐)项目的技术评判标准;也是《西式烹调师》职业资格证书(三级及以上)考核重点。在教学平台上创造性设计了突出创新能力的"烹饪创新创意大赛""世界街边小吃大赛"和"西餐主题宴会毕业设计大赛"等系列校内赛事,通过创新实践培养学生的自主创新能力(如图2)。

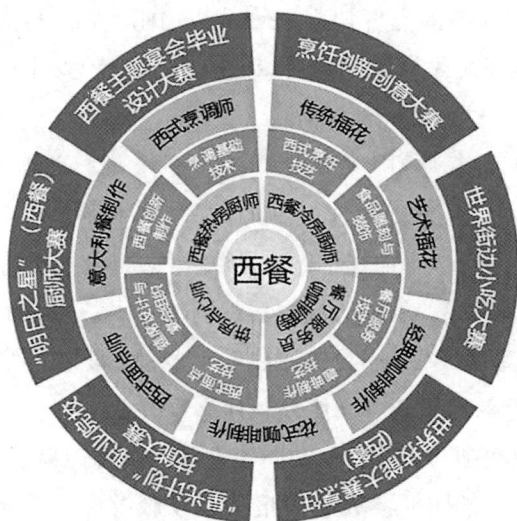

图 2　岗课赛证"浸润式"融合实践教学平台

（二）主要成效

1. 专业办学质量稳步提升，人才培养成效明显

此成果实施以来，西餐烹饪工艺专业基本保持95％以上的对口就业率和就业稳定性；200多名学生参加过北京奥运会、上海世博会、上海进博会和世界大学生冬运会等国家重大活动的西餐专业服务。西餐烹饪工艺专业学生在全国职业院校西餐烹饪技能竞赛中成绩始终位列前茅；2020年，学生王晨获得全国第一届职业技能大赛烹饪（西餐）项目银牌（第二名）；并有15名毕业生在全国职业院校担任专业教师。

2. 专业办学水平不断提升，专业全国示范效应凸显

该校西餐烹饪专业的人才培养模式引领了全国职业院校西餐职业教育的发展，在全国高职高专西餐工艺同类专业竞争力综合排名第一；2017年协助组建了"中国烹饪协会世厨联青年厨师委员会"，本专业专任教师分别担任执行主席和副主席等重要职务；2021年，与中国烹饪协会联合成立"国际烹饪与文化研修中心"，成为烹饪人才培养基地；带领全国院校编写《中国西餐烹饪教育发展调研报告》；2010年和2019年，两度承担了《西式烹调师》和《西式面点师》国家职业资格标准修（制）订与教材编写。2020年，该专业组织编写了《咖啡师国家基本职业培训包》（人社部）；2021年，该专业承担了《咖啡师》国家职业资格标准修（制）订。引进国外西餐教学活页教材，编制了《西餐热房厨师》等二十多本校本实训指导手册，并被国内二十多所高职院校使用。

3. 提升教学团队实践能力和行业影响力

此专业教师与行业专家共同建立了一支专兼结合、结构优良的双师素质教学团队。成功申报了国家旅游局的万名旅游英才计划"西餐工艺专业校内生产性实训课程设计与开发"（2015）；

"'西式烹饪技艺'数字化课程资源建设与平台开发"(2015);文化与旅游部的"双师型"师资人才培养项目之"'校企混搭,一课双师'——西餐生产性实践教学探索"(2019)等国家课题;市级精品课程"西式面点技艺"(2014);市级教学团队"携手世赛——以赛促教西餐工艺教学创新团队"(2020),"西餐工艺专业教学团队"(2012);上海市一流专业"西餐工艺专业"(2019—2021)等市级重点教学项目。2022年获得上海市优秀教学成果一等奖。

四、经验总结

对学生而言,产教赛研的每一个过程都需要苦练,扎实基本功,通过重重考核,不断求新与突破,才能脱颖而出。在"产教赛研"培养模式下,校内教师积极教育,学生经过积极努力获得行业大师的指点,烹饪技艺得到迅速提升。同时,人才培养以行业企业为主,表现突出的同学能够获得企业的奖学金认可,成为企业尖端人才。对学校而言,产教赛研融合的教学环节和实施过程有利于培养"双师型"教师队伍,强化教师的实践技艺,更新教学理念,紧跟行业前沿发展步伐,夯实教学本领。同时,这种模式能够将校企合作带入深层次,企业的人资和学校的师资互派、实训基地互建有利于双方各取所需,为人才培养助力。在行业协会的引领下,行业标准更加符合现实需求,烹饪教学向着标准化、规范化和体系化迈进,为学校专业的可持续发展提供动力。对行业发展而言,协会应积极派烹饪大师参与校内教育,建设校园产业,有利于行业理论体系的完善和更新。行业协会的社会影响力也在不断增强,通过师带徒式培养,烹饪行业人才推陈出新,保证烹饪行业不断创新发展。对企业而言,在基地建设、师资交流、订单培养等方面与学校通力合作,能够满足企业对烹饪人才的需求,不断更新企业烹饪新理论、新方法、新技艺,并实现企业人才储备。

"产教赛研"融合背景下,西餐烹饪工艺专业将烹饪产业发展、课堂教学、生产性实训、职业技能竞赛、菜品研发与创新进行融合,互相促进,形成系统全面的人才培养新模式,使人才与岗位顺利衔接。然而在"产教赛研"培养模式的实践过程中,学生仍需要苦练基本功;能够不断开拓对于行业新事务的认知;学校应不断更新教学理念,紧跟行业前沿发展步伐;行业企业应积极参与学校教育,推陈出新,合作发展。

五、推广应用

　　此成果得到全国同类院校、新闻媒体和旅游业界的广泛关注和认可,不断地被推广和应用。已被国内多家中高职烹饪院校借鉴学习;曾接待全国 60 多所烹饪专业院校来访观摩学习;并与中烹协联合创办了国内最顶级职业院校西餐专业赛事——HOTELEX"明日之星"(西餐)厨师大赛;该赛项至今已成功举办 6 届,获得各方认同,提升了专业影响力;2021 年与中国烹饪协会联合主办了"第一届中国西餐烹饪教育国际论坛",吸引了国内所有烹饪主流院校及机构等 100 多家单位参与,依托众多国际论坛对该成果进行发布和宣传推广;该成果在国内具有一定的影响力,已获得《中国旅游报》《新民晚报》等二十多家媒体多次报道。

李双琦(上海旅游高等专科学校)

中高职贯通教育影视动画专业产教融合校企合作的实践与探索

一、实施背景

随着中国影视工业与动漫产业近年来的蓬勃发展，影视动画产业也随之转型升级，人工智能改变了传统认知的影像体验，VR（虚拟现实）、AR（增强现实）、MR（混合现实）、影视实时合成以及全新的直播体验成为可能，为影视动画从创意到制作、发行，乃至 IP 全产业链孵化都带来更多的想象空间。伴随影视动画产业与新技术、新业态、新模式、新媒体有机融合发展，新时期产业升级带来的是相对应的就业领域的拓展、重构甚至是颠覆，人才培养比以往任何时候都更需要具有复合性、创新性、前瞻性的特点，学生需要具备创意创新的能力、整合公共知识的能力、跨领域合作的能力及应对外来变化的能力，人才培养规格随着社会发展和产业变革而升级。传统的学科（知识）型专业培养模式无法适应产业的发展。贯通教育具有长学制的优势，有利于培养更富有创新力、文化力、学习力的人才，但同时也提出了新的课题。如何构建新型的产教映射关系，建立校企合作机制，整合教学内容、改进教学方式、创新培养模式成为亟待攻克的课题。

二、主要做法

（一）贯通培养的育人模式：行业主导

该专业的人才培养过程中，坚持以行业为主导，做好教学资源的有效对接，推进影视动画产业与影视动画教育的有机融合。

1. 基于龙头企业协同，奠定贯通培养模式基础

该专业在建设初期即引入国家文化产业示范基地"今日动画"，探索产业主导的贯通培养模式。通过龙头企业，分层次引入难易度不同的代表行业发展方向的项目，进入贯通培养五个学年的教学中，配套产业导师协助教学，并把行业中国际领先的制作

图 1　依托"今日动画"教育项目，师生参与并署名的部分
各类知名动画片、动漫作品

标准对接到实际课程里,使教学内容、教学要求、考核标准及师资构成均具备产业特征,使产教融合建设渐渐走上正轨,企业与职业院校之间、产业导师与校园师生之间渐渐建立了信任,确立了互相之间的协同关系。

2. 依托产业合作集群,打造贯通培养模式框架

当专业逐步发展起来后,单一的龙头企业带来的产业资源就会逐渐显得单薄,"1＋N"产业集群合作模式很好地解决了这个问题。这里的"1"是指龙头企业,"N"指众多社会资源,包括今日动画的合作伙伴、下游企业以及其他优质企业。经过这样的叠加和集成,在很大程度上有效解决了产教融合的深化。由于龙头企业的引领作用,校企合作的传统难题比如资源整合、成果共享,乃至市场拓展、创业孵化等难题都先后找到了解决的路径和抓手。通过产业集群合作模式,专业师生参与完成了包括上海美术电影制片厂《阿凡提之奇缘历险》、院线动画电影《风语咒》及动画番剧《雪鹰领主》等多部具有社会影响力的动画片制作,参与包括《泡泡美人鱼》《中华小子》等20多本漫画书的授权创作,并参与到百变马丁动漫IP的衍生品开发工作中,渐渐构建出以行业为导向,较为完整、清晰的培养设计思路和教学体系。

3. 协同上海行业协会,确立贯通培养模式特色

随着产教融合的逐步深入,为满足人才培养的个性化特点、教师的成长需求,产业集群合作模式面临再次升级。2019年,该专业与上海动漫行业协会及长三角动漫行业协会联盟签署战略合作协议,全方位协同发展。依托行业协会,帮助专业察觉行业生存状态、存在问题和发展前景,合作企业的自主选择、跨界优化、有机集成,按照市场痛点和产业发展需求,布局和延展教学链,由此形成更为凸显的集群优势,精准完善专

业核心课程,逐步形成教学的"团体标准"。同时,积极对接行业协会的全国引领性劳动竞赛("动画师技能大赛""漫画师技能大赛"),引入对接产业标准的"动画师职业资格证"和"漫画师职业资格证",为开展业内认可度高的"1+X"双证融通模式奠定了坚实基础,全面赋能专业建设。此后一年间,该专业参与了更为优质、更能体现产业新工艺及最前沿技术的项目,包括《我和我的祖国》《银河补习班》《我和我的家乡》《1921》《长津湖》等院线电影的制作、参与演员孙俪主编的绘本系列、扶持和孵化了多个原创 IP,在更加广阔的领域走向市场。逐步形成了较为完整的、贴近时代和生产的教学标准,制定了以能力本位为特色的人才培养方案,建设和逐步完善具有鲜明特色的反映产业现状并代表未来方向的以"学习包"为主要内容的专业资源库。

图 2　依托产业合作集群,师生参与并署名的部分知名动画片、动漫作品

图3 依托协会沪产业合作集群，师生参与并署名的部分知名院线电影

（二）贯通培养的资源优化：统筹协调

随着近年来影视动画产业整体格局的巨大变化，从重制作到重创意，从动画加工到原创 IP 的集聚孵化商业运营，并伴随新的工艺及新的制作手段的出现，要求彻底改变学校教学与行业需求脱节的状态。该专业的人才培养模式、课程结构、课程改革及教学资源建设正是以此为内在逻辑进行创新与突破的。

1. 中高职五年人才培养方案的一体化设计

该专业在对课程进行一体化设计时，突出了真实项目任务驱动，重心下移，关口前置，设计与实施"2242"的教学进程，即以就业岗位能力为基准，把 5 年 10 个学期分为预备期（2 学期）、适应期(2学期)、胜任期(4学期)、提升期(2学期),高职、中职及企业三方教师和产业导师全程跟进。预备期的教学重点是基础能力模块的学习,为进入专业教学做好预备,由中职与高职教师联合授课;其后2个学期作为适应性过渡,按照学生自身特点对就业发展进行初步定位,主要由高职教师授课;在胜任期,学生进入与岗位适配的生产性实训工作室进行理实一体的项目训练,通过螺旋式上升的任务项目实战,达到专业培养目标和人才培养规格,期间,教师和企业项目负责人根据项目要求共同授课;最后的2个学期是提升期,通过进入合作企业顶岗,进行技能和职业素养的全方位提升。针对3大岗位群(三维动画、二维动画和漫画插画)11个学习领域,确定专业课程结构,设计教学模块,把真实项目融入36个教学模块中(见图4)。36个教学模块对应的222个能力单元是根据岗位能力的要求所要达到的技能点,它们精准地规定了教学的具体要求。每个教学模块都以工作任务为载体,针对未来从事岗位的核心能力,构建"螺旋式上升的项目训练体系";从入门项目到综合联动项目,按照"唤醒、明确、专注、投入"四个阶梯设计教学过程,面向产业和市场,在完成人才培养的同

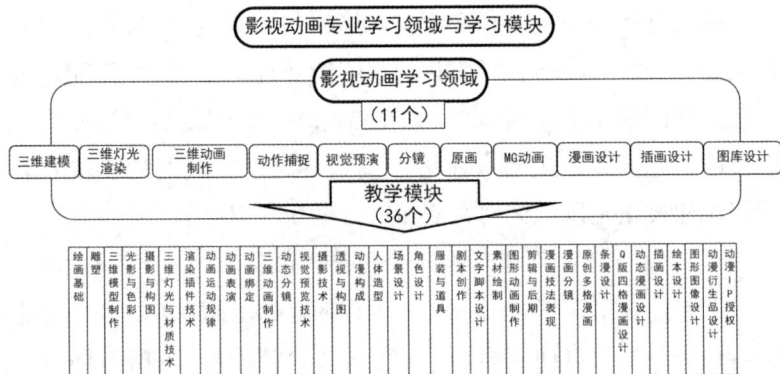

图 4 贯通培养影视动画专业学习领域与学习模块

时,形成完整的素材库建设。通过课程一体化设计和实施,达到行业入职1—2年的专业技能标准。

2. 产业资源对接教学资源的一体化设计

该专业根据人才培养要求把产业资源分层次对接到5个学年的教学中去,把项目资源转换成难度不等的30个项目训练"学习包"。所有"学习包"的内容皆为教师在生产性实训工作室与企业一起合作完成的实战任务,对标不同工作领域的能力要求,遴选具有代表性的项目,以适岗能力为最终目标进行"学习包"设计。"学习包"分为4级难度,贯穿在5年10个学期的人才培养过程中。为实现资源的有效对接,该专业持续加强生产性工作室集群的建设,所有的工作室均具有行业企业背景,所有的工作室均承担社会服务的真实项目,所有的工作室均为学生提供完整的实践训练及奖学金,以产品质量和成本效益为测量学业水平的主要依据。

（三）贯通培养的评价标准：能力本位

该专业建设的基本思路是贯彻能力本位教育,其做法是:从职业岗位的需要出发,确定能力目标;按照岗位群的需要,层层分解,确定从事行业所应具备的能力,明确培养目标;以这些能力为目标,设置课程、组织教学内容;最后,考核是否达到这些能力要求。

1. 课程设置对接产业链的工作环节

改革和重组后的专业课程体系以岗位能力为导向进行课程组合,每一组课程对接一个工作领域,由若干个工作任务组成,每个工作任务包括相应的能力要素,要求教师以行为导向的方式进行授课,使学生基本具备独立计划、实施和检测的能力。为此,该专业全面整合建立了新的课程体系，既能体现工作流程，又能实现知识的综合应用学习，强调学生职业能力培养，努力使教学目标的实现达到最优化。

2. 课程内容对接职业岗位标准

该专业基于校企合作完成了面向影视动画产业相关岗位的能力分析，按照专业知识、技能、能力、素质等要求设计教学内容，选择适合能力训练的真实工作项目作为教学载体和教学案例，形成并开始执行能力本位、行动导向的任务驱动式人才培养模式。

3. 教学评价凸显产业需求

该专业把产业导师充实到师资队伍中，通过成立专业理事会、行业顾问团队等措施，凝聚产业精英导师力量。引入产业骨干和典型企业的第三方评价系统，合理设计教学评价方案。通过项目训练、课程与教材的合作共建、"1＋X"书证融通及各类相关赛事等途径，融入行业标准，转变学科本位思维，努力使人才培养工作贴近产业需求。

三、成果成效

历经 6 年探索与实践，该专业逐步形成了较为完整的贴近时代和生产的教学标准，制定了以能力本位为特色的人才培养方案，建设和逐步完善了具有鲜明特色的反映产业现状并代表未来方向的以"学习包"为主要内容的专业资源库，推进了影视动画产业与影视动画教育的有机融合。近三届的毕业生除部分升学外，全部进入影视、动漫、新媒体、游戏公司和美育教育机构，包括：三维建模师（10.7％）、灯光渲染师（2.3％）、三维动画师（15％）、动捕师（6％）、分镜师（1.2％）、剪辑师（12％）、MG 动画师（6％）、漫画师（20.3％）、插画师（23％）、图库设计师（3.5％）。平均起薪为 6 500 元/月。贯通教育培养受到政府教育主管部门、行业、企业、学生与家长的认可和欢迎。

贯通影视动画专业分别于 2018 年、2021 年被列入上海市"高水平贯通专业建设项目""中高职贯通教育专业标准建设项目"。

四、经验总结

（一）建设产业认可的"团体教学标准"

该专业从与龙头企业合作成立"校中企"开始，到构建企业合作集群，再到参与上海动漫行业各项工作，成立"上海市动漫行业协会动漫教育专业委员会"，获得了越来越多的行业企业信息，开发并不断完善上海动漫行业协会的"团体教学标准"，使得人才培养始终贴近时代、贴近上海文化事业发展、贴近企业一线工作，获得行业的认可。

（二）形成长久共生的"校企耦合关系"

该专业通过构建以上海动漫行业协会为主导的企业集群，承接完成数十项大中型动漫设计与制作任务，企业为专业提供了包括项目、师资、标准在内的多样化的行业资源，校企双方互惠互利、互帮互助，师生因企业提供的帮助而成长，企业因与学校的合作而获得经济效益和品牌效益，从而形成可持续的"校企耦合关系"。

（三）构建"面向企业真实生产环境的任务式教学模式"

该专业历经六年，形成了两个集群，即"企业集群"和"工作室集群"，两个集群相辅相成。"企业集群"为专业提供来自产业的"营养"，"工作室集群"为企业提供技术服务的"平台"。学生基于两个集群，参与了《我和我的祖国》《我和我的家乡》《哪吒之魔童降世》《新百变马丁》等影视动漫制作,该专业基于两个集群构建起"面向企业真实生产环境的任务式培养模式"。

五、推广应用

"行会引领、校企耦合、双向赋能"的产教融合育人模式适用于三年制高职、三年制中职、五年中高职贯通、五年一贯制高职、五年制高本贯通、应用型本科数字媒体艺术类专业,可广泛应用于专业群建设、专业内涵建设、实训工作室建设等场景。本案例理论联系实践,建设过程中需注意递进式地产教一体化建设路径,从龙头企业的合作到优质企业群的合作再到行业协会的共建,循序渐进,相互赋能。

黄玉璟(中华职业学校)

包文君(上海电影艺术职业学院)

基于中国国情的跨企业培训中心的建立和实践探索

一、实施背景

（一）技能型人才严重短缺

上海乃至长三角地区是生物医药产业高度聚集的地区，辖区内科研院所、著名高校、医院和园区及生物医药企业云集，但是作为技能型人才主要供给方的职业院校不多，导致该类人才供应严重不足，需要和域内外乃至全国的院校合作，才能满足区域内企业的用人需求。

（二）职业院校的发展滞后于产业经济

国内广大职业院校的发展长期滞后于产业经济，课程内容不能紧跟产业发展，学校教学设施设备不全，同时缺乏既懂理论教学又懂产业技术的双师型师资，学校需要和企业合作来解决这些问题，但学校一方面缺乏广泛的企业资源，另一方面也缺乏和企业长期有效合作的经验和机制。

（三）国内中小微企业的地位举足轻重

在中国，中小微企业占比超过 90%，是促进就业、改善民生、

中国中小微企业地位举足轻重

>60%	79.4%	95.6%	>50%
GDP占比	就业贡献	市场占比	纳税占比

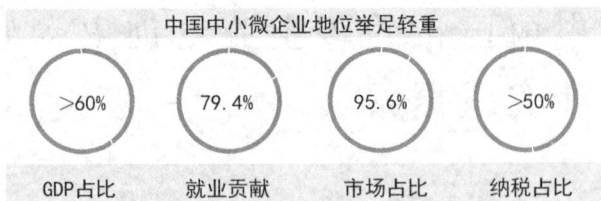

图1　中国中小微企业占比数据

稳定社会、发展经济、推动创新的基础力量,是构成市场经济主体中数量最大、最具活力的企业群体,中小微企业的良性发展,事关重大。而广大小微企业由于资金有限,人事力量配备不足,在招人育人方面困难更大,需要大力支持和协助。

（四）跨企业培训中心是实现校企合作协同育人的长效机制

跨企业培训中心作为企业之间共同的培训和人事部门,尤其适合于广大中小微企业。中心利用企业的技术和硬件资源,开展和实施各种岗位技能培训,有效分担企业人事和培训部门的职能,并和上游高校广泛合作作为共同的联合实训基地完成学校的技能教学任务,同时引流学生到企业实习和就业,解决企业招人难题。

在医药产业发达地区,如在华东的长三角、华南的粤港澳大湾区、华北的京津冀环渤海湾等医药产业聚集区,特别是区域内有代表性的重要产业园区内建立跨企业培训中心和联合实训基地,有效组织企业资源广泛辐射周边和更广大院校,可以尝试作为一种校企深度合作协同育人的长效机制解决企业招人难题。

二、主要做法

（一）校企合作模式

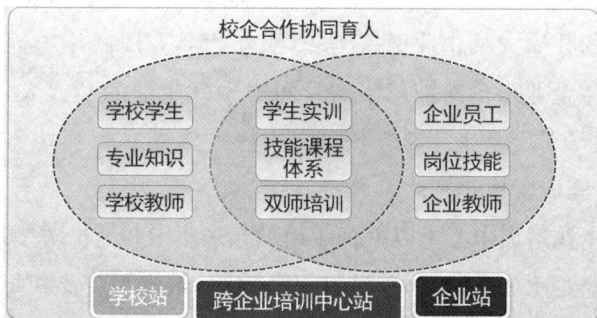

图 2　跨企业培训中心模式示意图

1. 跨企业培训中心是中心枢纽

跨企业培训中心作为链接学校和企业的枢纽，把下游企业广泛组织起来作为企业集约共享的培训中心，同时作为上游各个高校的联合实训基地，集中和学校对接，这是一种经济高效的组织模式，可以最大化地利用设备、师资等资源，实现高效运转。

2. 校企直接合作的问题：

单独的一家企业和多所学校直接合作，如果要运转维护好，工作量都不小：（1）和每家学校保持联系互动，定期拜访；（2）在毕业季去每家学校上门招聘；（3）应每家学校邀请，派遣企业人事和技术人员上门宣讲。

每家学校的供应生源有限，企业需要和上游更多的高校合作才能满足用人需求，但学校一多，工作量就变大，需要增加人手乃至成立专门的部门，而且学校大多分布在外地，上门校招和宣讲，对于大型企业还可以承受，而对于中小微企业就要考虑费用和成本的问题,无论是企业的技术还是人事精力都是有限的,即使是大型企业的人事部门,其人员配备也是有限的。

单独的一家学校和企业的合作也是如此。学校和院系的人力配备有限,学校很难做到和每家企业的密切沟通和互动,只能和有限的几家大型企业保持沟通,而作为具有广阔用人需求的广大中小微企业很多是被忽略的。而中小微企业的基数大,成长性好,无论是对于学生还是学校都具有极大的潜力。

3. 校企合作的有效模式

跨企业培训中心可以把企业组织起来集中和高校对接,这样无论对于企业还是高校,都是最方便高效的,学校不需要和每家企业去对接建立实训基地,只要和跨企业培训中心一家去对接即可,反之也一样,企业无需和每家高校建立联系,这种模式尤其适合于中小企业,让广大中小微企业参与校企合作协同育人成为可能。

(二)具体实施

1. 跨企业培训中心的选址和建立

实训基地和跨企业培训中心选在企业聚集的园区,充分利用园区的硬件设备和企业资源,同时便于集中组织和就近管理。

2016 年 7 月,上海嘉定工业区和 Bio-Cube 育成生物园以及园区内企业上海楚豫生物科技有限公司,联合沪上的东华大学、上海师范大学、上海大学、上海农林职业技术学院及周边的苏州健雄职业技术学院,联合成立育成生物人教育培训基地,利用园区内的企业资源和硬件平台和高校深度合作,承接学校的技能实训、实习就业、教师培训、大学生技能竞赛和创业创新等活动,其中重点是联合广大下游企业在实训基地成立集约化的跨企业培训中心,开设一系列紧密围绕岗位技能的课程体系帮助学校解决技能课程实施的难题,并有效引流本地和域外高校学生到园区及周边企业实习和就业解决企业招人难题。

2. 从产业端出发,根据岗位需求提炼技能,设定课程

基地的技能课程体系的建立要紧密围绕岗位技能,通过市场调查,找到产业热点和集中需求的岗位,并把岗位需求的技能提炼出来设立课程体系。课程体系的建立包括培训内容的制定、教材的编写、标准的制定和技能考核评价等级的确立等诸多内容,而企业的技术骨干是对岗位技能最熟悉的,要充分依托企业的技术力量来实施和完成。技术内容的制定以企业为主,而教材编写的格式框架、教学方法等学校最熟悉,可以组织校企联合一起完成。

3. 立足产业需求,寻求专业发展的解决方案

调查分析:在职业院校的各个专业中,医学生物技术专业是一个很早设立的专业,主要面向医院就业,学生分配在检验、病理、影像和中心实验室等科室,学生的就业面窄,而且和检验专业又有重合和竞争。近年来,医院的进人门槛越来越高,很多医院是非博士不招,导致该专业学生就业不足进而影响学校招生,专业发展呈萎缩态势。

解决思路:经过实际调查分析,发现该专业学科内容和当下的临床前医学研究、科研外包服务、精准医疗等热点领域吻合度比较高,只要配备和补充相应的课程,就可以满足这些领域的岗位用人需求。可以利用中心的技术师资条件,通过综合实训的模式,开设这些技能课程,从而将该专业的主要就业面向从医院扩展到广大医药企业,有力促进就业。

实践探索:中心和江西医学高等专科学校、苏州健雄职业技术学院、辽宁医药职业学院、萍乡卫生职业学院等若干具有医学生物技术专业的学校试点合作,学生在下企业实习前,先经过中心为期一个月的"综合实训",给予岗位普遍需求的核酸技术、细

胞技术、蛋白免疫和实验动物技术的系统强化训练,再双选分流到下游企业。中心的工作有效减轻了企业的招人和培训负担,丰富和弥补了学校的教学体系,并实现了充分就业,学校的学生出现供不应求的局面,有力带动了专业发展。

总结归纳:学校和中心的合作,弥补了学校技能课程体系的不足,迅速扩大就业,有效带动了医学生物技术专业的发展,专业从就业不足到生源供不应求,进而寻求扩大招生,取得了良好效果。这种岗位—课程体系—专业的匹配模式可以进一步拓展到药品生物技术专业、实验动物专业等职业院校专业体系。跨企业培训中心有效聚集和整合产业端的力量有效加强了学校的就业和教学,中心目前正在和上海农林职业技术学校、苏州健雄职业技术学校、上海城建学院等诸多院校展开多专业的深入合作,进一步丰富和完善合作流程和运作模式。

4. 综合实训等技能课程体系的实施和执行

制定好教学课程体系后就可以来组织实施。首先把企业的用人需求集中起来,根据岗位需求设定好技能课程体系,然后面向上游各个学校来宣传组织实施,以综合实训为例,流程如下:

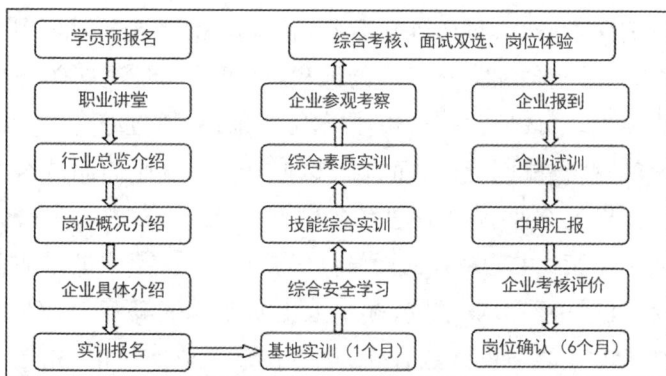

图 3 综合实训流程示意图

问题：综合实训是学校固有的一个课程，在学生进入下游企业实习前实施，但是由于缺乏设备、技能师资等条件，各个院校不能很好地落实，很多学生是在不了解行业、企业的情况下，直接进入下游企业实习和就业的，具有很大的盲目性。

解决：基地根据这种情况，首先承接学校的综合实训课程，学生先在基地经过一个月的系统训练后再经过双选及一整套流程进入下游企业，在此过程中，学生可以逐步学习技术、了解行业和企业，以及了解自身的兴趣，找到自己适合的岗位，避免盲目择业。

另外基地和跨企业培训中心的实训环境完全模拟企业实战岗位，让学生有一个逐步适应的过程。实训期间除了系统的技能训练，还安排有一系列的企业介绍、企业技术课程讲解及企业的实地参观考察等，让学生对企业有详细的了解后再审慎做出自己的选择。

考核：实训最后还安排有系统的考核和评价，包括理论知识、实验技能、书面汇报、口头表达、纪律考勤等各个方面，一方面让学生了解学习的效果，找到自身不足以及时弥补和调整，另一方面考核相关信息也供企业参考，让企业在选人用人时有良好的依据，提高选人的成功率。

证书：考核和评价会和技能等级证书挂钩，对于培训合格的学员颁发技能等级证书，同时为了提高证书的有效性和公信力，我们和上海市遗传学会合作，成功申请上海市科协的"基础生物技能培训和技能等级考核评价"的项目，已经连续做了两年（2020年和2021年），并和上海市生物医药协会合作着手申请上海市人社的相应岗位技能标准，为将来申请教育部的"1＋X"标准做准备。

拓展：综合实训是一个普适性的技能课程，对应于"医学生物领域的实验员"这个较为广泛的岗位,课程体系还可以进一步细分,如"核酸技术"对应于"核酸技术岗位","实验动物技术"对应于"实验动物岗位","细胞技术"对应于"细胞技术岗位",让学习更具有针对性,并且和相应的技能证书和学分对应,在"跨企业培训中心"这个校企合作平台上广泛实施。

5. 双师培训

通过师资培训和教师科研等活动,提高教师的教学积极性,提升教学质量。

(1) 开设面向产业技术的培训课程促进校企交流

在中心利用企业的技术力量积极开展面向产业的技术培训、技术交流等学习活动,促进企业之间、企业和高校之间的技术深入交流。教师在学校里缺少和企业接触的机会,通过中心举办的系列技术交流研讨会,可以深入学习和了解产业技术,丰富自己的教学内容。

(2) 定期开展按产业技术分门别类的研讨学习班

中心开设了 PCR 和二代测序、定量 PCR 和数字 PCR、胶体金侧向层析、微流控以及分子综合、细胞综合、病毒包装、westernblot 等系列基础生物技能培训,这些技术技能对应于时下用人需求巨大的产业领域和方向,如 CRO 研发外包、科研服务、体外诊断、精准医疗、细胞工程、生物制药等,而且每个课程内容长期开展,方便企业员工和学校教师的技术交流和学习。

(3) 借助学会、行业协会以及大企业的力量来共同组织有效推进

2020 年 8 月,针对国家新颁的"核酸检测员"这个岗位,中心和上海市遗传学会联合举办"定量 PCR 和高通量测序技术暨核酸检测员研讨学习班",邀请了 Illumina、安捷伦、天根生物等行业龙头企业的技术专家讲课,充分发挥了头部企业和学会的影

响力,全国有十几家职业院校的教师参与,深入学习了高通量测序和定量 PCR 这一重要的产业技术,为在职业院校设定"核酸检测员"的课程体系和培训评价标准奠定了良好的基础。

(4) 服务产业

中心还针对定量 PCR/数字 PCR、胶体金侧向层析等热点技术,组织企业一线的技术专家线下实操授课,讲解产业工艺和技术细节,学员报名踊跃,课程滚动播出,学员基本都来自企业和高校,通过这种模式和机制把企业的技术力量有效组织起来,集中和职业院校对接,有力促进了校企合作和产学研融合,提升了教师的技能教学水平。

(5) 教师科研

教师除了日常的教学工作,还可以适当参加中心举办的教学科研活动,围绕教学相关的产业技术,做一些研发和创新,不仅可以有效提升教师的教学积极性,提升教师的教研水平,还可以组织学生有效参与,激发学生的学习兴趣,在这个过程中,中心利用企业的技术资源优势给予大力协助。

中心和苏州健雄职业技术学院组织的学生冬令营活动,针对"实验室液氮罐需要时时关注管理麻烦"的问题,组织有关教师和学生进行思考研讨,提出了"液氮罐自动称量和报警"的解决思路,不仅申请了专利还研发出了样机,参加江苏省的大学生创业创新竞赛还获得了优胜奖,重要的是学生在积极参与的过程中获得了良好的锻炼,极大地激发了学习兴趣。

(6) 跨企业培训中心/联合实训基地的运转

如何保证跨企业培训中心的有效运转也是一个重要问题,大型企业,一般都会自己建培训中心,成为企业的一个职能部门,有固定的经费支持。跨企业培训中心采取集约和共享的模式,由参与的每一家企业共筹共建共享。

中心的主要活动是为企业招人和育人,同时也分担学校的技能教学任务,所以经费主要由企业承担,学校支付一部分,同时基地为当地医药产业引流人才,促进产业生态的建设,政府给予一定的经费支持,保证基地的有效运转。来基地受训的学生,也是企业未来的员工,相当于基地接受企业的委托,对入职人员进行集中培训,费用主要由企业支付,至于高校会根据自身情况酌情投入。此外人才项目是地方政府普遍支持的,让政府来参与,并获得政府的项目支持也是基地运转经费的一个重要来源。

三、成果成效

跨企业培训中心的设立,有效解决了以下几个方面的问题。

（一）中心的硬件、技能师资和课程体系,有效解决了职业院校技能课程实施的难题

1. 设备和设施

在学校里设备和设施都是不足的,在中心和基地有完备的实验设备,包括实验公共平台的、基地专有的,还有分散在各个企业的设施和设备,如高通量测序平台、代谢组学平台、分子平台、细胞房、SPF实验动物房等,这些设施和设备少则十几万元,多则几十万元乃至上百万元,其关联的技术,都是医药研发重要的岗位技术,要开展这方面的技术学习离不开这些设施和设备,通过跨企业培训中心和联合实训基地集中配备和运转维护,可以为每家学校节约这个经费。

2. 技术师资

中心广大的企业资源,有丰富的岗位技术专家,把这些技术

力量有效组织起来,建立"师资群"和"专家库",加上基地的固有师资,形成完备的师资体系,有效解决了职业院校技术师资不足的短板。

3. 技能课程体系

基地自有课程体系的基础上,再结合企业选送的课程,形成了丰富的课程体系,这些课程紧密围绕岗位技能开发,匹配学校的专业建设,由基地和企业的技术专家担纲,即学即用,不仅解决了学非所用的问题,而且课程体系还可以紧跟产业发展不断地丰富完善,不断开发出新的课程。

4. 人才的组织、课程的实施和运营

中心通过用人把各个企业组织起来,围绕产业技术和岗位技能,聘请企业的技术专家,采取市场模式定期开展技术交流和培训,促进企业之间、校企之间的技术交流和学习,这种方式对企业和技术人员都有很大的帮助,企业参与意愿强能有效地把企业的技术人员组织管理起来。

(二)跨企业培训中心的设立解决了广大中小微企业的招人育人的难题

跨企业中心分担企业招人育人的职能,增强了企业的人事力量。通过综合实训等课程体系的实施,有效引流学生到企业实习和就业,解决了企业招人的难题。

(三)跨企业中心和联合实训基地模式有效实现了校企联合协同育人

通过跨企业培训中心/联合实训基地这个枢纽,把高校和企业有机连接起来,形成一个紧密共同体,实施技能培训、双师培养以及教师科研、学生的创业创新、技能大赛等多种形式的教学活动，有效实现校企深度合作协同育人，并形成一种长效机制。

四、经验总结

校企合作的关键是把企业调动组织起来，让企业的技术力量参与学生教学、师资培训、教材编写和技能的考核评价，而且要形成一种长期有效的机制。

（一）实训基地和跨企业培训中心是一种很好的形式

1. 跨企业培训中心选在有代表性的企业聚集的园区，可以充分利用园区的公共平台和企业的设备和技术资源，同时便于就近组织管理。

2. 通过招人育人把企业有效组织起来，尤其是广大中小微企业，要充分借助企业的设施设备和技术力量，采取共筹共建和共享的原则办好跨企业培训中心。

3. 跨企业培训中心可以和企业开展各种技术培训和交流活动。在跨企业培训中心聘用企业的技术骨干开课授课，开展针对学生的技能培训、教师的师资培训、行业的技术交流等活动，把企业的技术力量组织起来。

4. 构建由企业、高校、研究所和医院的技术专家和教师组成的多元化师资库。

5. 通过实习就业、师资培训、教材编写、技能证书颁发等活动把上游高校联合起来。

6. 从产业出发，针对岗位需求给出整个专业的发展方案，联合各个学校来落实。

（二）中心与企业，特别是与高校的合作，还需进一步深化和加强

1. 围绕产业热点和企业合作开发出更多的岗位技能课程。

2. 组织企业的技术力量编写岗位培训教材、制定行业标准。

3. 加大与政府、医药协会、学会、园区等机构的合作，联合构建医药发展的地区产业生态。

4. 就岗位技能课程申请地方政府人社部颁发的技能证书和教育部的"1＋X"证书，增强跨企业培训中心的公信力和吸引力。

5. 和高校采取更广泛和深入的合作，把综合实训课程拓展到多个技能课程体系，并和"学分银行"和"1＋X"证书偶联。

6. 举办大学生创业创新和职业技能大赛，提高学生的学习积极性。

7. 举办教师培训和教师科研等活动，提高教师的教学积极性。

五、推广应用

（一）借助政府的力量

跨企业培训中心和联合实训基地的建设，可以把广大中小微企业有效组织起来，集中解决企业招人、学校教学建设、园区产业孵化等重要问题，中心的建设有利于地区产业生态的构建和产业内部优化，本质上是技术、设备、人力资源在更大尺度范围上的一种优化配置，是政府宏观调控的内容，可以和地方政府合作大力推广。特别是和域内外高校合作时，要充分依靠政府的力量。

（二）构建产教融合的大生态

职业教育，不单单是教育的问题，也是产业的问题，要有效利

用产业端的力量来办学，让企业积极参与进来，而如何将企业资源有效组织，合理利用，靠一家学校和企业是很难办好的，现代生物医药已经进入一个大生产、大协作时代，成熟和发达的市场体系已经将各个地区、城市和各个企业连成了一个整体，而办好职业教育同样需要这样，将职业教育纳入产业发展的通盘考量中，需要建立一个共同体和大生态，来集中技术、师资、设备、资金等各种资源和力量，打破区域限制，进行统一调配、优化组合，将政府和园区、学会和协会、企业、高校、医院等生物医药各方力量集中起来促进彼此的深入交流和合作，一起建设现代职业教育体系，培养适用于现代医药产业的合格人才，跨企业培训中心和联合实训基地的建立是朝着企业联合、校企联合、校校联合、各方融合发展方向做出的一种重要实践和探索，需要联合政府、教委和域内外高校企业一起研讨、论证和实施。

邢志刚（上海楚豫生物科技有限公司）

校企互融多元育人：上海建设管理职业技术学院园林专业群产教融合实践

一、实施背景

为切实解决园林专业群人才培养与企业需求不匹配的问题，实现人才培养精准对接园林企业需求，系统发挥实训基地功能，由园林技术、园林绿化、园林绿化（商业花艺设计与营销）、园林技术（中高贯通）、风景园林（中本贯通）5个专业组建的园林专业群，以"知行合一、岗课赛证"为主线，构建园林专业群产教融合实训基地，将教学要素通过生产项目融为一体，形成园林专业群学校、行业、企业多元化产教融合运行模式。

二、主要做法

（一）形成"实施＋功能"二位一体的产教融合共同体模式

围绕园林专业群"培养什么样的园林人""谁来培养园林人""如何培养园林人"的关键问题，探索园林专业群"技能促进中心＋实训中心＋职教集团＋行业协会"四合一的实施共同体，"产、学、训、创"四合一的功能共同体，虚实结合、升级赋能，深化校企合作,强化专业人才培养结构与园林产业对接,建立园林特色产业人才培养实训基地,加强产学研建设,形成教育链、创新链和产业链贯通融合的人才培养模式。

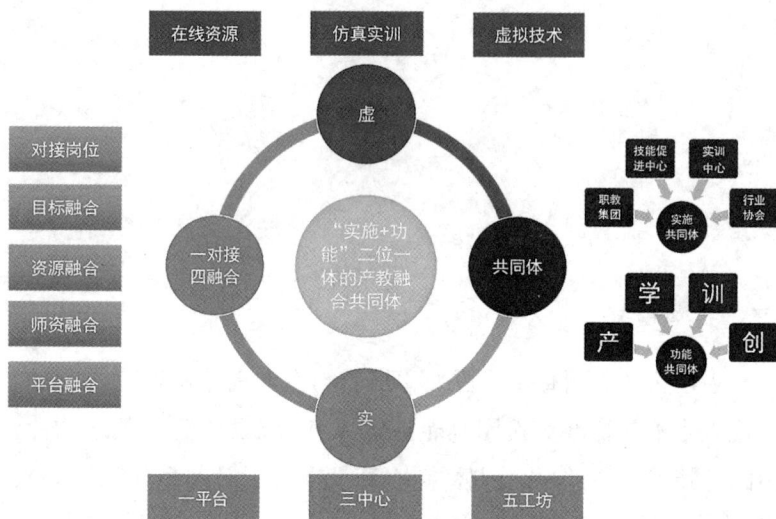

图1 "实施＋功能"二位一体的产教融合共同体模式

（二）具体做法

1. 建设"一平台、三中心、五工坊"产教融合实训基地

坚持立德树人,以服务上海园林产业发展新业态为专业群定位。通过问知问技行业企业,明确岗位人才需求,梳理岗位技能,对接岗位标准与专业标准,实施由学校与上海园林集团等多家企业参与的共建共管模式,建成"一个平台",即产教融合发展平台;"三个中心",即都市园林开放中心、园林园艺创业中心、花艺创新中心;"五个工坊",即上房园艺苗木生产工坊、山水青园林设计工坊、上海园林施工工坊、普陀园开养护工坊、静安园林花艺工坊。

通过实岗实训,改变了知识、技能人才培养"两张皮"的顽疾,厘清人才培养定位。打造了集人才培养、社会服务、职工培训等多功能于一体的综合性产教融合实训基地。从底层逻辑上解决"培养什么人"的问题。

2. 实施"一对接四融合"运行机制

对接产业岗位需求,实施"一对接四融合"实训基地运行机制,校企双方制定共同遵守的合作规程,实现目标融合;学院投入场地、固定资产以及师资力量,企业投入人力、资金和实训设备,共同建设实训基地,实现资源融合;校企共建结构化创新教学团队,发挥校企双方特点与优势,实现师资融合;实施一体化实训基地规划建设,推进生产性实习实训,实现平台融合。

3. 构建"知行合一"的技能人才培养模式

(1) 扩容与提质相结合,完善培养方案

对接产业链及需求。学院根据园林行业产业链及岗位人才需求,反向设计,正向实施,共同制定园林专业群人才培养方案,并规定校企共同育人责任,明确企业承担 30% 的专业核心课程及专业实践。

课程思政融入育人全过程。紧紧围绕"为党育人、为国育才"目标,把习近平生态文明建设思想融入教育全过程,把课程思政融入育人全过程。一是专业课教学融入生态文明思想,做好专业技能学习。二是学校配备党员班主任,完成对学生思想政治教育和专业思想教育工作,企业配备职业生涯导师,辅助完成学生的职业生涯规划工作。

"五融合"的课程特色和实训特色。一是教研融合,立足于职业素养要求,以市场需求为导向,深化课改、强化技能;二是课创融合,注重学生"双创"(创新、创业)意识培养,采取多层次、多维度、多专业联合培养方法,积极开展创新设计活动;三是课赛融合,积极鼓励学生参加各级各类专业技能竞赛,形成以赛促学的良好氛围;四是"两堂"融合,启动"两个课堂"融会贯通系列活动,推陈出新把工匠精神植入第二课堂;五是虚实融合,在企业实训基地基础上开发基于虚实结合的数字实训平台,解决实训的痛点与难题。

（2）校企资源相结合,提速专业发展

建立校企联盟。依托上海市园林绿化行业协会、上海插花花艺协会、上海现代农业职教集团,与上海市园林工程有限公司、上海上房园艺有限公司等企业组成联盟,共同解决实操实训和就业等难题。

建立企业导师库。按照"四有"好教师标准,从校企合作企业中选拔劳模、工匠、专家学者等入选专业导师库,实施"师带徒",落实人才培养方案中企业承担 30% 的专业核心课程、认知实习、顶岗实习、跟岗实习等。

基于校企双元师资,实行双导师制。具体而言,每个参与项目的学生都将配备一名来自学校的专业教师和一名来自企业的资深从业人员作为联合指导老师。教师主要负责传授理论知识,培养学生的基础研究能力和创新思维;企业导师则侧重于实践教学,指导学生了解行业动态,掌握实际操作技能,提升职业素养。通过这种双导师制,不仅能够确保学生获得全面的知识体系和实践经验,还能有效促进理论与实践的深度融合,提高人才培养的质量和针对性。同时,这也为教师提供了了解产业前沿的机会,为企业导师创造了反哺教育的平台,实现了教育资源与行业资源的优势互补,共同推动相关领域人才的高质量发展。

（3）校企管理相结合,提高培养质量

校企双方按照人才培养方案、课程教学、考核评价实施严格教学管理,积极参加教育活动,共同制定教学及学生管理规章制度,严格按照培养方案执行。

（4）党员教师相结合,优化育人模式

开展混合式研习群。培养过程中实行混合式师生对接。"线上"：建立"1+1+10"研习群(1 名党员教师、1 名企业导师、10 名学生)。"线下"：双师课堂模块化教学,教学名师讲理论,企业工匠带实训,行业大咖做讲座。

进行"课堂革命"。创新教育形式、丰富学习载体、打造多维课堂等方式,将立德树人、党史学习、花艺党课、园林教育实践相融合。

4. 实践"共享共赢"的社会服务模式

依据园林企业需求,开展科技研发、技术服务,解决园林企业难题,并反哺教学,迭代工坊项目,教学内容随园林行业发展同频更新;参加政府、行业组织的教学标准、行业标准开发;教学中融入创新创业教育,依托实训基地,强化技术创新等,开展创新创业项目孵化;为兄弟院校与行业企业开展各类培训,举办园林绿化工、插花花艺师、绿化施工现场管理人员等专项培训,提升从业者综合素质,助推园林行业高质量发展。

三、成果成效

（一）人才培养成效显著

近年来,学生参加市级及以上技能大赛获奖 109 项,获奖率提升 200%,由市星光大赛获奖提升到世界技能大赛冠军;2018届潘沈涵、2019 届陆亦炜先后夺得第 44、45 届世界技能大赛冠军;2017 届蒋孟良等多人获得"全国技术能手"称号;2022 届柴天乐学生团队、2024 届顾倬宇学生团队先后获得上海市双创大赛金奖;上海教育电视台等媒体对 2015 届杨思琪、2021 届陆闪等优秀毕业生进行了专题报道;毕业生专业对口率净增 48.1%,就业率常年保持在 100%。

图 2　部分人才培养成效展示

（二）教科研水平显著提升

2 个国家级世赛项目（花艺、园艺）集训基地;1 个国家级技能大师工作室;1 个市级技能大师工作室;1 个市级首席技师工作室;1 个市级综合实训中心;1 个市级双师培训基地;1 个市级课程思政教学团队;1 个市级教学创新团队。立项市级及以上课题 53 项、横向课题 15 项,市级在线开放课程 2 门;市级精品课程 2 门;市级网络课程 3 门;主编参编职业教育国家规划教材 11 部,主编市级规划教材 2 部;获 2022 年全国职业教育教学成果二等奖 1 项;市级教学成果奖一等奖 1 项、二等奖 3 项。

图3 部分平台成果

（三）行业企业高度认可

参与主持市级专业教学标准开发 2 个,市级行业标准和规范 1 项,牵头成立上海现代农业职教集团园林专业委员会;8 名教师入选上海市园林绿化行业协会专家库;2 名教师被聘为全国职业

图4 行业企业高度认可

院校技能大赛专家组专家；2 名教师被聘为国家林草局专家库专家；4 名教师被聘为园林企业专家顾问；1 名教师当选全国林草专指委委员。开展社会培训 1 万余人次，解决企业技术难题 82 项，助力上海园林集团、上海插花花艺学校等龙头企业高技能人才培养基地构建。

四、经验总结

本案例将行业、企业、院校等多元主体更紧密地结合在一起，构成多元主体共享共赢的生态链，形成企校协同合作的新模式。在校企联盟、资源共享基础上使产教融合更扎实。多措并举，通过岗课证赛融通使产教融合更灵活。因材施策，针对学生特点及个人期望，开展专业培养改革，既考虑校企合作就业亦考虑学生升学所需，让产教融合更落地。下一步，继续积极与行业企业紧密合作，与兄弟院校良性互动，以点带面，通过行业内实训资源共建共享，实现资源配置利用的效益最大化。

五、推广应用

本案例让产教融合由校企单向自发变为双向自觉，对产教融合从单边到多边共建、共享、共赢做出指引，适用于中高职院校相关专业产教融合校企合作平台建设，针对建设中多方主体的利益契合、多元运行机制探索及实现职业院校与社会力量有效融合方面有一定借鉴意义。案例在推广应用中要注意，产教融合平台要积极面向行业企业和公共大众，对在校学生、企业人员等从业者提供技能培训，提升平台服务能力。

李双全、马波(上海建设管理职业技术学院)

中等职业学校"建材与装饰"产业学院的探索与实践

一、实施背景

随着节能减排、双碳经济、循环经济等国家战略部署,绿色、环保、节能、智能化是建筑材料未来发展趋势,《上海市战略性新兴产业和先导产业发展"十四五"规划》提出重点发展先进环保产业、高效节能产业,重点发展满足新型建筑节能要求的新型节能建材。我国新型建材行业工业总产值在 5 708 亿元左右,2023 年较 2022 年同比增长 14.04％左右,新型建材行业销售收入达到 5 682 亿元,同比增长 14.40％,保持着高速增长趋势。但熟悉新型建材生产制造工艺和质量检验方法,掌握装饰施工质控技术,会进行建筑环境检验与检测的高素质复合型技术技能人才紧缺,已成为制约新型建材生产与应用发展的重要因素。

上海市材料工程学校基于学校专业优势,联合上海应用技术大学与行业协会及核心企业共建建筑与装饰产业学院,形成"依托行业、服务企业、中本贯通、产教协同"的特色产业学院。产业学院聚焦上海建筑新材料领域,以产教融合为主要着力点,丰富建筑新材料与装饰专业群的内涵建设,顺应建材绿色、节能、环保发展趋势,为上海市及长三角的建设提供新型建筑材料产业和发展型技术技能人才。

二、主要目标

随着产业的迅速发展,产业链升级对人才岗位迁移能力提出新要求,人才培养方案的编制存在一定的滞后性。以产业人才需求为导向建立人才培养模式,需要对产业的规模结构有深入把握,并及时获取产业发展和人才需求数据。传统的问卷调研、企业访谈、会议论证等形式存在数据获取难、成本高、数量有限、人工整合信息难度大的痛点。通过与产业深度融合,培养具备高素质、高技能、高水平的专业人才,为当地产业发展提供有力支撑。

三、实施过程

(一)完善组织架构,建设产业学院

上海市材料工程学校依托上海建筑材料行业协会、上海装饰装修行业协会,联合上海应用技术大学与建工建材科技、东方雨虹、华测检测、伟星新型建材等龙头企业共同组建建筑与装饰产业学院。通过这一途径,有利于加强学校与建筑行业、企业的深入合作,通过将优质毕业生直接对接相关职业工作岗位,有效对接建筑相关企业、事业单位等的用人需求,最终有效实现专业群与行业、企业的资源联动。一方面通过搭建更宽阔的合作平台,将更多优质中职生输送到本地行业、企业中;另一方面,企业可为学生提供更多的实训、实习机会,帮助他们更早地了解企业生活、企业文化,最终实现学校资源与企业资源的双向联动。

基于产业链组建材料应用专业群,难以聚集建筑产业各方优势资源。学校依托产业学院,以产教融合为抓手,实现了校企师

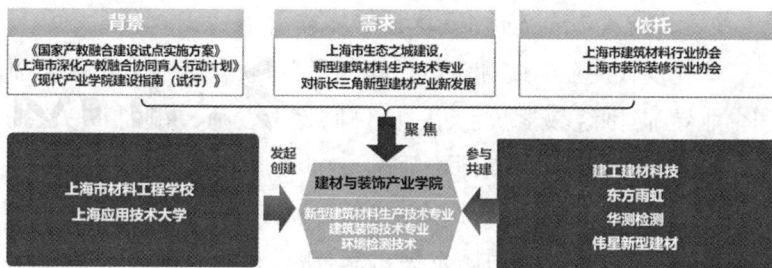

图 1 建材与装饰产业学院组织架构

资融合、校企资源融合、校企环境融合、校企科研融合的产教常态化融合场景。构建校、行、企各利益相关方"人才共育、过程共管、成果共享、责任共担"的紧密型产教融合长效机制，实现共建专业、共创基地、共育人才、共培师资、共享资源、共克科研，夯实了双主体育人的理念。

（二）创设产教对接协同育人平台

随着产业的迅速发展，产业变化日趋频繁，产业链升级对人才岗位迁移能力提出新要求，产教对接不够紧密，缺乏数字化支撑，存在数据获取难、成本高、数量有限、人工整合信息难度大的痛点。运用大数据和人工智能技术，搭建产教对接育人平台，捕捉市场一线资讯，分析产业链、教育链、人才链、创新链的对接关系，综合分析专业与产业契合度，构筑产业链、岗位、专业的关联画像，实现教育与产业的融合，推动建筑材料人才培养供给侧和需求侧的对接。同时发布产教融合信息，动态展现院校发展、新闻资讯、产业链、技术链、专业链、人才链等各类资讯。紧密产教对接，掌握产业的人才能力要求，及时将新技术、新工艺、新规范等产业元素融入教学改革中，优化专业设置，提高专业定位准确度。

（三）构建"五阶五维"教师培养新体系

依托现代产业学院和学校搭建双平台,联合名师工作室导师和企业导师,围绕教学新手、优秀教师、骨干教师、专业带头人、教学名师等五个层级,聚焦师德师风、教学能力、科研能力、学生能力、创新能力等五个维度,探索"双平台双导师五阶五维"教师培养模式,创新教师教学团队发展机制,激发教师自我发展的内生动力,持续诊改推进团队水平螺旋上升,打造一支师德高尚、技艺领先、具有国际视野的产教融合型教学团队。

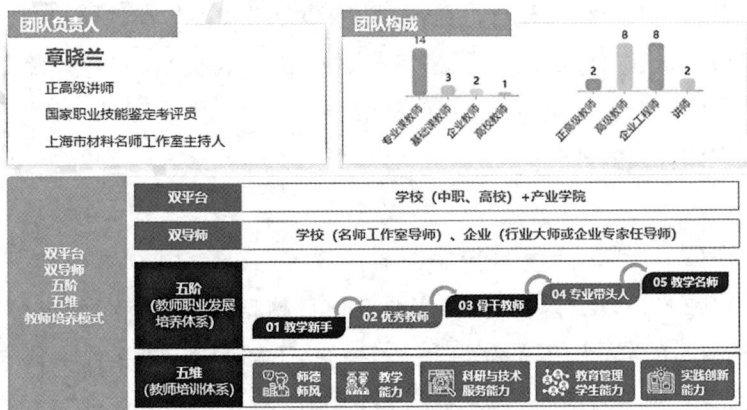

图 2 "五阶五维"教师培养新体系

（四）开发建筑材料领域的新标准、新资源

产业学院紧密对接产业升级需求,深入行业、企业进行广泛调研,邀请行业、企业专家、职教专家头脑风暴,并运用人工智能、大数据等技术,梳理建材行业典型岗位群、工作任务与职业能力,基于"基本任务—综合任务—复杂任务"三级岗位任务构建了以综合应用能力为核心,由基础共性课程、关键技术课程、行业（领域）应用课程重构课程体系。领衔建设教育部和上海市中职"新

型建筑材料生产技术"专业教学标准。完成"建筑工程材料性能检测""材料分析化学"2门市级在线开放课程,开发"建筑防水涂料制备及性能检测"虚拟仿真学习项目,编制数字化活页式市级规划教材《新型建筑材料及应用》。

四、成果成效

（一）解决了产教对接中人才供需失调难以匹配的问题

随着智能技术在建筑材料产业链上的加持,产业跨界融合将成为发展趋势,并且朝向高素质、复合型方向发展。传统专业组群理念培养无法适用于新型建筑材料产业链的复合型人才的培养。

学校面向建筑装饰产业链,聚焦建筑材料生产、建筑材料应用、建筑材料应用场景监测等岗位群,以生产制造、质量检验、施工质控、环保检测为主线,夯实学生建材生产、质量检验能力、装饰施工质控能力、建筑环境检测能力。对现有专业群予以调整,构建新的专业群格局,对专业群人才培养体系、课程体系、专业群共享资源等建设,促进构建学生职业能力培养持续积累的完整体系。

（二）解决了缺乏行业产业人才需求动态变化数据的问题

产业学院内的新型建筑材料生产技术专业、建筑装饰技术专业、环境检测技术三个专业对接新基建战略需求,随着产业的迅速发展,产业链升级对人才岗位迁移能力提出新要求,各方面条件的制约使得学校方面难以及时获取产业行业的岗位任职资格标准、难于关联分析产业岗位人才需求与专业（群）之间关系、难

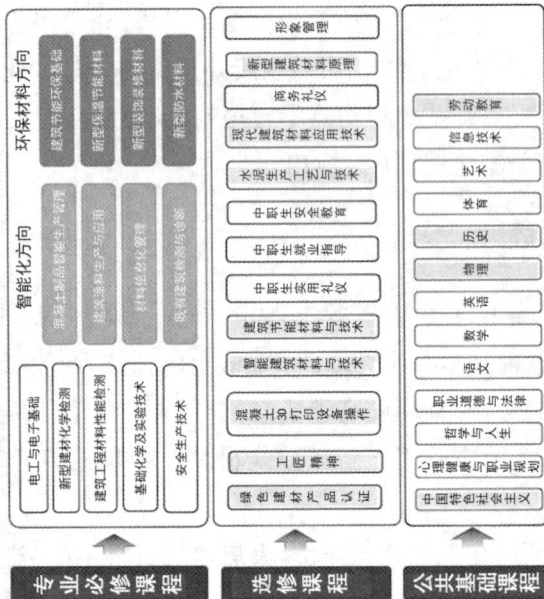

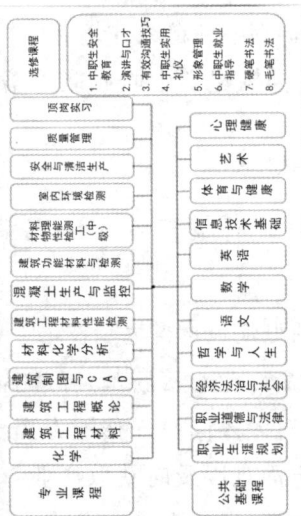

图 3 课程体系重构

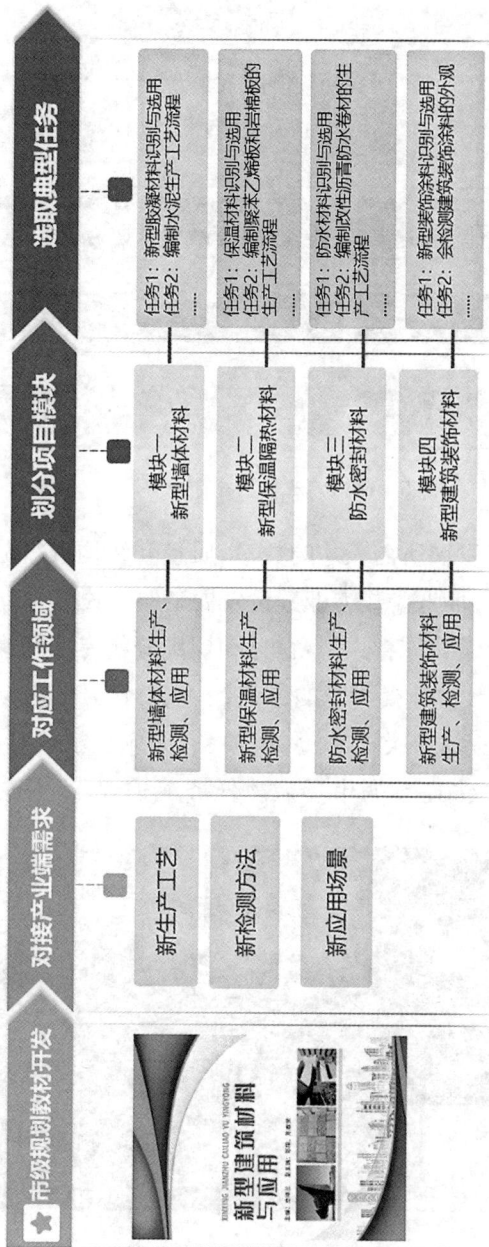

图 4　梳理建材行业典型岗位群、工作任务

市级规划教材开发　对接产业端需求　对应工作领域　划分项目模块　选取典型任务

对接产业端需求：
- 新生产工艺
- 新检测方法
- 新应用场景

对应工作领域：
- 新型墙体材料生产、检测、应用
- 新型保温材料生产、检测、应用
- 防水密封材料生产、检测、应用
- 新型建筑装饰材料生产、检测、应用

划分项目模块：
- 模块一 新型墙体材料
- 模块二 新型保温隔热材料
- 模块三 防水密封材料
- 模块四 新型建筑装饰材料

选取典型任务：
- 任务1：新型胶凝材料识别与选用 任务2：编制水泥生产工艺流程 ……
- 任务1：保温材料识别与选用 任务2：编制聚苯乙烯板和岩棉板的生产工艺流程 ……
- 任务1：防水材料识别与选用 任务2：编制改性沥青防水卷材的生产工艺流程 ……
- 任务1：新型装饰涂料识别与选用 任务2：会检测建筑装饰涂料的外观 ……

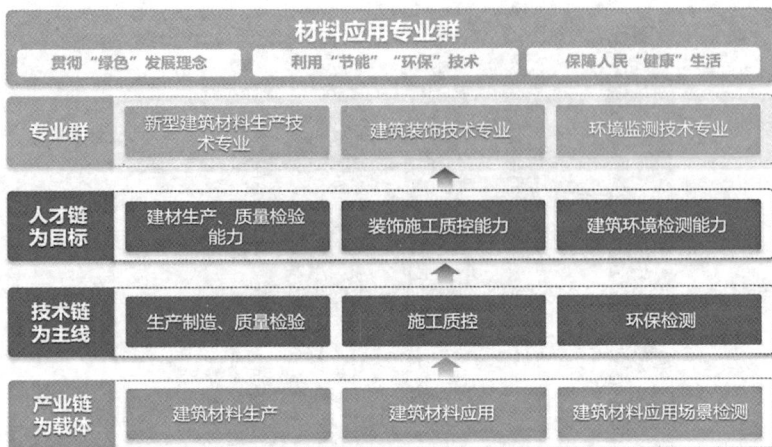

図5 面向产业链构建专业群

于对产业高质量发展所需人才的数量、质量和结构进行分析预测等问题,影响着各职业院校专业建设发展工作的效率与质量。

产业学院建设协同育人平台,自动识别分析专业与岗位的关联性,有效提高产教对接研究的准确性、实时性。实时动态反映产教两端对应关系、分类关系、层级关系,形成产教两端的桥梁。有利于帮助学校快速掌握市场人才任务能力要求,及时将新技

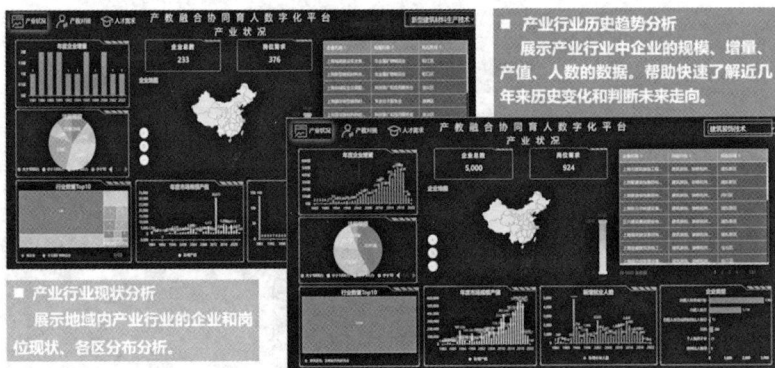

图6 产业行业分析

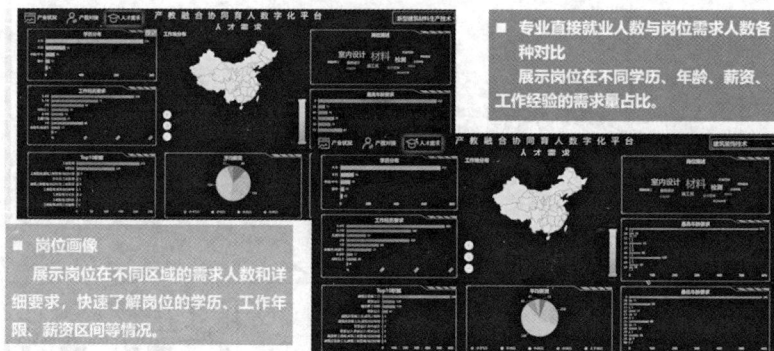

图 7 产教对接分析

术、新工艺、新规范等产业元素融入教学改革中，及时跟进产业发展，使专业定位岗位群更加精准。

（三）解决了材料应用专业群难以聚集建筑产业各方优势资源的问题

基于产业链组建材料应用专业群，但又分属三个专业大类，在人才培养上难以有效地实现各方资源的互惠共享、难以凸显建筑装饰产业链的优势。要解决上述问题，可以推进以下四个方面的工作：一是构建校企教师双向流动机制，推动校企师资互聘；二是推动课程内容与职业标准相对接，推行工学结合的项目教学法，基于工作过程校企合作共同开发数字化教材，实现岗位标准和课程标准的对接、教学过程与生产过程的对接，培养真正符合企业需求的零距离上岗人才；三是互设工作站，在学校设置企业工作室、企业专家工作站等，联合开发适合产业前沿发展需求的人才培养方案和课程标准，使产业前端的项目流程迅速转化成技术技能培养的教学流程；四是互融互聘，联合申报课题，发表论文，获取专利。

五、特色创新

（一）技术融合，创新动态化数字化构建人才培养方案

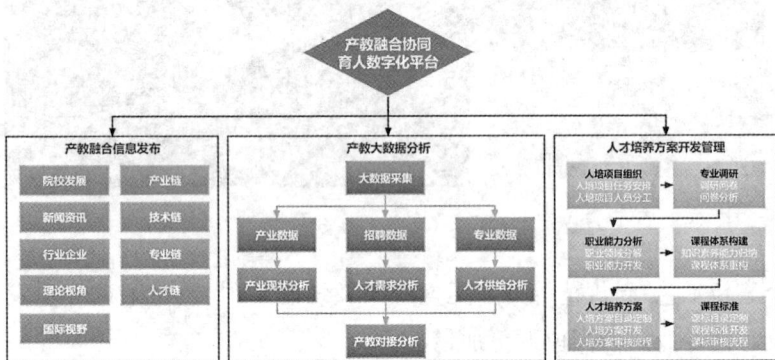

图8　产教融合协同育人数字化平台

产业学院运用"人工智能＋大数据技术"赋能产教对接，自动获取产业数据、招聘信息、专业数据等，取得了以下的进展：一是形成产教大数据分析，采集和整理产业链、学校专业等数据，进行产业、专业分析，形成"产业链—技术链—人才链—专业链"的对接；二是基于产业链的动态数据，开发人才培养方案模块，线上编制职业能力分析、构建课程体系、协同编制人才培养方案和课程标准；三是产教融合信息发布，动态展现院校发展、新闻资讯、产业链、技术链、专业链、人才链等各类资讯。

（二）院室融合，创新师资培养模式

章晓兰材料/建筑名师培育工作室以产业学院建设为契机，把产业学院建设作为名师培育的重要平台和载体，作为工作室建设的重要路径和模式创新。实现院室深度融合，探索师资尤其是名师这类更高层次师资的培养，实现企业名师与学校名师的联动

发展,同时优化专业建设,提高学生双创、竞赛等创新能力,为产业发展培养新时代产业工人,赋能产业发展,扩大名师在服务产业发展中的示范引领作用,最终实现"院室融合,双师联动,提效名师,赋能产业"。

（三）场景融合,创新产教融合常态化场景

产业学院在实施过程中,打造了校企师资融合场景、校企资源融合场景、校企环境融合场景、校企科研融合场景的"四融合"产教常态化融合场景,促进了各方资源互融互通。

六、体会思考

产业学院后续将依托全国建材行指委教师发展专委会建设工作,开发丰富的师资培养、培训活动,推进全国建材行业职业院校发展。落实部、市级新制定的专业教学标准,建设一批新形态专业教材、模块化课程、数字化资源,促进资源共建共享。聚焦课堂教学,为专业注入新内涵,打造专业新高度,推进学校专业数字化、专业群数字化及学校数字化转型发展的推广应用辐射,引领全国建材行业同类专业及专业群建设。

章晓兰、梅林（上海市材料工程学校）

用虚拟教研室助力全民阅读推广

"微阅读·行走"项目产教融合实践探索

一、实施背景

"微阅读·行走"项目在宏观政策、中观行业企业发展、微观课题探索等层面都有促发的源动能。

（一）宏观层面：全民阅读和虚拟教研室政策双重需求促动

"十四五"期间，国家在文化领域实施文化强国战略，促进精神文明发展。而"全民阅读"作为提升全民文化素养，体现以人为本执政要求的具体举措，自2014年起9次写入政府工作报告后，2022年，更以"深入推进全民阅读"的措辞，进一步被深化强调，成为公共文化服务体系近年来发展的战略重点之一。

在高等教育尤其是高等职业教育领域，政策多次强调产教融合。2021年，教育部高等教育司等部门发布《关于开展虚拟教研室试点建设工作的通知》，提出用"职能＋"等融合教研模式，加强基层教学组织建设，推动高等教育高质量发展。为高等职业教育的融合发展作出了方法指引。"虚拟教研室"的操作范式研究成为高等职业教育领域的重要课题。

为此,高校有融合各方力量,探索"虚拟教研室"实施路径的需求,图书馆有贯彻落实"全民阅读"文化战略的需求,在政策需求的促动下,上海图书馆和上海出版印刷高等专科学校影视艺术系开始了"微阅读·行走"项目"虚拟教研室"组织架构的建构和运营探索。

（二）中观层面：高校和企业的优势互补

上海出版印刷高等专科学校（以下简称"版专"）,是新中国成立后建立的第一所传媒技术类高等专科院校,近年来着力于向传媒技术及艺术类综合性院校发展。上海图书馆（以下简称"上图"）在上海文化建设中发挥阅读推广、科研情报服务等功能,正努力建设世界级城市图书馆。在全民阅读的传播推广上,版专和上图有着一致的目标。但是,传播需要内容支撑,高校拥有传播技术和艺术,优质内容欠缺;图书馆拥有丰富的文化、阅读信息的资源和内容,传播技术和艺术表现不是图书馆的专业领域。术业有专攻,双方正好在"微阅读·行走"这一融合媒介传播项目上发挥各自的优势,扬长避短,相融相合。

（三）微观层面：践行虚拟教研室有困惑

教研室是学校进行教学和研究的基本组织单位,一般由教学和研究方向一致的教师团体组成,既作为"志同道合"的团队共同备课、研讨,促进教学和科研的质量提升和教师个人的成长;又作为学校的基层组织,便于学校管理、目标落实、政策传达等。

传统的教研室一般有固定场地和固定人员,组织结构基本明确,活动时间和空间也相对集中,工作目标相对统一。

但是,虚拟教研室要求学校建设"智能+"时代新型基层教学组织,这样的组织以立德树人为根本任务,以提高人才培养能力为核心,以现代信息技术为依托,在教研形态上需要突破时空限制、高效便捷、形式多样、"线上+线下"结合,在运行手段上需要现代信息技术与教育教学深度融合,在操作方法上需要加强跨专业、跨校、跨地域教研的协作共享。

这就要求学校打破常规思维,深化融合力度,实现思维和行为的双重创新,这是有一定挑战的。

综上,政策的顶层设计既是引领又需要落实,高校和图书馆既有各自的差异定位又有优势互补共谋发展的需求,"微阅读·行走"虚拟教研室是将两者有机融合的组织和手段,版专和上图以项目为抓手,共同践行政策落地,探索全民阅读推广和虚拟教研室建设。

二、主要做法

虚拟教研室打破传统格局,以"微阅读·行走"阅读推广项目为抓手,践行产教融合,创新供给侧,推进文化建设,落实全民阅读推广战略。

(一)组织:四方共同发力,形成虚拟教研室最优组合

"微阅读·行走"虚拟教研室(以下简称"教研室")在组织架构上,既保留传统教研室的功能,又体现虚拟教研室的组织优势。

人是组织构成的基本单位,教研室保留传统教研室的教学质量导向,在教学组织上打破传统教研室固定人员的组织框架模

式,以主题为纲,产教深度融合,实现组织的最优化配置。教研室的组织由学校专业教师、企业专业导师、社会资深专家、学生团队四部分人员组成。组织中,核心成员相对固定,以维持组织的稳定性;根据不同的内容主题和制作技术,适当调整团队成员,保证教研室组织的最优配置和教学效果。

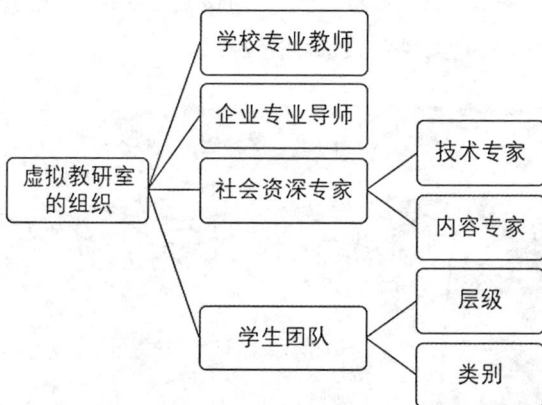

图 1　虚拟教研室组织架构

1. 学校专业老师的系统教学

学校专业教师层面,在不改变系部原有专业设置的前提下,教研室集合版专影视艺术系广播影视节目制作、影视编导、影像档案技术、数字媒体艺术设计等专业的老师,发挥各自所长,对影视制作生态的关键技能进行系统训练,这部分成员作为组织核心成员相对固定。

2. 行业专家导师的技能指导

行业专家导师层面,上图专业导师作为项目团队核心,承担内容统筹、流程和资源协调、技术指导相对固定;课堂教学和实践教学不同,有很多的技能和细节需要在实践中去体会与磨炼,根据主题和技术需求,从实际应用而非课堂实验层面,教研室会邀请社会资深专家,在影视制作专业技能上进行指导,比如项目邀请有多年实践经验的资深导演、摄像等参与项目制作,对项目的前期拍摄和后期剪辑作手把手地贴身指导,这部分组织成员配置相对灵活;内容是传播技术和艺术表现的载体,也是素质教学的载体,教研室根据项目主题,会邀请文化专家作为访谈嘉宾,既完成影视作品制作流程又通过专家的讲述,潜移默化进行素质教育,这部分组织成员也会灵活调配。

图2 行业专家导师对学生的拍摄指导

3. 同伴间的主动学习

学习研究表明,以被动学习为主的听讲(Lecture)、阅读(Reading)、视听(Audiovisual)、演示(Demonstration)等方式,也即传统教研室模式下的教学方式,学习内容的留存率最多达到30%,而以主动学习为主的讨论(Discussion)、实践(Practice Doing)、传授给他人(Teach Others)等方式,学习内容的留存率最多达到90%,而在组织中,促成主动学习,同伴的影响力不可忽视。所以,学生团队也是虚拟教研室组织的重要组成部分。在传统教研室的课堂教学模式下,不同专业、不同年级的学生,很难在课堂上进行深入探讨和交流,教研室以项目为抓手,达到实际媒体播出平台要求为目标,安排学生实际参与摄像、灯光、场记、制片、录音等岗位,进行内容策划、场地勘察、拍摄制作以及流程协调、文案撰写等方面的实战训练。一方面打破传统的专业和年级壁垒,集合版专影视艺术系广播影视节目制作、影视编导、影像档案技术、数字媒体艺术设计等专业的学生,不同专业的学生按照项目的工种需求重新组织团队,在实践中,各工种以完成项目为目标,互相配合、互相学习、互相补位,实现融合学习的效果。另一方面,项目安排各个年级的学生在各个工种间形成梯队,通过高年级对低年级、高技能对低技能学生的示范和榜样作用,形成老带新、传帮带的主动学习生态,以实现最优化的教学效果。这部分组织成员会根据项目需求灵活调整,以保证最好的学习效果。

总之,在组织建设上,教研室以项目为抓手,以优化教学效果为目标,采用知名专家、业界精英和优秀教师"双师"结合、产教融合的模式,进行影视制片、媒体传播等教学。深化职教改革的同时,链接了产业链、社会服务链,在组织建设上探索并实践了新时代虚拟教研室下现代学徒制人才培养模式,培养了学生对接产业、对接市场的能力。运行至今,参与的核心教师有 5 人,各类专家型双师教师超过 30 人,受教学生超过 200 人次。

（二）形式：知行结合,建立三平台四步走的分层分阶段教学

人民教育家陶行知也主张"行是知之始",教、学、做需要统一,是一件事,而不是三件事,到实践中去,巩固和深化教学成果,

是产教融合的根本意义所在,教研室为学生提供了实践与深化理论知识的机会,也形成了分步走逐级上升巩固和掌握技能的步骤。

1. 三平台无缝衔接,360度全场景教学

教研室打破传统教研室固定地点的局限,在学习场景上实现课堂内外互动,参赛与平台展示结合模式,运用智能+信息技术手段,空间和时间无缝衔接,学生随时随地"学中做,做中学",总结提升,在产教融合下,离场不离线,实现"三平台"360度全场景运转教学。

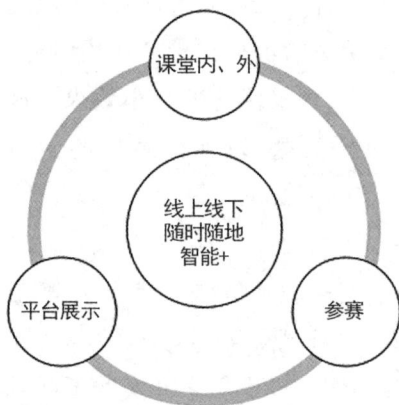

图3 三平台运转图

教研室一方面依托版专影视艺术系课程体系中摄影摄像、录音、文本写作、图像处理、融媒实务、制片项目管理等相关专业课程,对影视制作生态的关键知识和技能进行系统梳理,完成了教学内容的体系化设置和人才的全面培养;另一方面,根据教学目标和计划,在项目阶段性成果下,邀请行业资深导师走进课堂,帮助学生总结实践中的技能要点、经验积累,促进知识和技能的深化掌握,教研室组建以来,组织各类专业工作坊、交流、讲座不下10场、邀请专家不下20位,从技能、素养等方面对学生进行全面培养。但是,培养传媒高素质技能人才,不仅要建构基础的知识体系,更要紧跟国家战略部署和产业发展大势,走得出去,做得出来。因此,教研室深化教学供给侧结构性改革,延伸教育链,根据项目内容主题,针对学生的不同禀赋和需要,因

材施教组成几个拍摄小组,以实际摄制项目要求为基础,以澎湃新闻客户端、上图新媒体端等媒体平台对作品的品质要求为目标,能力为重,质量为要,知行合一,深化人才培养。教研室运转至今,平台发布主题作品近 20 部,累计浏览量 300 余万次。最后在保证基本品质的基础上,教研室积极组织学生参与各类比赛,对作品进行多次打磨、向精品目标迈进;对项目进行延伸拓展、向多维孵化目标迈进。教研室运转至今,师生获得各类奖项 10 余项。

学习过程中,学校专业教师、行业专家导师虽然身处不同地方,但随时在线,通过"智能+手段",集中教学和个别指导相结合,线下实践和线上沟通零距离等方式,实现教学的智能化、多场景、多模态运行。

2. 四步走逐级提升,循序渐进规律教学

教研室在教学体系规划上,遵循循序渐进的学习规律,"四步走"分级赋能。针对学生,在组织建构中,实行分类、分层建设,课程建设以产教融合为基础,采取"建立基本技能理念—技术应用训练—技术与技能融合培养—出创新成果"四步走的模式,遵循学习者循序渐进规律,促进技术与技能牢固掌握,切实培养应用型人才。

图 4 四步走教学运行图

学生在实际项目运作中融会贯通，进一步深化课堂知识，也在实战训练教学中，提升媒介素养、开阔眼界、拔高行业起点、学到真本领。学生反馈："平时老师上课，讲了拍摄的很多知识，听过算数，没有切身感受。即使会通过一些课内小作业去深化，也无非是实验性的，没压力，感受不深。这个项目企业老师对我们有要求，又要在平台播出，是实打实的实战，让我感觉既兴奋又有压力，必须得做好。""平时在课上，老师讲授制片管理的细节，我都不以为然。这个项目，让我体会到真正的实践项目，真的是一个系统工程，需要考虑方方面面，遗漏任何一个环节都有可能增加不必要的成本，甚至影响项目的执行。"

（三）内容：立德树人，实现"三寓三式"大思政教育

教研室师资组织架构的一个板块涉及文化领域的学者、专家，学生在技能训练的同时，也聆听着一堂"中国文化故事"课，无形中接受着文化熏陶，提升着传播行业未来从业者的文化素养，实现了思政教育的"盐水相融"。

同时，项目的主题内容，均涉及上海的文化、历史，以及改革开放的进程，文化是历史的精华，是传承的灵魂，通过故事化、可视化的形式，润物无声地对学生进行着人民城市人民建的切实影响和传承的赋能。寓道于教、寓德于教、寓教于乐的思政理念也润物无声地渗入学生们的心田。

项目是影视艺术系课程思政"三寓三式"范式研究中心的探索案例。教研室在实践运行中，以"三寓"——寓道于教、寓德于教、寓教于乐为指导，以"三式"——画龙点睛式、专题嵌入式、元素化合式为手段，训练学生的创作思维，将文化自信融于知识与技能的传授过程，实现"盐水相融""润物无声"的

育人实效。

　　践行大思政课程,推进思政课程理论研究和实践探索,教研室不断开展新模式,产出新内容,发展新成员,体现新思路,让教育不再停留在书本,做到实践中出真知,行走中悟思政。

三、成果成效

　　2022 年以来,教研室经过运行、孵化,已经在教学、科研、社会影响等方面取得了一定的成果。

(一)教学成果斐然

　　以项目为基础,学生和老师积极参加各类各项比赛,成果斐然。例如,获第六届全国大学生网络文化节微记录短视频征集活动优秀奖,"构建智慧图书馆'微阅读·行走'在行动"获 2022 年"知行杯"上海市大学生社会实践赛三等奖,获 2022 年上海青少年模拟政协提案征集活动"优秀提案作品"称号,《陆家与陆家嘴》《高楼林立间的绿洲》等多部作品获第 17 届中国好创意暨全国数字艺术设计大赛上海赛区一等奖、全国二等奖,《城中九间楼》《龙门邨》《我们坐轮渡过江去》等多部作品获"艺蕴中国·全国艺术教育创新成果展"暨全国高校文创产业项目(成果)一等奖,"上海文宇 App——一款讲好上海文化故事的元宇宙文旅应用软件"获第九届"互联网＋创新创业"大赛上海赛区铜奖等。

(二)产业服务成果丰硕

　　目前,项目创制的 18 个融合媒介作品,在上海图书馆新媒体账号和澎湃新闻客户端发布,收获了超过 300 万人次点击播放的流量。此外,项目多次进入澎湃新闻客户端影响力指数榜前 5

位,还获徐汇、浦东等政务新媒体,上海人民广播电台长三角之声等主流媒体转发或专题专访报道。

图5 接受上海人民广播电台长三角之声专题访谈

四、经验总结

"微阅读·行走"虚拟教研室在助力全民阅读推广项目的推进中不断反思、总结、前进。

（一）党的全面领导

教研室的运行,版专影视艺术系党总支与上图团委共同建设的"党团青年产教融合实践基地"提供了基本思想和指导方向保障。

（二）政策的引导

教研室的建设宗旨与国家科教兴国、文化强国以及深化产教融合职教改革等政策保持一致。

（三）产教深度融合的组织协调

版专影视艺术系科普研究中心、课程思政"三寓三式"范式研究中心等为项目的实施提供了人才、基础设施设备等保障，同时上图也为项目的实施提供了导师、专家、阅读和文化资源支持。双方在软硬件设施上畅通沟通渠道，实现了优势互补，互通互融。

五、推广应用

"微阅读·行走"是在"全民阅读"推广和虚拟教研室政策的指引下，上图与版专从图书内容出发，发挥传媒类高校传播技术和艺术的优势，产教深度融合，校企深度合作，资源整合，优势融合，开发多模态融合的数字阅读方式，探索全民阅读的数字化、可视化、智慧化道路，带领用户领略城市文化魅力的项目。"微阅读·行走"产教融合虚拟教研室就是在这样的背景和前提下得以顺利建设。所谓天时地利人和，案例在宏观政策的支持、中观层面校企双方的需求契合，以及微观层面各类资源的整合与磨合中形成健康运行的模式。

朱晓姝(上海出版印刷高等专科学校)

校企深度融合，以"9C"模式
培育民航服务人才

一、实施背景

中国经过"十三五"期间的建设，已经基本实现了从民航运输大国向民航运输强国的跨越。在此基础上，中国又制定了民航业"十四五"期间的发展总目标，即"实现从单一航空运输强国向多领域民航强国跨越"。这一目标的实现无疑对民航人才供应在数量及质量方面提出较高要求。为此，民航局充分认识到人才培养的重要性，提出应当"提升民航人才培养培训质量"，以提升人才供给能力。

为了满足行业对高素质技术技能型人才的迫切需求，国家不仅作出加强职业教育的方向指引，同时还发布《国家职业教育改革实施方案》指明了加强校企合作改革职业教育模式的工作思路，文件中指明"深化办学体制改革和育人机制改革，以促进就业和适应产业发展需求为导向，鼓励和支持社会各界特别是企业积极支持职业教育，着力培养高素质劳动者和技术技能人才"。

因此，不断拓展思路，加强校企合作，以企业用人需求为出发点开展人才培养改革工作，提升人才培养质量，既是职业院校培养人才的路径也是人才发展的自我要求。

二、采用"9C"模式加强企业合作培育人才

（一）"9C"合作模式的内涵

航空学院作为上海东海职业技术学院的下属二级学院,多年以来一直致力于高素质航空服务人才的培养工作,下设空中乘务专业和民航运输服务两个专业,已有二十年左右的办学经验。

在人才培养过程中,航空学院密切关注民航业发展变化,坚持以航企用人需求为工作逻辑起点,不断加强与企业间的合作,通过不断总结经验、加强与航企之间的沟通并开阔思路,采用"9C"校企合作模式培育高素质民航服务人才（"C"为英文Common 的缩写）,即"文化共融,人才共育,专业共建,过程共管,课程共研、教材共编、师资共用、成果共享、发展共赢"。迄今为止,航空学院已经与春秋航空股份有限公司签订战略合作协议,与吉祥航空股份有限公司签订订单班人才培养模式合作协议。经过几年的实践,已经取得了显著成果。

（二）"9C"模式的特点

1. 企业文化浸润为主导

基于航空企业多次开展企业调研工作所获得的信息,航空企业认为专业知识技能有可能通过一定时间量的集中教学和训练取得明显效果,综合人文素养的培养才是民航服务人才培养工作的难点,也恰好是航企用人所急需。

航空学院针对这一反馈,认为知识技能与人文素养培养二者实际是相辅相成的关系。将人文素养与知识技能培养相融合,可以逐步改进学生的综合素养,综合素养的提高可以激发学生提升职业认同感,改善学习态度,提高知识技能水平,最终成长为适应

企业用人需求的人才。为此,航空学院能发挥其教学工作周期长、课程体系设计系统的优势,将企业文化与校园文化相融通,引导学生思想认识的形成与提升。

2. 专业建设与教学运行为路径

在文化引领的基础上,航空学院与合作企业分别在专业内涵建设与教学运行两方面进行多领域合作,实现"9C"校企合作模式,即专业共建、课程共研、师资共享、教材共编、人才共育、过程共管,最终实现成果共享、发展共赢,使企业在合作过程中获得利益增长,调动企业参与合作的积极性。

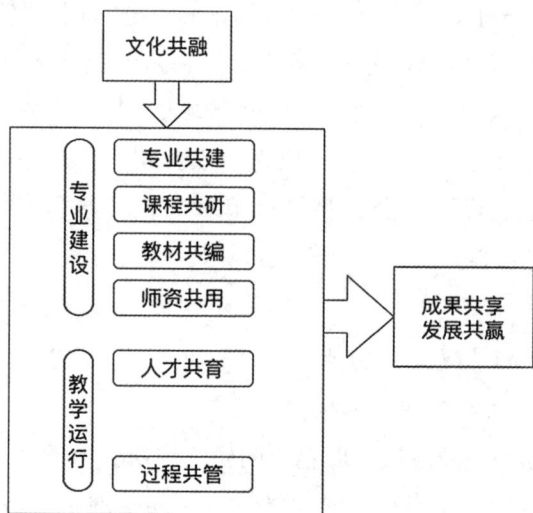

图1 9C模式示意图

(三)9C合作模式具体措施

1. 校企文化共融

在校企文化共融方面,航空学院做了如下工作。

推进课程思政改革,融企业文化于课。如春秋航空公司的企业文化为"奋斗、远虑、节俭、感恩"。航空学院安排熟悉本院学生特点及学院工作的办公室主任担任教学任务,承担职业规划课程,在给学生讲授职业规划理论的过程中融入"远虑"思维,引导学生放眼未来,关注民航业发展趋势,将个人发展与社会发展、行业发展相结合,分析挑战与机遇,探寻个人发展空间。挖掘课程中"奋斗、节俭"等思政元素,持续推进课程思政建设工作,在给学生教授专业知识、培养专业技能的过程中,对学生进行思政教育,培养学生奋斗、节俭、爱人、奉献、精益求精等优良品质。

融企业文化于学生活动。开展各种学生活动,借助学生活动提升学生的思政水平。如开展班级活动,对学生进行"感恩"教育。

融企业文化于教学资源建设。例如课程资源的选材方面,采用行业内真人真事、真实案例,对学生进行引导。

开展企业实践,体验企业文化。利用寒暑假,安排教师与学生开展各种形式的企业实践活动,在实践中亲身体验企业文化。如航空学院与吉祥航空公司共同设立"地空联动"项目,安排学生利用寒暑假上岗实践,在完成岗位基本任务的过程中感受和理解企业文化。借助教师产学研项目以及各种师资培训活动,安排多名教师到企业一线学习业务操作,体验企业文化,丰富和改善教学工作。

2. 专业共建,合力推进课程、教材、师资建设

在专业共建方面,航空学院做了如下工作。

聘请行业专家组成专业建设指导委员会。航空学院依据专业发展需要,聘请各专业相关领域的资深在职人员担任专业顾问,组建专业建设指导委员会。委员会的工作方式为定期会议和不定期会议。共同就专业建设过程中的问题进行探讨、建议与指导。

校企共设人才培养方案。航空学院执行人才培养方案定期修订制度，紧密关注行业发展，与企业及时沟通，获取最新发展信息，并反映到人才培养方案修订工作中，做到人才培养方案一年小修订，三年大修订，全部修订方案均经过专业建设指导委员会的论证和审查。迄今为止，航空学院已经连续三年对学院内两个专业的人才培养方案进行了不同程度的修订，不断进行优化。例如根据吉祥航空提出的要加强学生体能和外语水平，空中乘务专业完善了体能训练长周期课程体系，加大了英语听说能力的培养。根据民航业"客货并举"的发展现状，在民航运输服务专业中去除了原先的"民航商务"方向，并增设了航空货运、航空危险品运输等货运类课程，其实践类课程则聘请航空公司货运部主任授课。

校企合力开展课程共建。为了使专业课程不脱离行业实际，尽可能及时反映企业一线业务实践真实面貌，航空学院与企业共同研讨部分专业核心课程，并建设课程资源。近两年来，在和企业的共同研讨下，完成了在线开放课程"客舱情景英语会话"十二个模块的教学微课录制；在和春秋航空培训中心共同努力下，完成了《客舱日语》教材的编写、音频的录制，以及手机端学习软件的共同开发。与此同时，和企业共同完成了民航特情处置、民航服务案例、乘务英语、民航旅客服务心理学、民用航空法、客舱设备、客舱应急处置7门课程的在线教学资源库的建设。

校企合作开发专业教材。为了能够及时反映企业一线的最新发展，航空学院已经制定计划，逐步针对与企业一线业务紧密联系的课程与企业合作共编校本教材。目前已经与春秋航空公司共同完成了《客舱日语》教材的编写，同时应用于春秋航空公司的员工培训工作和航空学院的日语课教学工作，受到春秋航空公司好评。后续将继续开展《客舱服务》《客舱应急》《大学生就业能力与素质教育》《乘务英语》等教材的编写出版工作。

校企师资共通,壮大师资队伍。首先,航空学院建立"双专业带头人"制度,每个专业分设学院专业带头人及企业专业带头人各一人,由两名带头人通过沟通从高校教学和企业实践两方面相结合共同带领专业发展。其次,航空学院聘请航企新近退休的资深从业人员担任兼职教师,承担部分实践类课程的教学任务。最后,针对部分专业性强、与企业实践联系紧密的课程内容,聘请企业在职人员作为教师完成教学任务。如民航货运课程中"打板"、民航旅客运输课程中的"安全检查"等知识模块的教授,分别由行业内的资深从业人员承担。

3. 校企联手实施教学运行,合力培育航服人才

在校企合力教学育人上,航空学院做了如下工作。

人才共育。航空学院与合作企业共建"订单班"。对于订单班学员,设计了"理论课程校内完成+跟岗、顶岗实践企业落实"的教学方案,即理论课程以及理实一体课程均在校内完成学习任务,而对于纯实践类课程以及顶岗实践课程则在企业内完成,并依据企业给出的成绩评价采用"成绩互认"的方式,认定为相应课程的校内成绩,参与课程总评成绩的计算。目前如职业养成综合实训、跟岗实习、毕业实践及毕业实习报告几门课程由企业承担,实行成绩互认制度。

过程共管。基于人才共育,航空学院与航空企业也同时实现了对航服人才的"过程共管"。一方面,校企之间充分联系,航空企业将学生在顶岗实习过程中所表现出的不足及时反馈给学校,学校则不断从人才培养方案、教学运行、学生管理方面进行改进,从而提升人才培养质量。如对于吉祥订单班,从 2019 年签订合作协议以来,已经陆续为其培养输送了 112 名毕业生。吉祥航空通过对学生的实际观察,对学生体能、英语应用能力、职业忠诚度

等方面发现不足并提出了建议,推进航空学院的人才培养工作质量的提升。

三、成果成效

通过采用"9C"模式培育航服人才,航空学院的专业建设以及人才培养工作已经逐渐获得了提升和改善,校企之间实现了"成果共享,发展共赢"。除了航企能够获得更加贴合用人需求的人才之外,校企所取得的主要成果还有:

社会关注度提升。航空学院与航企建立"订单班"的积极效果首先在招生工作中显现,使航空学院在招生过程中受到众多学生及家长的关注。2021年在空中乘务专业招生面试中,共报名面试了2 309人,最终录取了145人;2022年则面试了4 740人,最终录取了187人,在全校27个专业录取中排名第六。

师资队伍壮大,教学能力增强。通过合作,航院目前的师资队伍已经发展到专职教师21人,兼职教师7人,其中有企业工作背景的13人,占总人数46%;具有双师素质的12人,占总人数的43%。企业不仅提供人员支持,同时也为专职教师提供各种企业培训机会,仅2023年就以各种形式培训教师19人次。有了这些支持,实践类课程的教学效果显著提高。在近两年的各类职业技能比赛中,已有7名教师获得各类比赛的"优秀指导教师"。2021年4月,与企业共同申报了教育部"空乘专业教师实践流动站"试点并已获批。

校企间互惠共赢。为了更加有效开展校企合作,航空学院专门为春秋航空公司在校内提供办公室一间,从空间上保障联系的便捷性。同时,航空学院也为合作企业提供人员培训的便利条件。如与春秋航空公司开展教材共建提供了员工培训教材,又如为春秋航空公司的乘务员、安全员提供初复训实训场所及设施设备。截至 2023 年 10 月份,春秋航空公司已经入校培训约 900 人次,总计约 338 小时。

校企合作推进学生就业。鉴于乘务专业就业对口限制性较强的特点,航空学院与合作企业联手推进学生就业。如安排企业人力资源部专家为学生开展模拟面试、专题讲座、就业指导活动等。与吉祥航空共同申报并已获批"2022—2023 年上海高校学生职业生涯发展教育校外实践基地"。在上海市教委、上海市妇女联合会的指导下,建立了"上海市女大学生职业飞翔海鸥计划之东海湾"首个工作坊"航空学院梦之翼工作坊"。与春秋航空共同申报了教育部"供需对接就业育人"项目。

四、经验总结

相对于民航局直属的职业院校而言,航空学院在培养航服人才之初并不具备先天优势,甚至在某些方面还处于劣势。经过二十年的发展,其航服人才培养实力及规模在上海市内仅次于上海民航职业技术学院。总结经验如下。

学校信任与支持。虽然航空学院最初并不具备很强实力,但是学校领导从专业建设、经济支持、用人机制等方面给予了充分信任和大力支持,让航院的团队没有后顾之忧。

民办院校的灵活机制。东海学院作为一家民办非企业院校,具备工作机制灵活的特点。这一特点使得航空学院可以依据校企合作实际需求从学校获得支持,与企业设计灵活的合作方式,在人员引进、资源利用、制度设计等方面进行合作。

校企之间充分沟通。受民航行业特点的影响,航空学院并没有极为广泛的合作对象资源,并且合作企业出于安全保障考虑,经常持保守态度。航空学院领导以最大的诚意加强校企间沟通,获取对方信任,并在信任基础上逐步加深合作,拓展合作领域。

创新思维,需求互利共赢。航空学院深刻认识到企业的盈利性特点,积极探寻校企间的互利共赢点,创新设计合理的合作方式,调动企业积极性,推进校企合作。

当然,东海学院作为一家民办院校同样也有其弱点,如资金支持有限、师资队伍梯队结构不够完善、教师教科研能力较弱、寻求国有企业合作困难等。

因此,航空学院后续将继续深化校企合作,探索校企共同开展项目申报、科研工作、师资产学研等方面的合作,提升师资队伍中双师素质教师的比例、教师的科研能力,扩大队伍中高级职称的比例。同时,航空学院还将保持创新思维,积极探索经济资源利用以及拓展与国企间合作的可能性。

五、推广应用

本案例主要适用于民办职业院校与民营企业之间的校企合作实践,可以为民办校企之间在合作模式、师资队伍建设、专业建设、应用型人才培养等方面提供参考。

民办职业院校在寻求与民营企业之间的合作过程中,应当注意校企之间的充分沟通,增进信任。更为重要的是以创新的思维,在互利互信基础上寻求互利共赢的增长点,极大提升企业的合作积极性,共同探索合作领域以及合作方式。

张敏(上海东海职业技术学院)

互联互通互动拥抱悦己消费时代，
共建共育共享擦亮美丽职教品牌

澄穆-行健校企合作产教融合实录

一、实施背景

在中国现代化产业体系建设过程中，产教融合不仅是职业教育、高等教育发展的要求，也是行业、企业转型发展的要求。国家发展改革委印发的《职业教育产教融合赋能提升行动实施方案（2023—2025 年）》提出，坚持以教促产、以产助教，不断延伸教育链、服务产业链、支撑供应链、打造人才链、提升价值链，加快形成产教良性互动、校企优势互补的产教深度融合发展格局，持续优化人力资源供给结构，到 2025 年，在全国建设培育 1 万家以上产教融合型企业，建设 100 个高水平、专业化、开放型产教融合实训基地。

上海行健职业学院（以下简称"行健学院"）是以学前教育、电子商务、飞行器制造等上海市一流专业见长的全日制普通高等职业院校。行健学院地理位置优越，北靠市北高新园区，南邻大宁商业中心，是一所服务地方特色发展的区域紧密型学校。自 2001 年转型高职教育以来，9 次获得上海市文明单位和上海市文明校园称号。在上海市高校分类评价（应用技能型）中稳定居于中上水平。早在 2021 年，学校就与上海澄穆生物科技有限公司在企业校园招聘宣讲活动中有了初步的接触和了解。

上海澄穆集团（上海市产教融合型企业）成立于 2012 年，拥有上海澄穆生物科技有限公司、上海澄穆生物技术有限公司、上海澄穆化妆品有限公司、上海澄穆实业发展有限公司等多家企业。经过 10 年发展，澄穆集团在化妆品研发、生产、销售方面，取得了让同行羡慕的成绩。集团总注册资金超 18 300 万元，注册商标 1 048 个，发明专利 47 项。2022 年"双十一"期间，旗下"至本"品牌化妆品销量获得了天猫化妆品类国货品牌排名前 5 位的好成绩。

为贯彻党和国家关于产教融合、校企合作的文件精神，增强学院综合竞争力，提高人才培养质量，提升专业发展内涵，2022 年6 月，学校党委书记沈燕华率队与澄穆集团董事长朱才彬、财务总监刘涛、电商客服部总监李明轩、人事经理郁文斌等初步磋商了双方在人才培养、产教融合、援喀项目等多方面合作的可行性。2022 年 12 月，学校校长黄群一行走访上海澄穆实业发展有限公

图 1　学校党委书记沈燕华率队访问澄穆集团

司,双方就成立产学研平台问题达成一致,签署了《上海澄穆实业发展有限公司电商业务咨询与提升服务协议》《喀职院电商专业校企合作教学资源库建设与技术服务》两个横向课题合同,正式开启了行健学院与澄穆集团产教融合人才培养的序幕。

二、主要做法

按照"校企共赢、校企互利、校企互动"的合作原则,以构建基于"一流专业"的"一流平台""一流基地"以及实现电商"一流企业"产学研效益新突破为目标,在化妆品研发、制造、物流、营销等多个领域的人才培养方面深化产教融合。最终形成"与岗适配、与课链接、与赛共赢、与证挂钩"的创新模式,服务上海美丽健康产业发展对专业技能人才的需求。

行健学院与澄穆集团在过去一年的产教融合模式运行中,集中力量打造悦己消费产教融合实践基地,推动数字美妆电子商务产业学院建设升级,把产教融合模式课题化、可复制化。

(一)互联网数字经济平台

双方均以数字化转型为契机,分别在职业教育数字化转型和美妆产业数字化转型的赛道上携手前进。行健学院方面,数字商贸学院在电子商务、商务数据分析等专业建设上有传统特色,电子商务专业是上海市一流专业点,商务数据分析专业是上海市唯一一个专业点,师资队伍和硬件设施都处于上海市一流水平,在人才培养过程中尤其注重现代信息技术与商科教学融合,大力发展"新商科",多次获得上海市和国家相关技能大赛一等奖。澄穆集团方面,旗下品牌和产品也均以线上销售渠道为主,特别成立了澄穆实业有限公司为品牌和产品的销售业务子公司,代表了国

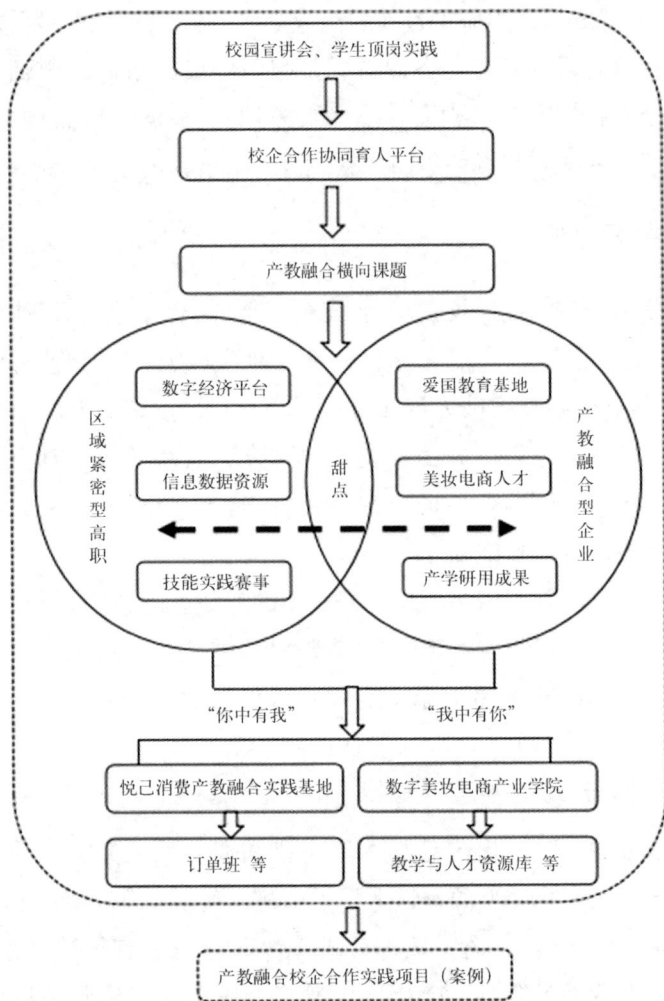

图 2　行健-澄穆产教融合校企合作实施路径

潮美妆销售"触电"新模式。2022 年 11 月,行健学院联合多方发起了数字经济产教融合促进平台,《解放日报》《文汇报》《新民晚报》《劳动报》等本市主流新闻媒体对大会进行了全程报道。2023年 9 月,行健学院横向课题组与澄穆集团合作,申报宝山区、上海市数字化转型先锋企业、先锋人物。

（二）互通信息数据资源

在双方沟通交流过程中，形成定期互访制度。行健学院方面，2022年，在杨行镇与企业签约横向课题时，提出基于行健学院区域紧密型高职发展定位和杨行镇优越的地理位置，期望经过政、校、企多方努力，构建电商"一流专业"产学研育人新模式，实现电商"一流企业"产学研效益新突破，助力澄穆成为上海市产教融合型企业。2023年3月，在行健课题组帮助下，澄穆集团申报了上海市第四批产教融合型企业。澄穆集团方面，在2023年3月，人力资源部门、媒介公共部门负责人来校园宣讲，并就学生"学徒制订单培养"进行了前期调研。

（三）互动技能实践赛事

双方合作的共同目的之一就是输送与引进适应产业发展的

图3 2023年度数字商贸专业群学生技能竞赛活动

青年人才,而赛事活动是挑选人才的显性渠道之一。2023年3—5月,行健学院联合澄穆集团等举办了"竞技展风采,筑梦创青春"数字商贸专业群技能竞赛,包含"双十一"电商运营实践、支持疫情期间中小企业复产复工、首届校园短视频大赛、"行宝商贸节"四项代表性活动。澄穆集团下属实业发展公司领导及员工参与了赛事的资金支持、评委评审、开闭幕式发言与颁奖等环节,挑选了一批学生进入管理培训生学习。

(四)共建爱国教育基地

行健学院作为一所公办院校,在学生思想政治工作和党务工作方面积累了较多经验。澄穆集团董事长朱才彬是民建会员,具有较强的社会责任心,在2022年2月曾接受上海市政协副主席周汉民同志调研。2023年8月,行健学院数字商贸学院党支部在澄穆实业联合开展"学习党的二十大"系列活动,组织了"党在我心中,我与澄穆共成长"主题演讲比赛。运用可视化理论地图、精神谱系卡片等,将党的理论学习与个人成长发展相结合,引导青年员工树立正确的理想信念。

(五)共育美妆电商人才

行健学院和澄穆集团在师资力量上各具特色与优势,行健学院电商教学团队参与"订单班"和"现代学徒制"培养教学工作的教师均为硕博学历和"双师型"教师,澄穆集团实施"订单班"和"英才计划"的带教师傅均具有多年人力资源、财务管理、市场营销、公关策划经验。2023年6月,"至美经管·焕颜一夏"电商美妆美护频道大讲堂活动在行健学院举办,澄穆资深产品经理及客服总监李东升、彩妆资深策划肖佳玉、高级人事总监顾鑫慧、公关媒介经理陈德义、人事总监助理金佳佳出席活动,并安排了护肤的功能、误区、护肤品成分、肤质区分、彩妆的功能、彩妆的质地层次、彩妆的搭配、彩妆工具的选择等讲解内容。2023 年 10 月,行健学院也派出了教学团队进行项目管理、领导力提升、办公效能提成等方面的业务技能培训。

(六)共享产学研用成果

表 1　行健-澄穆产教融合校企合作团队组成

姓名	年龄	学历	职称/职务	工作年限	所在单位
孙天慧	37	研究生	副教授	11	上海行健职业学院
钟一杰	40	研究生	讲师	15	上海行健职业学院
徐 烜	35	博士研究生	讲师	13	上海行健职业学院
王菲瑶	29	博士研究生	讲师	2	上海行健职业学院
杨婧雯	27	研究生	助教	3	上海行健职业学院
毛松松	39	研究生	助教	16	上海行健职业学院
陈晓冬	47	研究生	副教授	25	上海行健职业学院
李俊菊	42	研究生	副教授	17	上海行健职业学院
谭 可	42	研究生	讲师	17	上海行健职业学院
朱才彬	31	本科	董事长	10	上海澄穆集团有限公司
刘 涛	45	本科	财务总监	21	上海澄穆集团有限公司

姓名	年龄	学历	职称/职务	工作年限	所在单位
李明轩	46	本科	电商客服部总监	20	上海澄穆实业发展有限公司
郁文斌	38	本科	人事经理	15	上海澄穆实业发展有限公司
肖佳玉	27	本科	彩妆资深策划	4	上海澄穆生物科技有限公司
顾鑫慧	39	本科	高级人事总监	17	上海澄穆化妆品有限公司
陈德义	40	本科	公关媒介经理	16	上海澄穆集团有限公司
金佳佳	28	本科	人事总监助理	5	上海澄穆化妆品有限公司
杨 凯	42	本科	化妆品公司总经理	19	上海澄穆化妆品有限公司

早在行健学院和澄穆集团合作之初,双方团队就表示,要把所做案例结出丰硕成果,形成校企共赢模式。在与澄穆集团合作期间,行健学院数字商贸学院与企业共同编写校企合作教材《新媒体营销实务》等。2023年5月,着手人力资源管理模块产教融合示范课和电子商务微课。澄穆集团也在2023年9月组织校方参观企业研发中心。双方合作的教材、课件、案例、实训操作练习、行业标准及技术攻关难题实现成果共用共享,推进教育链、人才链、创新链、产业链四链融合,实现"你中有我,我中有你"的产教融通目标。

三、成效经验

经过与澄穆集团 2 年多的相识和 1 年多的深入融合，从校园宣讲会到横向课题实施，专项课题组打造的数字化赋能美妆时尚消费品的产教融合实践基地，已完成 2 大项、8 小项任务指标，形成了 10 余项产学研用的成果。

（一）有效提升了定向培养员工和管理层的电商业务应用能力和数字化素养

1. 通过"电商美妆美护频道大讲堂"活动，为企业定制专门的策划方案，展架、易拉宝、海报、样品全渠道展示，吸引了 200 余名学生到场参加。既提高学生对于电商行业中美妆、护肤知识的认知和理解，增强学生学习美妆的兴趣，培养其美妆技能和审美能力，帮助学生树立正确的美妆护肤观念，同时提升了品牌的亲和力与品牌美誉度。把握当代年轻人"悦己消费"心理特征，进而吸

图 4　行健-澄穆"至本"订单班报名现场

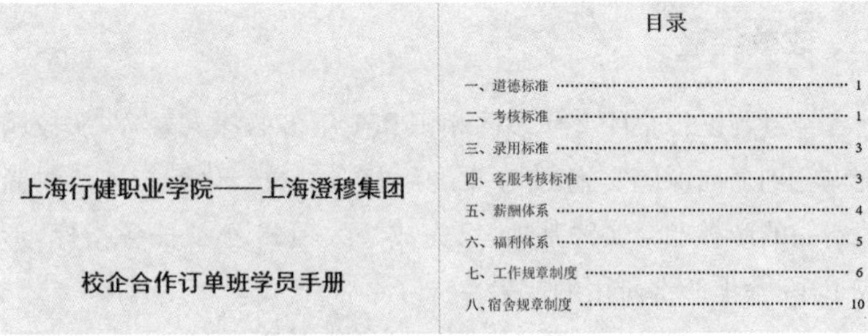

上海行健职业学院——上海澄穆集团

校企合作订单班学员手册

图 5　行健-澄穆"至本"订单班学员手册封面与目录页

引学生参加企业"订单班"培养等后续活动。

2. 通过"订单班"校企合作育人模式，促成毕业生走上澄穆集团生产制造、人力资源、电商平台、供应链管理、品牌公关等岗位，这得到了电商客服组、品牌负责人李东升经理的肯定。截至今年9月，通过考核，正式进入澄穆实习或工作的行健学院毕业生有近50人。在"订单班"制度实施过程中，双方沟通交流，制定并完善了《"行健-澄穆"至本订单班手册》。形成了"订单班"学员考核的道德标准、考核标准、录用标准、客服考核标准、薪酬体系、福利体系、工作规章制度、宿舍规章制度。为提高"订单班"学员培养质量和留用率强化了制度保障。

3. 依托行健学院电子商务产业学院教学团队多年企业咨询经验，对澄穆企业内部的中高层管理人员进行了项目管理类培训16课时，领导力提升类培训12课时，培训人次达30人。培训内容包含了项目管理、领导力提升、办公效能提升等，有效节约了企业培训周期和培训成本，提升了企业培训绩效和培训效率。根据7月3日、10月16日的企业反馈，培训氛围融洽，熟悉程度高，得到了参训人员的肯定和好评，帮助员工考取"电子商务师"等职业资格证书20余人次。

4. 采集企业实际案例和校方教学资源，编写的《社交电商内容经营》已在 2023 年 8 月由武汉大学出版社出版。编写的《新媒体营销实务》获评上海市经济类教指委一等奖,教材融媒体资源,包括微课、在线题库、多媒体课件、教案、教学示范视频等,反映了"互联网＋"时代对职业教育教学改革的新要求,也顺应了工作手册式融媒体教材变革新趋势。

（二）精准帮扶了新疆喀什职业技术学院电商专业建设及助力对口合作交流

1. 通过课题项目委托形式,2023 年 4 月,为新疆喀什职业技术学院编制了《电子商务专业人才培养方案》1 套,修订了《电子商务专业教学进程表》1 份。在培养方案和教学实施进程中,注重突出边疆地区特色和贴近行业需求,给出了培养具有跨境、直播、物流等特色的符合市场人才需求的培养策略。2023 年 11 月,在《商展经济》期刊上发表了《产教融合视域下职业院校电子商务专业人才培养模式研究》一文。

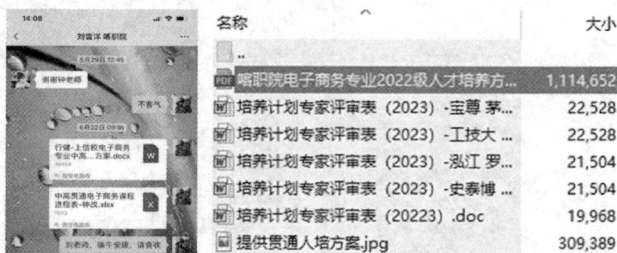

图 6　钟一杰老师与喀职院专业主任沟通人才培养方案与培养计划

2. 结合全国职业院校技能大赛要求,帮助新疆喀什职业技术学院建设了"网店运营推广""电子商务直播技巧""电子商务客户服务"3 门校企合作核心课程的课程标准和"直播电商实务""图形图像处理技术""网店运营与推广"3 个实训资源库。在沙盘、美工、直播的技能培训中,融入澄穆企业方案例,2023 年 3 月 10—26 日,行健学院数字商贸学院院长孙天慧、商贸管理专业群主任钟一杰、喀什职业技术学院电商专业主任刘雪洋、骨干教师贾晓前等,积极研讨备赛经验,为其冲击省赛第一提供示范课程教学及学生技能训练方法的借鉴,为边疆学生未来的职业发展打下了坚实的基础。

3. 通过与微课制作公司联系,与澄穆实业发展有限公司的人力资源部门、电商客服部门负责人于 2023 年 6 月,共同完成了校企合作核心课程微课的录制,时长约 50 分钟。具体微课主题有"竞争者与竞争优势分析""顾客信息收集""了解竞争对手""市场营销组合策略"等。微课在喀什职业技术学院电商专业授课过程中,已使用一轮,得到了对口支援院校师生的肯定。

图 7 行健-澄穆-喀职院产教融合课程微课示例

4. 行健学院以项目形式,在澄穆集团与新疆喀什职业技术学院之间建立了沟通的桥梁和纽带。继喀什职业技术学院之后,澄穆集团总经理朱才彬热心社会公益事业,2023 年 11 月,又通过行健学院数字商贸学院联系,向少数民族地区职业院校捐赠了价值100万元的物资,包括电脑、书本、实训仪器及设备等。

四、经验总结

为服务上海美丽健康产业和"上海购物"品牌高质量发展、高等职业教育高质量发展,构建起产业与教学的桥梁、理论与实践的桥梁、守正与创新的桥梁,行健学院与澄穆集团建立的产教融合项目,坚持以打造数字化赋能美妆时尚消费品的产教融合实践基地为主线,以产教融合模式课题化为导向,以最优质的资源、最优越的环境、最优良的服务为基础,探索"政行校企"有效联动,"产学研用"协同创新的人才培养模式,提升数字商贸人才培养质量的产教融合校企合作路径。

（一）产教融合需要树立思政实践育人为本的理念

行健与澄穆的产教融合实践基地是一个产教融合思政实践育人基地。产教融合始终贯彻习近平新时代中国特色社会主义思想主题教育工作。把政府对产业发展的红利与学校特色化发展的道路联系起来,引导企业员工和学校师生积极投身上海国际"设计之都、时尚之都、品牌之都"建设,弘扬劳模精神,打造国潮美妆品牌,树立"四个自信"。推动帮扶喀什职业技术学院电子商务专业建设,为上海对口支援工作和国家西部地区发展提供人才培养所需的物资和师资。

（二）产教融合需要注重技术技能训练为纲的要求

基于澄穆市级产教融合型企业建设和行健数字商贸专业群建设基础,校企双方发挥各自所长,开展教育培训资源库及案例库开发、新员工入职规范化岗位培训、大学生实训实操技能训练、"订单班""现代学徒制"培养等工作,服务于社区青少年职业体验和素质教育需求。形成了美妆企业电子商务岗位技术技能评价的标准,承担了校内学生和企业员工技能鉴定与评价项目。体现了职业教育与产业深度融合,职业院校学生动手能力较强的优势。

（三）产教融合需要提倡赛事活动激励为计的方法

"以赛促教、以赛促学、以赛促用、以赛促产",双方在推动电子商务产业学院建设升级过程中,开展了如"美妆美护大讲堂""直播电商大赛""校园短视频大赛"等形式灵活多样的品牌形象设计、产品营销、产品包装设计、新媒体营销活动,发挥了基地的辐射功能和示范引领作用,协同共育美妆行业电子商务专门人才。

（四）产教融合需要完善创新创业服务为辅的功能

"Z世代"大学生具有较强的自我意识和时尚消费观念,国家也鼓励大学生利用课余时间创新创业。为落实国家科技发展战略和创业政策,服务企业技术创新和大学生自主创业。基地后续将设立产教融合人才流动站,供企业技术人员和高校教师进行技术研讨,协同开发新技术产品、新岗位标准和人才培养方案。聘请创业成功者、企业家、风险投资人等担任相关专业创新创业兼职导师,为学生在互联网、美妆等相关行业的创新创业提供政策、技术、智力帮扶。

五、推广应用

行健学院与澄穆集团集中力量打造数字化赋能美妆时尚消费品的产教融合实践基地,推动电子商务产业学院建设升级,把产教融合模式课题化的案例探索建立在学校发展历史沉淀、学校区位优势，企业自身发展所处行业特点以及企业主动投身职业教育、高等教育人才培养的强烈意愿之上。

青年学子"拥抱悦己消费时代"，校企合作"擦亮美丽职教品牌"是具有极强的时代烙印的。兄弟院校可通过实地走访与行健学院共同探索产教融合模式的创新，结合《上海市推动制造业高质量发展三年行动计划（2023—2025 年）》，主动牵手相关行业一流企业，校内教学团队以帮助企业申报上海市产教融合型企业为开端和契机。

双方做到"你中有我，我中有你"，共同投身上海"2＋（3＋6）＋（4＋5）"现代产业体系所需的人才培养使命之中，在集成电路、生物医药、人工智能三大先导产业和电子信息、生命健康、汽车、高端装备、先进材料、时尚消费品六大重点产业中与企业紧密合作。转变产学研传统思路，谋求政府方的支持和帮助，探索"政行校企"的四方合力道路。

在推广应用中，应注意发挥产教融合基地在产业链和人才链上的引领性作用、蓄水池功能。通过政、行、校、企通力合作，在专业建设、课程建设、高水平教师队伍建设、高水平实训基地建设、职业资格技能鉴定、创新创业教育改革等方面实现深度合作。促进产业新技术、新标准、新规范及时融入教学，深化人才培养供给侧结构性改革，促进高等学校在人才培养和产业需求方面的紧密对接，协同提升高等学校办学绩效。同时提升企业美誉度，解决企业行业自身及相关用人需求，推广先进企业标准和企业文化，为产业升级储备人才，积极探索工学结合、产教融合共同体新模式，创造更多社会影响力和产教价值。

徐烜（上海行健职业学院）

"三链链接，多元协同，双向赋能"

基于产教融合实践基地建设的育人模式创新与实践

一、实施背景

（一）区域经济发展需要托幼一体化学前教育专业人才

上海工商职业技术学院位于上海市嘉定区，其中教育学院的学前教育专业培养的是德技并修、全面发展，掌握现代学前教育专业必备的基础理论知识和专业技能的高素质托幼一体化学前教育专业人才。近几年，市场0—3岁托育供需失衡，托幼一体化专业型人才十分短缺。为此，上海市率先推动学前教育与托育服务一体化发展，上海市教委等10部门联合印发《关于加强本市社区托育服务工作的指导意见》，要全面建设社区托育点"宝宝屋"，并开设更多的公办幼儿园托班。

（二）托幼一体化学前教育专业人才培养面临挑战

为实现"幼有善育"，对托幼从业人员有了更高的职业素养与技能要求。目前国内学前教育专业主要围绕3—6岁幼儿师资的培养目标进行，也形成相对成熟的培养模式。但是随着学前教育托幼一体化趋势，从3—6岁幼儿园保教延伸到0—3岁婴幼儿托育服务,幼儿从托育到幼儿园教育的过程应成为一个有机体。"托幼一体化"既强调将0—6岁婴幼儿教育保育作为一个整体,又关注0—3岁和3—6岁两个不同年龄段儿童教育的阶段性与差异性。因此托幼一体化学前教育专业人才培养面临挑战。

二、主要做法

(一)基本思路

教育学院面对区域急缺托育人才的现状,积极回应上海嘉定区域"宝宝屋"师资需求和政府托育服务法规,立足服务嘉定区域托幼一体化行业发展需求,"政行园校"联动、产教融合,成立服务社区托幼一体化行业发展的产教融合实践基地,共建共享实践基地运行机制。以培养学生职业素养为根本,应用能力为导向,将产教融合实践基地作为培养学前教育高素质技能型人才的重要教学实践场所,创新"三链链接,多元协同,双向赋能"育人模式,着力解决教学层面实践教学训练过程与现实工作情境、岗位需求不对接等问题,面对新行业、新标准、新规范,有效促进双师型教师内涵式发展,提高托幼一体化人才培养质量。

图 1 创新"三链链接,多元协同,双向赋能"
托幼一体化育人模式

（二）具体措施

1. 多元协同，构建命运共同体

在嘉定教育局和嘉定职业教育集团的联动支持下，教育学院与嘉定区托育服务中心、上海实蒙等多家幼儿园、托育园签订了《产教融合多方合作框架协议书》，成立了服务社区托幼一体化行业发展的产教融合实践基地，共同构建"政行园校"合作命运共同体。借助产教融合实践基地的成立，推动多方在资源统筹与共享、技能提升与服务、人才交流与培养、学生就业与创业等方面开展产教深度融合，启动人才共育、过程共管、成果共享、责任共担的"四共"产教融合长效机制。教育学院、托育园所双方主动联系，明确各自使命、调研各自需求，并开展深度合作，精准对接、精准育人，推进托幼行业链、专业教学链、实用人才链的"三链链接"，为创新托幼一体化学前教育专业人才培养模式打下坚实基础。

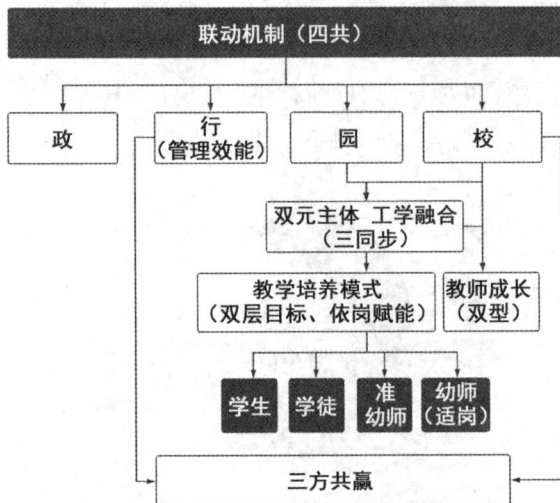

图 2 "政行园校"四共联动机制

2. 双向赋能，打通托幼行业链

教育学院面对区域托幼一体化行业发展新形势，加强托幼一体化学前教育专业人才培养实践基地建设，依托托幼一体化的社区"宝宝屋"建设与应用实践项目，打通托幼行业链，推进现代学徒制人才培养，实现学校与托育园所的双向赋能。教育学院与上海实蒙托育园所等校外实践基地签订《园校合作订单班协议》，校方主要负责推荐优秀学生，负责学生整个订单班学习期间的教学管理；园方负责落实面试、选拔、签订培训协议书等工作。校、园双方坚持监督与指导并重，学前教育专业每位教师绑定一所以上托育园，与企业教师共同跟进订单班学员成长历程，专业主任定期对基地建设情况进行认真检查，发现问题及时处理解决，协同培育学生经历学生→学徒→准幼师→幼师的"四位一体"成长阶梯，实现招生与招工同步，教学与工作同步，实习与就业同步。

3. 产教融合，深耕细作教学链

教育学院依托产教融合实践基地的建设，在教学链深耕细作，产教融合，深化"三教"改革，培育托幼一体化学前教育专业人才。

首先，针对学生专业核心素养（师德）养成中知、行脱节，缺乏切身体验，教育信念与教育能力不足现状，创新推出"双层目标，三重交响"的课程思政模式。"双层目标"指教师要帮助学生养成师德的同时，要培养学生对幼儿的育德意识和育德启智的能力。"三重交响"指以三全育人为实施机制，理实一体为教法支撑，虚实结合为辅助手段，旨在全面实现学生的品德素养与专业技能的融合提升。

其次，针对现有课程内容更新滞后，组织策略与要求脱离目前托育园、幼儿园岗位工作操作流程，技能训练缺乏"三员"协作及对过渡环节预设意识欠缺等现状，对标新形势下职业教育新要

图 3　"双层目标,三重交响"课程思政模式

求,把产教融合、双元育人作为实现内涵提升和特色发展的重要
突破口,依托产教融合共同体,在了解岗位工作价值、岗位任务需
求、岗位工作流程,经历实践操作学习与反思基础上,园校共建出以
"职业素养为根本,应用能力为导向"的岗课赛证融通的专业核心课
程体系和阶梯式实践教学体系。同时合作共建核心课程、特色教
材、实训基地开发"宝宝屋"标准和细则,双向赋能师生专业成长。

4. 一专多能,创新实用人才链

园校双方在人才培育过程中将"所能"和"所需"对接,实现专
业与行业、教学与实践、育人与就业的精准对接,创新"四位一体"
教学组织形式。立足幼教"一专多能"职业特点,强化以赛促练和
实践反思,教学中采用观、学、练、赛、创方式开展涵盖教育、活动、
技能、体育和艺术的一系列线上线下特色比赛,高效率开展职业
技能训练。对接岗位多元趋势,重点打造托幼一体化产教融合实
践基地,园校共同开发不同年龄段幼儿教育活动方案,对接"1+
X"证书考核,培养一专多能的托幼一体化专业人才。

5. 外引内培,打造双师型队伍

教育学院走产教融合之路,成立"产、教、学、研、训"教学指导

委员会,实行专业"双带头人"制度。采取了"外引内培"形式,培养"双师型"教师团队,与托育园所建立了"互聘互用,互培互评"教师队伍培养机制。通过聘请托育园所骨干教师参与专业实践教学活动,共研共建专业课程体系和资源库,并指导学生跟岗顶岗实践;选送专业教师到托育园所实践锻炼,参加职业技能考评员培训,不断提高教师的专业水平、实践技能和考务能力;同时对托育园所教师提供教育培训。在队伍建设与管理方面,教师团队内部分工协作、互相配合、优势互补,实现工学融合,互聘互用,互培互评,有效激励教师开拓进取精神,打造双师结构队伍。

6. 立足区域,提供高质量服务

教育学院立足区域经济发展,致力于提升托幼一体化人才培养质量和对区域经济发展提供高质量服务。与托育园所共同制定区域"宝宝屋"行业职业标准和实施细则,为嘉定区多所"宝宝屋"顺利举办提供专业保障;为嘉定区提供中、高级"育婴员"培训

图 4 为区域育婴员大赛和"宝宝屋"等项目提供高质量服务

点和考核点；与嘉定托育服务中心共同定期举办嘉定区托育机构"育婴员""保育师"等相关技能大赛；举办"1＋X"幼儿照护职业技能培训；带领学生在社区开展成年人保护工作宣讲、家长会、家庭教育咨询等服务；在开放型实训中心建设方面，师生共同营造托育园所环境、婴幼儿绘本、婴幼儿早教玩具、音乐舞蹈创新创业氛围。

三、成果成效

（一）制定嘉定区"宝宝屋"服务标准与实施细则

依据《3岁以下婴幼儿健康养育照护指南》与上海实蒙托育园共同制定了嘉定区"宝宝屋"服务标准与实施细则，现已在嘉定社区"宝宝屋"试行，提高了托育服务质量。

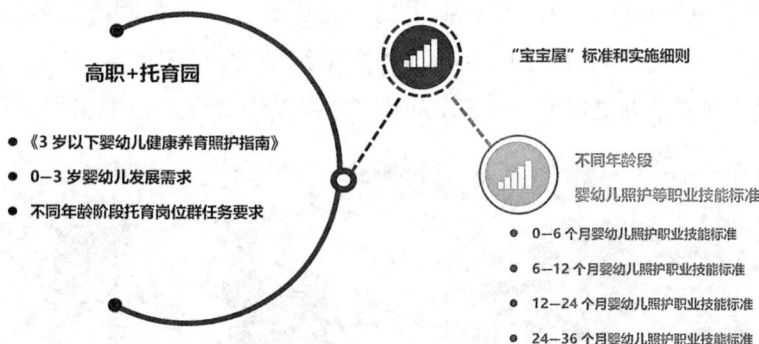

高职+托育园

- 《3岁以下婴幼儿健康养育照护指南》
- 0—3岁婴幼儿发展需求
- 不同年龄阶段托育岗位群任务要求

"宝宝屋"标准和实施细则

不同年龄段
婴幼儿照护等职业技能标准

- 0—6个月婴幼儿照护职业技能标准
- 6—12个月婴幼儿照护职业技能标准
- 12—24个月婴幼儿照护职业技能标准
- 24—36个月婴幼儿照护职业技能标准

图5 制定嘉定区"宝宝屋"服务标准与实施细则

（二）创新人才培养模式，提高人才培养质量

通过"三链链接，多元协同，双向赋能"育人模式，学生专业技能和综合素质提升，已有多名"准毕业生"与托育园所达成就业意向，实现高质量精准就业；学生在上海市"星光计划"、全国"幼之幼"杯等竞赛中多次获奖。

图6　人才培养质量高，在多个技能大赛中获奖

（三）专任教师双师素质有效加强

专业教师通过指导实训、挂职锻炼等形式，双师素质和社会服务能力提升。5名教师受聘于实蒙托育园等单位担任顾问；为托育园所开展育婴员、保育员等培训；开展家庭教育咨询、家园合作培训等社会服务。

（四）园校合作开展教科研取得显著成效

园校共同完成上海市级科研项目2项；共同建设课程"学前儿童游戏"获评国家级精品课程、市级课程思政示范课；共同出版活页教材《学前儿童游戏》，完成校本教材《学前儿童一日生活活动组织》；共同参加并获全国教学能力大赛上海赛区一等奖。

四、经验总结

教育学院依托产教融合实践基地,创新和实践"三链链接,多元协同,双向赋能"育人模式,其经验总结如下:

(一)产教融合实践基地建设的关键点

1. "四共",建立紧密合作长效机制

"政行园校"联动,建立人才共育、过程共管、成果共享、责任共担的"四共"紧密型合作长效机制,实施行业链、教学链和人才链三链链接,打通园校双元主体、工学融合、协同育人的路径,提高专业人才培养适应性。

2. "四建",系统深化"三教"改革

教育学院把产教融合、双元育人作为实现内涵提升和特色发展的重要突破口,共建核心课程、共建特色教材、共建实训基地、共建教学团队,实现"双层目标",依岗"双向赋能",联合设计和创新教学考核评价体系,贯串于教学过程始终。

3. "四互",赋能教师内涵式发展

园校双元主体深度合作,组成结构及运行模式上体现开放性与互动性的师资队伍。通过园校双向"互聘互用、互培互评"的方式,赋能教师内涵式发展,打造了一支专兼结合、结构合理、业绩精良的双师教学团队。

(二)存在的不足与下一步的打算

托幼一体化产教融合基地目前有 6 家合作托幼园所,随着"宝宝屋"项目数量的不断增加,基地规模将不断扩大,进一步提升托幼一体化人才培养质量。

五、推广应用

教育学院与上海实蒙托育园等多家单位组成的校企合作典型案例在同类专业的产教融合中起到了良好的引领示范作用，受邀到泰国格乐大学学前教育专业进行分享，多所同类院校来校进行交流学习。其中，园校共建的"学前儿童游戏"专业核心课程作为国家级在线精品课程已为全国 20 多所高校、多所幼儿园教师，共 2 337 人提供了课程学习资源及技术服务。园校共同制定的《"宝宝屋"服务标准与实施细则》已在嘉定区各街镇社区"宝宝屋"试行。承办嘉定区托幼机构首届育婴员技能大赛，为来自全区各个街镇 92 所公办及民办幼儿园、托育机构的育婴员组织了比赛，产生了积极的社会影响。

黎莉（上海工商职业技术学院）

协同、对接、共育：共同打造智能网联汽车产业学院

一、实施背景

2019 年国务院发布《国家职业教育改革实施方案》，提出，经过 5—10 年左右时间，职业教育基本完成由政府举办为主向政府统筹管理、社会多元办学的格局转变。2020 年国务院推出《"十四五"国家战略性新兴产业发展规划》，明确指出拓宽企业参与人才培养的途径，深化"引产入教"的多元协同育人模式。同年，教育部、工业和信息化部联合印发《现代产业学院建设指南（试行）》，明确现代产业学院建设要坚持育人为本、产业为要、产教融合、创新发展。

在这一背景下，上海科学技术职业学院与百度、蔚来、施耐德电气（中国）有限公司等企业开展深层次全方位的合作，共同建设"智能网联汽车产业学院"。产业学院定位于新能源智能汽车领域，主要围绕新能源汽车技术、智能网联汽车技术、汽车维护与检车等三个专业，从办学体系、治理结构、教学模式、人才培养、实习实训、科技研发、社会培训等方面开展工作。目前校企双方累计投入 2 000 万元，派遣师资 16 名，承担 2 548 学时教学任务，共同培养"订单班、试点班、学徒班"等共 259 名学徒学生。

二、主要做法

（一）校企同频，构建"1—2—3—4"人才培养模式

新组建的产业学院积极发挥多方协同优势，率先实践了一套针对性强、普适性高的"一院实践，二场训练，三师共育，四维评价"的"1—2—3—4"现代学徒制人才培养模式。"一院二场"指学校与企业共建的产业学院（一院），依托学校自建的理实一体化教学工场（一场）、学校与嘉定区职业教育集团共建的员工培训工场（二场），对每一名学生进行"轮场式"培养，"实景化"训练。第一、二学期在"一场"进行理实一体化学习；第三学期在"二场"进行实操训练；第四学期在"一院"参与实际项目生产运行；第五、六学期，根据学生出师情况，分别进入合作企业相应岗位，定岗学徒。"三师共育"指学校导师、企业导师、岗位师傅对学生进行培养。其中，在"一场"教学环节，以学校导师为主、企业导师为辅，以理实一体化教学为主要教学手段；在"二场"培训环节，在企业导师指导下，以岗位师傅为主、学校导师为辅，以实

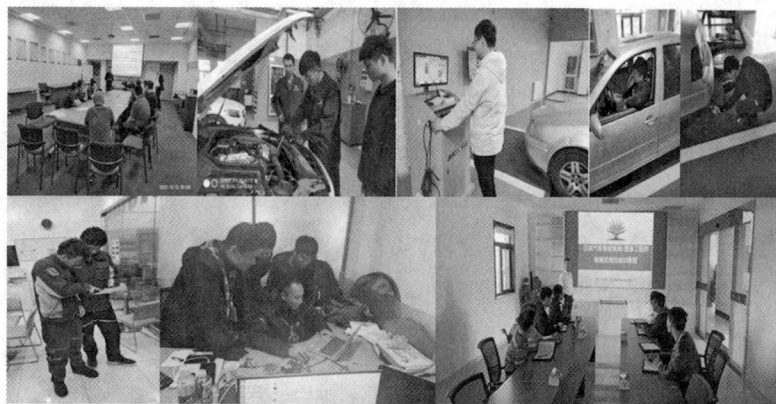

图1　理实一体化教学工场

操为主要培训手段。由于学校导师参与了企业导师培训的全过程,从而确保了教学环节和培训环节的"有机衔接"。在"产业学院"生产环节,以岗位师傅、企业导师为主,学校导师为辅,以实际操作为培养手段。学校导师的参与,保证了教学环节、培训环节和生产环节的"无缝衔接"。"四维评价"指通过学校导师、岗位师傅、企业导师和企业经理人的综合评价,全面考核学徒制班学生的综合能力,考核结果作为该生学业成绩和绩效发放依据。

(二)六维协同,构建互利共赢的产教融合动力机制

产业学院紧扣"人才、技术、文化"的核心价值,协同开展党建活动,凝聚立德树人合力;协同制定专业标准,铆接产教双方供需;协同开发课程标准,促进教学内容更新;协同打造教学团队,提升协同施教能力;协同开发资格证书,校准人才培养规格;协同培养现代学徒,强化工程实践能力;变革动力机制,协调专业内涵自适应产业发展。

(三)校企共育,提升人才培养的针对性和适应性

"校企共育"是产业学院进行人才培养的核心思想,实施的关键是校企共同参与人才培养过程,重点是构建共育性课程体系,优化共育性教学内容,组建共育性师资队伍,重塑共育性培养过程,重构共育性教学模式,再造共育性能力评价体系等,目标是共同培育行业、企业、岗位需要的高素质技术技能人才。

(四)技改联动教改,探索项目递进式的课程开发模式

企业邀请学校参与技术研发,同步将新技术、新工艺开发

成培训课件和资格认证证书,规范学徒和客户运维标准,推广技术和产品。学校把课堂建在工作岗位上,围绕关键技术构建模块化课程体系,以产品研发需求为纽带,从易到难建立基础应用、综合应用、技术集成、跨界融合递进式项目体系,开发模块化课程。学校导师与岗位师傅集体备课、分工授课,伴随产品生命周期迭代课程标准、教材、教案,构建技术过程、生产过程、教学过程三位一体的课程开发模式,缩短项目转化为新课程的距离。

（五）对接岗位,增强课程内容的实用性和时代性

根据企业技术标准,聚焦企业工程师、工艺员、检测人员等典型工作岗位,针对智能网联技术技能核心,精选先进关键技术和典型工艺流程,开发课程标准,进而构建起行业头部企业"岗位标准、技术标准、产品标准"融合的"项目化"课程体系,实现基础课程可共享,专业必修课程可融合,专业选修课程可互选,培养学生专业基础能力、岗位就业能力、职业拓展能力。例如,智能网联汽车产业学院将智能座舱、环境感知等产品标准转化为"智能网联汽车控制与测试"的 X 证书,规范产品用户的作业流程和用人标准,提升证书与岗位紧密度。将环境感知技术、智能决定技术、控制执行技术、V2X 通信技术、云平台与大数据技术、信息安全技术、电子电控框架、高精地图定位等方面的新技术、新规范、新成果纳入课程体系建设中,提取共性技术,整合了 40％的专业基础课;提取专项技术,重组专业课程模块,开发了 9 门新课程,改造了 10 门传统课程;提取岗位技能,新增了 5 门实践课程,强化高端技术技能的培养。对接岗位技能标准,开发具有"课证融通、学训一体、赛创同

步"特点的 16 个课程标准。

（六）导师对接师傅，提升学生的多元化能力

加强学校导师、企业导师与岗位师傅对接，校企联合培养双师多能的创新型教学团队，聘请工艺、设备、检测、标定、控制等岗位的师傅进行专业实习与学徒指导，实现企业岗位要求与在校学习的互联互通，逐步构建以嘉定新能源汽车制造产业链为背景、以专业能力为导向的课程学习与工程实践立交桥。着力提高学生的市场调研能力、产品生产能力、现场解决问题的能力、交流沟通能力、心理抗挫能力等。

（七）教学对接生产，培养学生的岗位执行能力

产业学院以"思政融入，以岗定教，以研促教，德技兼修"的教学理念为指导，基于任务导向开发项目化教学流程。对接岗位核心能力，结合学生的认知规律，将思政元素有机融入教学，提升学生的专业素养和职业技能。实施以新技术生产流程为实践模板的模块化全学程工程训练。产业学院积极探索构建"校内基础实验—工程初步设计与实训—职业技能测试—企业定岗学徒"为主的"四位一体"实践教学体系，利用校内教学实践、仿真实训等平台与企业车间"两个基地"，实施工学交替教学，推行中国特色的现代学徒，提高学生专业能力和岗位执行力。

变革新产业视域下的教学模式和教学手段。产业学院紧跟时代发展步伐，贯彻"工场即课堂、课堂即工场"的现代职业教育理念，尝试现场教学、岗位分工的车间实景教学、任务教学和操作示范等多维度的"工学合一"教学方式，将企业案例和生产工艺编入实用性特色教材，指导学生工程实践，推动学生触摸企业文化

氛围,接受生产与管理理念;在每个专业内建成至少1门企业特色的实用性教材。

三、成果成效

（一）从"课堂"到"现场",成功开发"岗课融通、课证融合"的岗位课程

依据岗位工作任务、要求等,校企双方合作共同开发出5门核心课程的课程标准、教材、课程结构,实现教学内容与工作内容对接、教学标准与企业标准对接、技能培训与技能证书考核点对接。这些课程教材和课程标准在上海市汽车类专业中获得特等奖1项、一等奖1项、二等奖2项的好成绩,为实施深度产教融合提供坚实的基础。

（二）从"个体"到"合体",打造出"专兼结合"的高素质教师团队

遴选多名思政教育经验丰富、教学、技能突出的青年教师和多名技能大师和企业师傅,共同组建结构合理、专兼结合、技艺精湛的教师团队。教师团队共同协作,以教师企业实践为基础,以企业项目为支撑,不断在教学、研发、竞赛等方面取得优秀的成绩,为培养高素质技术技能人才打下坚实的基础。

（三）从"单打独斗"到"命运共同体",助推学生技能竞赛取得优异成绩

校企共同培养学生参加全国技能竞赛、创新创业、"互联网＋"等大赛。企业项目"全自动铝合金裁剪机的设计"荣获上海市"特等奖"、全国"二等奖",近期在国赛中勇获二等奖。

四、经验总结

当前上海市拥有的央企、国企数量多，行业头部企业多，但也存在部分企业高素质和跨界多面手的人才匮乏，难以适应产业转型升级和新兴产业创新发展之需要的情况；大部分企业在高职院校人才培养过程中主体地位缺失。组建校企共建的产业学院，积极探索新经济背景下的校企合作、产教融合、科教融汇的双主体新体制，为新能源智能网联汽车等新兴战略产业培养高素质技术技能人才，对高职院校发展和企业创新升级提供全新办学模式和合作方式。

智能网联汽车产业学院积极作为，紧密对接嘉定区，乃至上海市的支柱产业、新兴产业和特色产业链，对焦企业需求，聚焦地方服务，探索新的组织构架和运作模式，实行理事会领导下的产业学院院长负责制，吸收企业家、行业协会领导等各界代表参与，让校外力量反客为主，从原来顾问变成决策者，借助他们的一线实战经验，让产业学院在培养方案制定、课程资源开发和人才培养实施过程中更有针对性，更符合产业和企业需求，为高职院校提质发展提供可借鉴的经验。

诚然，智能网联汽车产业学院的建设与发展是培养高素质技术技能人才的积极尝试。校企共建的智能网联汽车产业学院如何打破原来校企合作中企业和二级学院"一对一"、单兵对接的局限，以围绕产业链、打造相关高水平专业集群为建设机制，促进产业学院与区域产业无缝对接，进一步实施校企共赢合作，产教深度融合，在校企间的资源共享化、专业课程岗位化、教师队伍工程化和人才培养职业化等方面，突破理念束缚，创新办学模式和运作机制，是下一阶段专注思考与亟待深化的内容。

五、推广应用

　　龙头企业、国企、央企等优质企业在建设现代产业学院过程中发挥了关键作用。通过现代产业学院可以将优质企业的带动能力辐射到更多高新特尖企业,既可以引教入企受惠于学生,又可以共建项目研发机构解决企业"卡脖子"难题,达到共享双赢的结果。

吴杏(上海科学技术职业学院)

"龙凤祥"非遗技艺工作室的创新实践

一、实施背景

中办、国办印发的《关于进一步加强非物质文化遗产保护工作的意见》，中宣部、文化和旅游部、财政部联合印发的《非物质文化遗产传承发展工程实施方案》都明确要求拓宽人才培养渠道，推动传统传承方式和现代教育体系相结合，创新传承人培养方式。

随着中国非遗产业转型升级，不仅要求传统手工艺的传承发展，还需要现代商业模式的创新，将传统非遗技艺与现代设计相结合，创造出更符合现代市场需求的产品，才能保持非遗的生命力。在这种背景下，非遗人才培养比以往任何时候都更需要具有复合性、创新性、前瞻性的眼光，非遗人才培养规格随着非遗产业转型而升级，学生需要有创新创意素养、综合艺术素养、跨学科知识、社会责任感、团队协作能力以及终身学习的意识。如何建立非遗产教融合实践机制、整合非遗教学资源、创新非遗人才培养模式成为了职业教育在非遗传承与活化中亟待解决的问题。

二、建设目标

坚持以教促产、以产助教,联合与上海老凤祥珐琅艺术有限公司、上海龙凤中式服装有限公司,共同创设"龙凤祥"非遗技艺工作室,推动非遗文化的传承与创新,培养非遗传承人才,促进非遗文化与现代产业、教育的融合。

（一）建立产教融合协同育人的校企合作模式与机制

在传统校企合作模式基础上,学校开放"引企入校"大门,由学校提供场地、校企共同投入,依托校内产教融合教育实验园创新打造非遗技艺工作室,引入非遗大师驻地工作创作,并实现驻地工作与人才培养协同促进,建立起产教同频共振、双向融通的合作模式。

（二）建立产教融合协同培育创新型非遗人才培养模式

依托非遗技艺工作室,建立起由跨行业非遗大师领创、学校跨领域跨专业教师参与,以非遗产业化真实项目为纽带,通过非遗创新项目的真实工作场景与工作实践,带教培育具备非遗传承精髓和现代创新能力的新一代人才的人才培养范式。

（三）双向赋能,助力非遗人才培养与非遗传承创新

构建一种双向赋能的工作室合作框架,通过与产业界的深度合作,为学校教育和人才培养带来产业一线实战机会,同时学生的创新理念和实践、学校跨领域跨专业知识技能将反哺到非遗文化传承中,为传统技艺注入新的活力和思维,有助非遗文化创新发展。

三、实施过程与条件

（一）创新打造了跨专业跨行业特征的大师工作室

根据我校《企业大师/艺术家（入驻）工作室管理办法》鼓励跨专业合作设立工作室（见图1），联合我校时尚创意专业群内的服装设计与工艺专业和首饰设计与制作专业与龙凤旗袍、老凤祥珐琅两大品牌共同建立长效稳定的校企合作，联袂创立"龙凤祥"非遗技艺工作室（见图2）。相较于仅单个专业寻求与相应企业合作的方式，"龙凤祥"非遗技艺工作室打破了专业与行业壁垒，既实现了学校跨专业的联动，又融合了跨行业的两家企业，构成形成"1＋1＞2"的产教融合创意实践平台与非遗人才培养新型模式，为社会输送兼具新时代工匠精神与创意思维的优质复合型非遗人才提供了支撑条件。

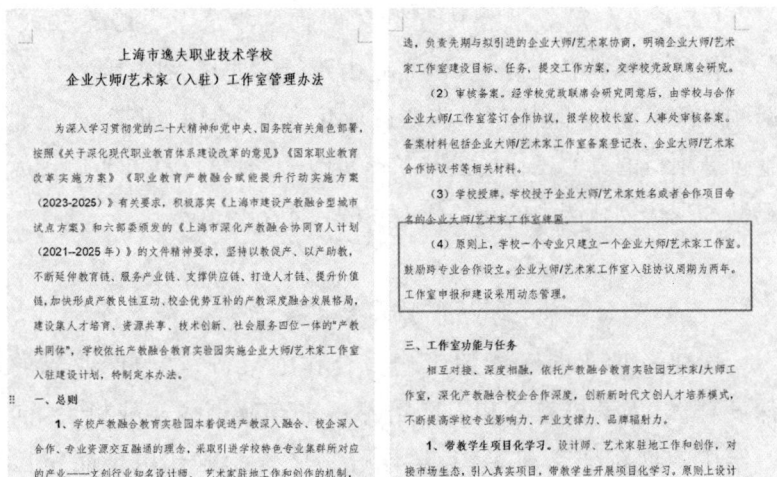

图 1 《企业大师/艺术家（入驻）工作室管理办法》

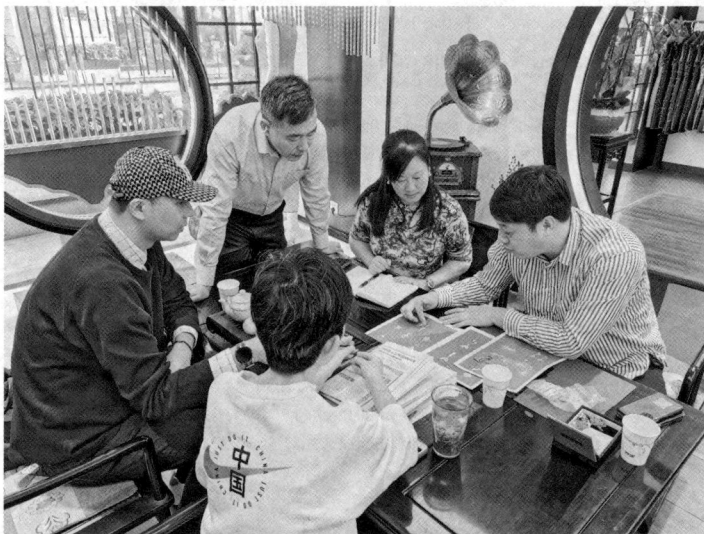

图 2　工作室与龙凤旗袍、老凤祥两家企业共同研讨非遗合作产品

（二）建立了目标明确、运作清晰的合作模式与机制

明确了"龙凤祥"非遗技艺工作室的主要功能，主要包括企业大师对接市场生态，引入真实项目带教学生开展项目化学习；发挥带徒传艺传技作用培养提升青年教师；扶持学生真实项目孵化落地和推广；举办学生主题作品展示，以展促教、以展促学、展评结合，结合师生带教培养与项目化学习展示学生培育成效等。

设立具有产业经验的大师和丰富教学经验的专业带头人组成的专业化管理团队，负责推进合作项目，并依据学校大师工作室管理办法，有序开展工作室作息、纪律、人员、资产、知识产权等管理工作，确保项目顺利实施，达到高质量产教融合的效果。

同时，工作室还建立了有效的评估体系（见表1），定期评估工作室的运作效果，调整合作机制（见图3），确保工作室始终保持活力和创新性。

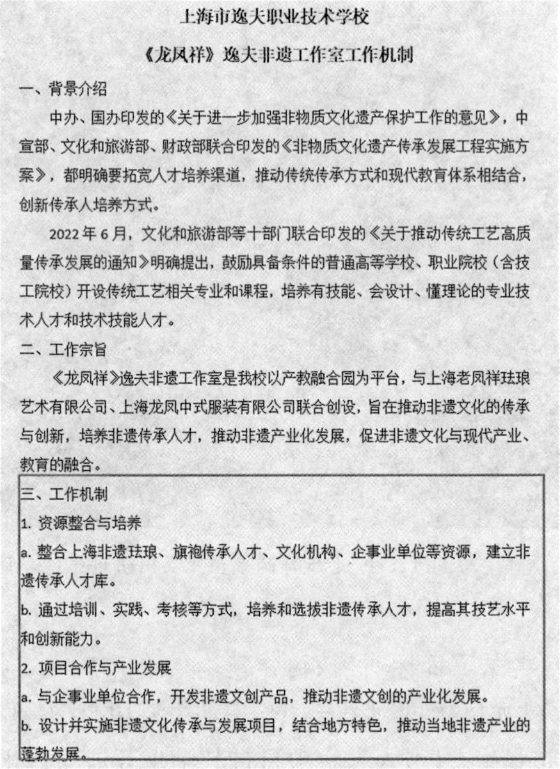

上海市逸夫职业技术学校

《龙凤祥》逸夫非遗工作室工作机制

一、背景介绍

中办、国办印发的《关于进一步加强非物质文化遗产保护工作的意见》，中宣部、文化和旅游部、财政部联合印发的《非物质文化遗产传承发展工程实施方案》，都明确要拓宽人才培养渠道，推动传统传承方式和现代教育体系相结合，创新传承人培养方式。

2022年6月，文化和旅游部等十部门联合印发的《关于推动传统工艺高质量传承发展的通知》明确提出，鼓励具备条件的普通高等学校、职业院校（含技工院校）开设传统工艺相关专业和课程，培养有技能、会设计、懂理论的专业技术人才和技术技能人才。

二、工作宗旨

《龙凤祥》逸夫非遗工作室是我校以产教融合园为平台，与上海老凤祥珐琅艺术有限公司、上海龙凤中式服装有限公司联合创设，旨在推动非遗文化的传承与创新，培养非遗传承人才，推动非遗产业化发展，促进非遗文化与现代产业、教育的融合。

三、工作机制

1. 资源整合与培养

a. 整合上海非遗珐琅、旗袍传承人才、文化机构、企事业单位等资源，建立非遗传承人才库。

b. 通过培训、实践、考核等方式，培养和选拔非遗传承人才，提高其技艺水平和创新能力。

2. 项目合作与产业发展

a. 与企事业单位合作，开发非遗文创产品，推动非遗文创的产业化发展。

b. 设计并实施非遗文化传承与发展项目，结合地方特色，推动当地非遗产业的蓬勃发展。

图3 逸夫非遗工作室机制

表1 非遗技艺工作室评估表

评估指标	一级内容	二级内容	不合格0/合格6/良好8/优秀10
目标和愿景	目标设定和愿景明确度	• 确定非遗技艺工作室的目标和愿景，比如保护、传承和推广当地非遗技艺。 • 确定工作室的核心价值观，例如尊重传统、创新发展等	

评估指标	一级内容	二级内容	不合格 0/合格 6/良好 8/优秀 10
组织结构和管理	组织结构完善程度	● 评估工作室的组织结构,包括管理层、员工配备和职责分工等	
	管理流程和沟通效果	● 检查管理制度和流程,确保高效运营和顺畅沟通。 ● 确定工作室的财务管理情况,包括预算编制、资金使用和财务报告等	
技艺传承和培训	技艺传承计划质量	● 评估工作室的技艺传承计划,包括学徒制度、师徒关系和培训项目等 ● 考察工作室的教学方法和课程设置,以及对学员的指导和辅导情况	
创作和生产能力	创作能力和原创性	● 评估工作室的创作和生产能力,包括设计、制作和展示等方面。 ● 确定工作室的创意和原创性,以及产品质量和市场竞争力	
	生产设备和材料质量	● 检查工作室的设置和工具,以及材料和技术的供应情况	
市场推广和品牌建设	品牌形象和知名度	● 检查工作室的品牌形象和知名度,以及社交媒体的运营情况	

评估指标	一级内容	二级内容	不合格 0/合格 6/良好 8/优秀 10
社会效益和文化影响	对社区和文化影响程度	● 评估工作室对当地社区和文化的影响,包括文化认同等方面。 ● 确定工作室与当地非遗保护机构和专家的合作情况,以及对外接待能力	
	公益活动和社会责任履行	● 考察工作室的公益活动和社会责任,如义务教学、文化交流和扶贫帮困等	
持续改进和发展	反馈和问题解决机制	● 检查工作室的学习和培训计划,以及成员的专业素养和技能提升情况	
总分(100 分)			

(三)创设产教融合协同教育教学模式

1. 开设非遗项目实践课程带教师生项目化学习

依托"龙凤祥"非遗技艺工作室开设专创融合项目实践课程《非遗珐琅胸针设计与制作》,让学生在了解珐琅传统工艺的基础上,独立设计并完成一款珐琅饰品。在这个课程中,学生深入企业与上海市非遗保护项目海派珐琅金银器第四代传承人陈徐奇先生深入交流,并通过调研深入了解海派珐琅历史;工厂师傅技能亲授,带领学生完成从"设计—制图—制作—后期处理"整个设计制作珐琅作品的过程;每位同学都能在大师的指点下完成个人珐琅艺术作品。(见图 4、图 5)

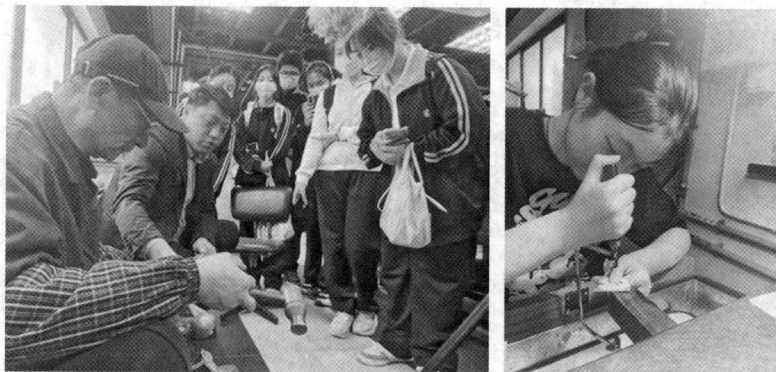

图 4　学生与老凤祥非遗珐琅传承人陈徐奇深入交流并学习制作

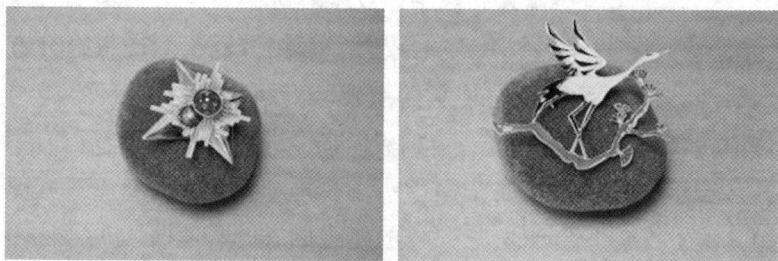

图 5　学生在项目实践课程中独立设计与制作的珐琅首饰作品

　　这种以真实项目引领、任务驱动的产教融合教学模式打破了原有专业教学中偏重知识技能引领、教师为主体的传统教学模式,同时也激发学生对学习非遗珐琅技艺的兴趣,培养学生对民族文化的认知和理解。

　　2. 带徒传艺打造校内非遗技艺专业师资团队

　　邀请企业大师进驻工作室深化产教融合育人模式,不光培养学生人才,更要发展校内专业教师,全面提升师资力量,为培养非遗人才提供可持续的资源保障。如服装设计与工艺专业师生与第三代非遗传人徐永良大师共学传承"镶、嵌、滚、宕、盘、绣"的工艺精髓。与学生形成互促共进、亦师亦友的良好关系,激励了学生传承发展非遗技艺的热情(见图6)。

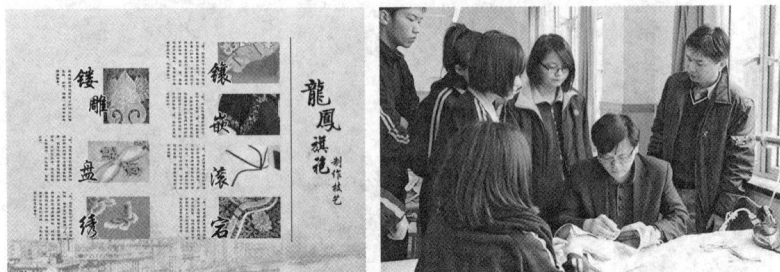

图6 第三代非遗传人徐永良大师传授我校师生非遗技艺

3. 拓展多样性非遗产教融合教学活动

"龙凤祥"非遗技艺工作室致力于开拓多样化的产教融合育人活动,持续激励学生对传承非遗技艺、创新非遗设计的兴趣与热情。如牵手中华艺术宫共同举办的"走进艺术宫"系列活动,举办"光影·非遗"第五届全国中小学生电影周展示活动等(见图7)。学生将亲手设计、打版制作的旗袍成衣以非遗服饰走秀社团

图7 第五届全国中小学生电影周展示活动师生教学成果

的形式为群众展现非遗服装之美（见图 8），同时将校企合作课堂中的所学，借平台授予大众，让公众在体验非遗文化的同时，感受中华文化盘扣工艺以及中国民族服装代表旗袍的文化魅力。这样的教学活动，既有助于非遗文化的传播与产业创新，同时对于学校人才培养而言，由课堂中的"学生"成为大众面前的"老师"，身份的转变以一种新的形式激发了学生的学习动力，也巩固扎实了学生的技艺功底。

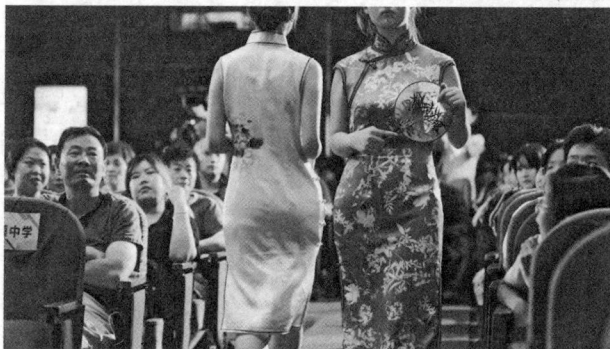

图 8　学生自信展示个人所学、所做的非遗旗袍

4. 积极推进非遗传承创新"创意＋创业"实践

在学校各类"创意＋创业"实践活动中，非遗创新生机勃勃。

作品与产品关联，开展非遗主题创新创业项目设计。创新创业项目"AROUNDUS 立衣——中国中高端服装定制品牌"将龙凤旗袍九大非遗工艺融入商业产品，依托淘宝、微店等电商平台提供定制服务，项目荣获中国国际"互联网＋"大学生创新创业大赛铜奖（见图 9）。

艺术与科技结合，将数字软件投入非遗产品创意设计。龙凤旗袍引入以 Style3D 为代表的 3D 建模软件教授学生生成具有非遗特色的数字虚拟时装，这一过程不仅减少了时尚产业中制衣成

图 9 立衣项目团队展示非遗旗袍作品亮相大赛现场

本及面料浪费等问题,也激发学生产生更多设计灵感与创意,在节约款式设计时间的同时能更专注、更高效地将非遗技艺应用于作品(见图 10)。

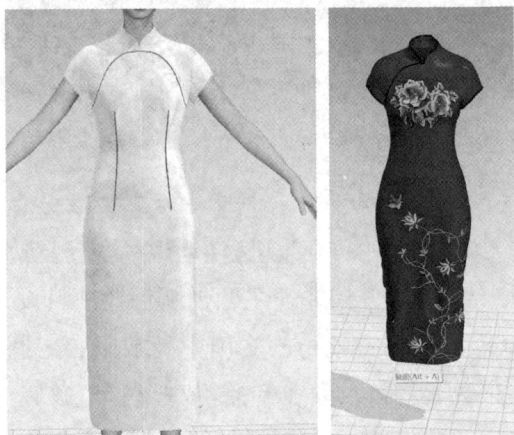

图 10 学生利用 3D 建模软件生成数字旗袍作品

老凤祥企业专家教授学生 JewelCAD、Rhino3D 等软件将传统珐琅工艺与 3D 软件相结合。以借助电脑建模软件,增加珐琅制作的前期设计起版实效,更有利于学生时时观察检测作品的精度与细节,为后期作品上珐琅釉做好前期准备,提高工作效率(见图11)。

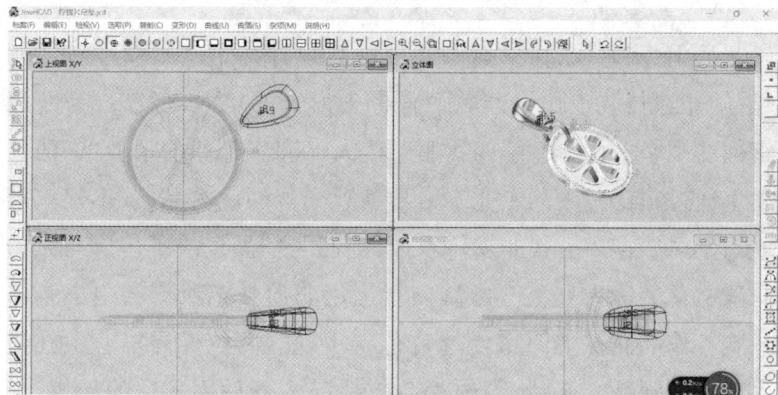

图11　学生利用3D建模软件生成数字珐琅首饰作品

非遗技艺与时尚设计融合,引领时尚服装新风尚。"R. N. S创衣——可持续时尚改造设计服务平台"项目将龙凤旗袍非遗工艺与传统书法、天然蜡染相结合,解构库存积压的普通现代服装版型并进行改造设计,将课堂所学非遗知识与技能迁移并运用于实际,举一反三、灵活实践于非遗工艺和现代设计融合的创新应用(见图12)。

图12　学生将非遗工艺、蜡染和书法创新应用于现代服装设计

四、主要成效

（一）形成非遗人才培养范式

吴雨婷和张钦伟毕业于我校服装设计与工艺专业，经过"龙凤祥"非遗技艺工作室产教融合育人模式的培养，现已成为龙凤旗袍的中坚力量。在第四代非遗传人江满宗师傅的带教下，两位学生通过自身过硬的专业实力与勤勉刻苦的优秀品质，不仅双双成为龙凤旗袍第五代非遗传承人，她们的作品也成了传播与弘扬非遗文化的优秀典范。她们创新运用非遗技艺所做的白玉兰盘扣胸针作品获评上海市优选特色伴手礼。两位优秀毕业生在进入产业加强社会实践、磨砺社会技能与素养后不忘反哺母校，作为指导老师参与校内外的大小活动，带领新的学生传承非遗技艺，形成良性且长效的可持续非遗人才培养模式。

（二）非遗文化彰显创新活力

在中国国际"互联网＋"大学生创新创业大赛中，基于非遗元素创作的作品产品和商业模式荣获国家赛铜奖1次，上海赛区金奖、银奖、铜奖各1次；在上海新锐首饰设计大赛、上海玉龙奖、全国技能大赛上海选拔赛等，在"龙凤祥"非遗技艺工作室培育指导下的作品累计获得金奖3人次、银奖10人次、铜奖31人次。

（三）东西协作助力非遗可持续发展

依托沪滇职业教育合作"职教共富彩虹计划"为背景，"龙凤祥"非遗技艺工作室通过"南牵云南——非遗创意体验课程"系列活动与云南广南县民族职业高级中学多次连接互动，将上海独有的非遗文化用创意体验课程、非遗作品展览、师生联动访谈等活动方式传播到云南、新疆等地,辐射推广非遗传承创新产教融合发展模式,东西协作助力非遗可持续发展。

五、思考与展望

通过打造"龙凤祥"非遗技艺工作室以及依托工作室拓展丰富多样产教融合型人才培养实践,促进了教育链、人才链与产业链、创新链有机衔接,有效实现了非遗人才的培养,推动了非遗传承与创新。未来"龙凤祥"非遗技艺工作室还将继续深化锤炼人才培养体系。一是建立起由浅入深、由表及里、由内向外的系统性非遗教育课程体系。二是促进教学方式变革,创新师徒传承模式,采用互动式教学,激发学生的主动性和创造力;积极利用虚拟现实(VR)等现代科技手段,提供更丰富的学习体验,增强学生非遗学习兴趣。三是加强与相关产业深度合作,将非遗技艺应用融入文化创意多领域,不断提高其市场竞争力。四是积极参与国际交流与合作,与其他国家和地区的非遗保护机构、学校进行合作项目、交流访问等,促进非遗技艺的传播和交流,拓展非遗技艺的国际影响。

徐青、曹佳宜、陶姣姣、杨丽、颜如玉(上海市逸夫职业技术学校)

"4S"学徒在岗学习模式的
探索与实践

以上海市现代流通学校物流服务与管理专业为例

一、实施背景

（一）针对存在的问题

学徒在岗学习是现代学徒制区别于学校职业教育的核心要素，也是现代学徒制人才培养的精华。学徒在岗学习质量的高低直接影响现代学徒制实践成功与否。然而，我国众多现代学徒制实践备受诟病的问题恰恰是学徒在岗学习质量低下，表现为"学徒放羊""只做不学""学得随意""缺乏监管"等。这一问题普遍存在，不仅使得高质量的技术技能人才难以培养出来，还直接导致了社会对现代学徒制的负面看法。虽然产生这一问题有许多主客观原因，但综合而言，问题症结在于：

1. 在岗学习的任务不明确或不合理，不清楚要"学什么"；

2. 在岗学习的方式模糊或难实现，不清楚要"怎么学"；

3. 在岗学习的评价缺位或不合理，不清楚要"怎么评"；

4. 在岗学习的质量保障缺位或不合理，不清楚要"怎么保障"。

（二）破解的思路

"4S"学徒在岗学习模式由四个层面构成（见图1），针对学徒在岗"学什么""怎么学""怎么评""怎么保障"提供了系统性的解决方案，从而有效提高和保障学徒在岗学习质量。

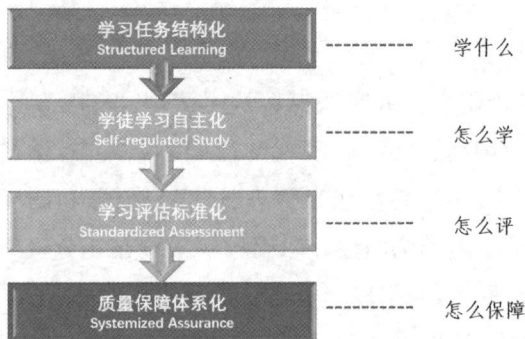

图1 "4S"学徒在岗学习模式的构架

1. 学习任务结构化（Structured Learning），解决"学什么"

基于模块教学理论和结构化在岗培训理论，主张按学徒成长规律设计模块化的岗位学习任务，使在岗学习任务明确、顺序合理、开展灵活。

2. 学徒学习自主化（Self-regulated Study），解决"怎么学"

基于自主学习理论和情境学习理论，主张提供充分且高质的学习材料，激励和帮助学徒在工作场所自主学习，同时使企业导师能更有效地提供指导。

3. 学习评估标准化（Standardized Assessment），解决"怎么评"

基于能力本位评价理论和标准作业程序原理，主张以明确的考核点和标准化的操作流程对学徒学习进行评估，侧重考核"输出能力"。

4. 质量保障体系化(Systemized Assurance),解决"怎么保障"

基于第三方评估理论和质量控制理论,主张建立内外部分级的质量保障体系,突出评估的客观性与诊断作用。

二、具体的做法

(一)校企联手,科学开发,学习任务结构化

学校与企业联合组成课程教学团队,共同制订了《中职物流管理与服务专业教学计划(现代学徒制)》。其中,学徒在岗学习安排在第三年,学徒要在仓库管理员、客户服务和调度员 3 个岗位轮转,保证学习的全面性。课程教学团队在充分吸纳英国仓储配送综合管理三级水平职业资格认证要求的基础上,结合中国国情与企业特点,围绕仓库管理员、客户服务和调度员三个岗位的典型工作任务,对学徒学习任务进行了系统完整的梳理,形成了由 8 个单元组成的学习任务体系(见图 2),8 个学习单元又进一

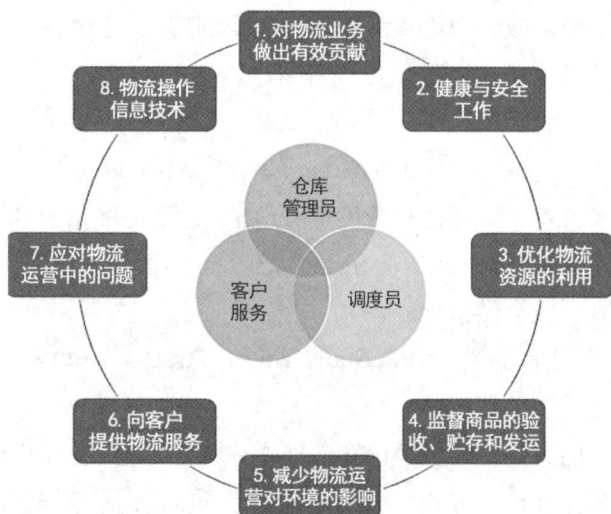

图 2 学徒在岗学习的学习任务体系

步分解为 17 个具体的单元学习目标和 127 条评估标准,保证学徒所学与岗位要求相贴合、与资格证书相挂钩,既满足中国企业的需要,又满足英国资格认证的要求。

这一学徒在岗学习任务体系完整体现了合格从业者所应具备的知识、技能、态度,突出软硬技能的结合,强调对企业业务的真实贡献,不仅使学徒在岗学习的任务完整、清晰,更使学习任务具体、可测,能有效帮助评估师(学校导师)、企业导师以及学徒对在岗学习任务达成清晰且统一的认识,为后续共同商讨学徒的自主学习计划奠定基础。

(二)开发学材,个别指导,学徒学习自主化

自主学习是学徒在岗学习的最好方式,这既是由企业的生产特性决定的,又是由于学徒的个体差异造成的。"4S"学徒在岗学习模式激励并支持学徒自主学习。具体做法是:每名评估师负责 2 名学徒;在开展学徒培训前,评估师指导学徒完成初始评估,了解学徒学习的起点(知识、能力、学习偏好等),与学徒及企业导师一起商定整体学习计划;评估师每周到企业评估学徒学业进展,共同拟订或调整下周学习计划;学徒日常根据学习计划在企业导师指导下展开学习。在学材方面,课程团队对英国教材进行本土化,根据中国企业实际做了必要调整,对应 8 个学习单元形成了系列化的学徒在岗学习练习手册、综合练习手册等。与传统的教材和学材不同,这些练习手册由大量的企业环境下的观察、操作及反思记录组成(见图 3),要求学徒融入企业业务,通过自己主动的观察、操作和反思,获得相应的知识、技能与态度。

图 3 学徒在岗学习练习手册中的部分练习示例

（三）规范流程，明确方法，学习评估标准化

学评同步、以评促学是"4S"学徒在岗学习模式的核心特征。要充分发挥评估的诊断和指导作用，就必须有科学完整的评估方案和工具。学校与企业对英国学徒制评估方案进行了改造，由学校导师担任评估师，形成了具中国特色的"8-11评估法"。"8"指的是评估师走访企业评估学徒的8个标准流程：（1）制定评估计划；（2）与学徒面谈了解本周工作情况（缺勤、工作内容、工作态度等）；（3）检查上周布置的作业；（4）对本周学习成果进行评估；（5）对评估结果进行评价和反馈（对不达标内容进行再培训）；（6）布置下周学习任务，与学生约定评估时间；（7）填写评估报告（周总结＋月总结），整理归档评估材料；（8）每月召开评估师、学徒、导师三方会议，使三方了解评估目标和内容。

"11"指的是11种评估方法：个人陈述法（PS）、问答法（Q）、引导式讨论法（GD）、练习册法（WB）、先前学习成果法（APL）、观察法（OB）、证人证词法（WT）、作业/项目法（A/P）、工作产出测试法（EP）、口头汇报法（LP）、工作经验法（CH）。评估师与学徒在对单元标准条文的理解和掌握下，根据工作岗位情况、学徒特点及取证难易度等，共同商议最合适的评估方法（知识标准至少采用1种评估方法，技能标准至少采用2种评估方法），并在充分准备的基础上取证。评估师需对证据做出判断,确认学徒是否已达到职业标准的要求,将合格的证据材料上传至学习管理平台。如果学徒的能力尚未达标,则评估师给出反馈建议,学徒继续改进,约定二次考核,直到符合职业标准条文的相关要求。

(四)四层监控,三频管理,质量保障体系化

"4S"学徒在岗学习模式采用"四层三频"的方式实现质量保障体系化。"四层"指的是质量保障由企业导师、评估师、内审员和外审员四层监控实现(见图4)。其中,企业导师负责监督指导学徒学习;评估师由学校导师担任,负责评估学徒的学习成果;内审员由第三方物流咨询公司(英国瑞尔有限公司)的专家担任,负责评估评估师的水平(含30个考核点);外审员由颁证机构担任(第一、二期学徒制项目为英国培尔森颁证机构,经本土化后第三期学徒制项目已转为中国物流与采购联合会),对于学徒、评估师、内审员的整体质量进行跟踪把控,评估合格后颁发相应的培训合格证书。

图4 "4S"学徒在岗学习质量保障体系

“三频”指的是日、周、季三种管理频次。(1)日管理:由企业导师管理和监督学徒每日按学习计划及企业标准作业流程(SOP)开展学习和实践。(2)周管理:一是由评估师每周对学徒在岗学习进行评估;二是由内审员每周对评估师辅导学徒学习的情况进行考评并给出改进建议。(3)季管理:由内审员每季度考核评估师的评估技能,给出评价意见。所有的评估与管理都有工具并形成报告,如周总结表、月总结表、内审员月现场考核表、内审员抽样检查报告、外审员抽样检查报告等(见图5)。

学徒进展情况回顾 | 阶段性/退出

the real apprenticeship co.

目标参考	开始评估日期	预计完成日期	实际完成日期	进度百分比

内审抽样检查报告(学徒)

	学徒姓名	取证中单元	已取得证据数量	周总结	月总结	所需行动	风险
女	王颂	1、2、3、8、15	15	5	3	考虑采用更多评估方法	绿
女	李梦杰	1、2、3、8、15	14	5	3	考虑采用更多评估方法	绿
女	毛莉	1、2、3、8	12	5	3	考虑采用多种评估方法,开始其他单元的评估	绿
女	毛卫敏	1、2、3、8、15	17	5	3	考虑采用更多评估方法	绿
女	吴雨晨	1、2、3、8、15	16	5	3	考虑采用更多评估方法	绿
男	王梓宵	1、2、3、8、15	19	5	3	考虑采用更多评估方法	绿
男	罗浩	1、2、3、8	16	5	3	考虑全面评估方法,考虑收集更多的证据,开始其他单元的评估	绿
男	张君宝	1、2、3、8	10	5	3	考虑全面评估方法,开始其他单元的评估	黄
男	韦鹏超	1、2、3、8、15	15	5	3	考虑全面评估方法,考虑收集更多的证据	绿
男	曾雨坤	1、2、3	5	4	2	评估进程落后,需开始第8单元评估内容	红

	单元完成情况汇总及抽样记录Reviews for learner's evidence 20151221												
单元完成状况	Unit1					Unit2					Unit3		
	项目	证据类型及编号	完成状况	抽样标注	抽样状况	项目	证据类型及编号	完成状况	抽样标注	抽样状况	项目	证据类型及编号	完成状况
	1.1					1.1					1.1		
	1.2					1.2					1.2		
	1.3					1.3					1.3		
	1.4	▼ZY2015.12.03Q2	完成	√	OK	1.4					1.4		
	1.5	▼ZY2015.12.03Q2	完成	√	OK	1.5					1.5		
	1.6	▼ZY2015.12.03Q2	完成	√	OK	1.6					1.6		
						1.7					1.7		
						1.8					1.8		
						1.9					1.9		
	2.1					2.1					2.1		
	2.2	▼ZY2015.12.030B5	取证中	√	需调整	2.2					2.2		
单元标准项目	2.3	▼ZY2015.12.030B5	取证中	√	需调整	2.3					2.3		
	2.4					2.4					2.4		
	2.5					2.5					2.5		

图5 “4S”学徒在岗学习评估管理工具示例

三、取得的成效及创新之处

（一）学徒培养质量显著提升，深受合作企业好评

试点以来已经有两届学徒毕业。其中第一届学徒参加了英国物流操作三级认证，20 名学徒全部通过。两届学生中获得叉车五级证书、叉车上岗证、中物联助理物流师证书、仓管员四级证书的比例也非常高（见表 1）。学徒一年以上留任率分别达 80% 和 70%。合作企业对学生及项目给予了高度评价："现代学徒制项目的校企合作，通过系统化的培训、科学及完善的评估体系，为我司培养出了一批适用的人才，为我司未来的发展储备了力量。"由于毕业生的技术技能水平过硬且企业融入度高，岗位晋升速度及薪资待遇均高于同期招聘的普通毕业生（见表 2）。

表 1　毕业生获得资格认证的情况

资格认证	颁证机构	2019 届	2020 届
英国物流操作三级认证	EDEXCEL	20	——
物流高级学徒制	THE REAL APPPRENTICESHIP CO.	——	12
助理物流师	中物联	20	——
叉车五级证书	人力资源和社会保障局	20	8
叉车上岗证	上海质监局	5	——
仓管员四级	人力资源与社会保障局	10	8

注：2019 届学徒为 20 人，2020 届学徒为 12 人；"——"为未参加该项认证。

表2 部分毕业生岗位及薪资情况

姓　名	年　份	目前岗位	薪资水平
张晓俊	2023 年	仓管员	10 000 元左右
杨　彪	2022 年	仓管员	8 000 元左右
李美玲	2023 年	调度	7 000 元左右

（二）师资队伍水平明显提高，带动全校专业建设

专门培训以及常规企业走访，使得师资队伍的专业技术、教学及科研水平明显提高。学校与企业先后共派遣 12 名专业骨干教师及业务主管赴英参加英国学徒制评估员培训，全部取得英国评估员资质，其中 3 人还取得英国内审员资质。专业教师在上海市"星光计划"中获得指导学生一等奖 9 人次；在公开学术期刊发表现代学徒制论文 4 篇；完成全国物流职业教育教学指导委员会、上海市职教协会等学徒制课题 3 项；获中国职业技术教育学会商科专业委员会论文评审一等奖 2 项、二等奖 1 项；教材《仓储与配送设备使用与维护》在上海市中等职业学校第四届校本教材展示交流评比中获"优秀校本教材"。学校不定期以专题培训、业务研讨等方式将试点的成功做法向全校推广，带动了全校专业建设向深度校企合作方向改革。

（三）实践模式广受关注好评，示范效应辐射全国

项目受到社会的广泛关注和好评。多个主流媒体均对项目进行了报道。3 篇案例报告被上海市教委教研室选编入《上海市职业教育国际水平专业教学标准试点实施案例》。接待中国职教协会、青岛市教育局、广西柳州职业技术学院等全国各地来访调

研的职业教育机构 23 批,总计人数 139 人(见图 6)。学校还被中国物流与采购联合会(全国物流职业教育教学指导委员会)选为典型,将学校做法上升为行业做法,在全国中高职院校的物流专业推广。目前学校已受邀参加了中国物流与采购联合会在全国 12 个地区的现代学徒制推广宣传和培训活动,反响热烈。

人数

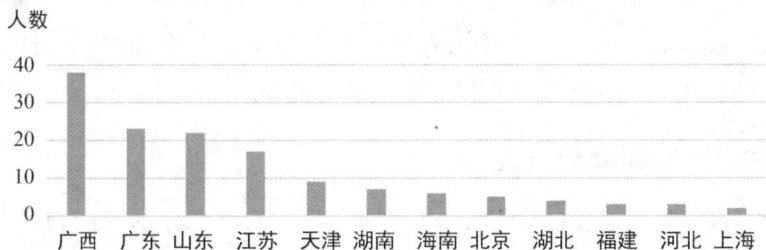

图 6 接待来访调研机构及人数的地区分布

(四)创新之处

1. 理论创新

(1)构建了立体式的学徒在岗学习理论框架。基于理论反思与实践探索,对学徒在岗学习"学什么""怎么学""怎么评""怎么保障"做出系统回答,为提高和保障学徒在岗位学习质量构建了立体的理论框架。

(2)揭示和解决了经营与教学、个性与共性的矛盾。学徒在岗学习质量不高归根结底是企业经营与教学需要的矛盾、学徒个性化发展与统一教学安排之间的矛盾,破解之道在于多层质量监控以及灵活且个性化的学习方案。

2. 实践创新

(1)保障体系创新——内外合力、多层管控。"四层三频"的质量保障体系充分调动内外部力量,尤其是加入了第三方行业咨询机构和颁证机构的管控,从而实现质量监控的客观性。

(2)学评方案创新——学评同步、以评促学。"8－11评估法"突出能力本位,强化评估的诊断作用。基于评估结果,评估师、企业导师和学徒共商个性化学习计划,有效促进学徒学习。该学评方案流程规范、方法明确、易于推广。

(3)管理工具创新——基于制度、强化文档。基于ISO质量管理的思路,创建了系列化的制度文件和操作文档,使制度得以落实,实现过程可控、结果可控、成果可复制。

四、存在问题和建议

1. 企业主动愿意深度参与产教融合的积极性不高;建议借鉴英国现代学徒制的方法,政府给予企业一定的补贴或者税收优惠等政策;

2. 缺乏国家统一的职业标准,例如物流行业就无国家政府部门统一制定的职业标准,建议从市级或者国家层面推进职业标准和培训体系标准的制定。

彭宏春(上海市现代流通学校)

互融共进聚合力，打造功能多元产教融合基地：智能制造学院与圣东尼公司产教融合协同育人

一、实施背景

党的二十大报告指出："教育、科技、人才是全面建设社会主义现代化国家的基础性、战略性支撑。必须坚持科技是第一生产力、人才是第一资源、创新是第一动力，深入实施科教兴国战略、人才强国战略、创新驱动发展战略。"2023 年国家发展改革委、教育部、人力资源社会保障部等 8 部门联合印发《职业教育产教融合赋能提升行动实施方案（2023—2025 年）》，上海市教委在 2021 年发布《上海市深化产教融合协同育人行动计划（2021—2025）》（沪教委高［2021］64 号）文件，全力促进职业院校与企业产教融合。产教融合已成为新时代职业教育发展的重要方向，是筑牢中国式现代化技术人才之基石。

做优人才链，服务产业链，在学校校企合作"共建对话机制、共谋专业发展、共构标准体系、共推课程建设、共育教学团队、共筑产学研基地、共研技术创新、共育技能人才"八共育人机制保障下，2017 年 4 月，学校与圣东尼公司举行合作签约暨首届"圣东尼国际班"开班，自此开启了校企合作产教融合之路。

图 1　校企合作签约仪式及首届"圣东尼国际班"

二、主要做法

（一）强强合作，组建校企分工协同的结构化团队

智能制造学院国家级职业教育教师教学创新团队与圣东尼公司工程师团队强强合作，组建"校企多维协同的结构化团队"，满足专业建设和产教融合建设、运行需要。校企融合创新团队中设立技术研发组、校企课程教学组、技能培训组、生产指导组等，团队教师发挥各自优势，分工协作。技术研发组以校企技术骨干为主，学校教师均有带教或参加技能大赛经验，与企业工程师一起钻研技术研发；校企课程教学组以学校骨干教师为主，企业兼职教师为辅，共同深研教学，开发教学项目，提升课堂实效。技能培训组由校企具有技能鉴定培训经验的老师和工程师参与，共同完成企业员工及社会化技能鉴定培训。生产指导组由企业生产骨干和实训指导教师组成，除完成定制化生产外，还负责指导学生创新小组，带领学生共同参与针织机械生产维护及定制产品设计。

两年来校企课程教学组在承担"企业认知""针织机械安装与调试"等课程教学同时，校企共同完成项目化课程"气动系统安装与调试——以针织机器气动控制为教学载体"。技能培训组完成

社会化招生的国家级无缝针织服装制版师四级、三级、技师、高级技师鉴定培训,此外,师资团队还共同开发了《SMDJSOP:作业指导书》,将课堂教学过程与企业生产过程无缝对接,既注重学生的理论知识学习,也注重学生的实践技能训练。经调研,已有 328人次使用该指导书,如图 2 所示 98% 学生及企业员工提升了操作规范的认知。学校老师在深入研究的基础上,结合企业的需求二次开发培训课程和优化了培训教学资源,反哺学校的课堂教学,可谓是"一举两得"。

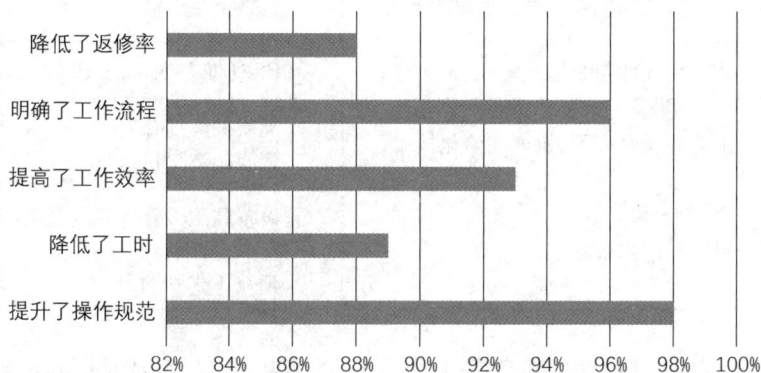

图 2 《SMDJSOP:作业指导书》使用调研数据

(二)共研标准,助力企业岗位标准化管理

圣东尼公司依托学校良好的鉴定设施基础、软硬件设备条件和工作服务能力,校企共研企业岗位考核标准,服务并促进企业岗位管理。如针对 TOP2V 无缝针织机装配的主要流程及岗位,对装配岗岗位的装配步骤、工艺要求、操作时间、工具的选用、5S现场管理以及企业文化制度纳入考核标准,制定详细考核指标,使企业装配等岗位员工工作过程规范、可测可评,保证质量、成本等处于最佳状态,从而提升企业管理效能。

（三）育训结合，职业能力精准培养

智能制造学院设有机电一体化技术、数字化设计与制造技术及工业互联网应用专业，涵盖设计制造、安装调试、数据采集与分析等，以合作企业圣东尼公司为例，专业人才培养与企业岗位对接，推进人才链岗位链相融。智能制造专业群专业与企业岗位对接情况分析见表 1 所示。

表 1　智能制造专业群专业与企业岗位对接情况

智能制造专业群人才培养	企业岗位
数字化设计与制造技术	PLM助力、产品设计
工业互联网应用、机电一体化技术	互联网应用开发 智能制造交付
机电一体化技术	设备装配、调试 产品设计 精益工程师助力

智能制造专业群构建"双元融合三站联动"人才培养模式，以能力本位教育理论为指导，以教育部专业教学标准中典型工作任务的职业能力为基准，动态融入合作企业岗位非典型工作任务对应的职业能力，通过对职业能力分析分解，分别获得学校、实训中心、企业所对应培养的职业能力。学校课堂教学培养学生通用素养和基本的知识与技能，实训中心培养学生需反复训练的技能和综合应用能力，企业则通过真实岗位验证和强化所学的知识与技能，并完成学校课堂和实训中心无法培养的职业能力。不同的职业能力培养与不同的"学习场所"匹配，并相互协调，解决了标准开发与实施之间的衔接及职业能力培养中校企双方责任不明确问题。以此构建的"三站"职业能力分析分解模型，见图 3 所示。

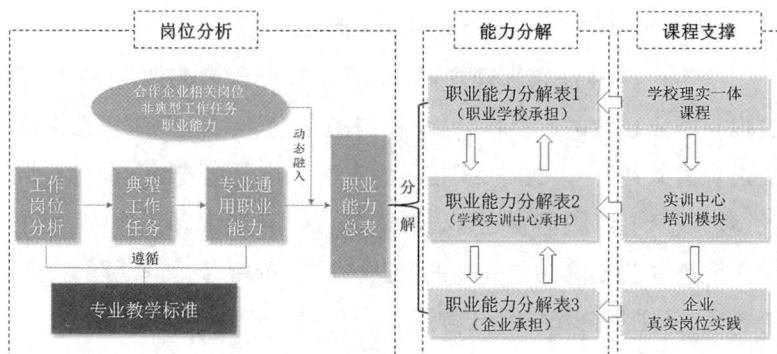

图 3 "三站"职业能力分析分解模型

在与圣东尼公司合作育人过程汇总,共确定职业能力 168 条,其中包含融入圣东尼公司相关岗位非典型工作任务所需的职业能力 27 条,见图 4 所示。按照职业能力分解模型,完成职业能力分解表,确定"三站"之间作为主体培养及共同培养的职业能力。

合作企业之一:圣东尼(上海)针织机器有限公司 职业能力分解表(节选样例)					
工作领域	工作任务	职业能力	学校	实训中心	企业
2-机电设备安装与调试	2-1 机械系统安装与调试	2-1-1能采取相应劳保预防措施,严格遵守职业安全操作规程	✓	✓	✓
		2-1-2能制定机械系装配工作计划、编制安装工艺	✓	✓	
		2-1-3能选用清洗剂清理、清洗零部件,并对零部件进行复检	✓	✓	
		2-1-4能选用合适润滑剂正确润滑零部件		✓	
		2-1-5能按装配工艺及图纸正确装配零部件		✓	
		2-1-7会分析针织机器机械部分工作原理	✓		
		2-1-8能完成针织机械设备机械部分检测与调试	✓		
	2-2 电气系统安装与调试	2-2-1能够严格遵守电气安全相关规程,并具备一定的触电急救操作	✓	✓	✓
		2-2-7能完成针织机械设备电气部分检测与调试	✓	✓	
		2-2-8具有节能环保意识,会科学处理相关废料	✓	✓	✓
		……			

共计168条职业能力(其中包含融入圣东尼公司相关岗位非典型工作任务所需的职业能力27条)。"三站"共同承担31条,学校承担25条,跨企业培训中心(实训中心)承担21条,企业承担26条,学校(理实一体课堂)与实训中心共同承担23条,学校(理实一体课堂)与企业共同承担19条,企业与实训中心共同承担32条。

图 4 合作企业职业能力分解表样例

（四）合力共建，校企共享"生产性学习工厂"

基于产教融合教育理念，强化职业教育育人实效，推进生产过程与职业教育的有机耦合，学校与圣东尼（上海）针织机器有限公司合力共建"生产性学习工厂"，构建了产品生产区、设备装调区、教学培训区、技能鉴定区、技改实践区、技能大师工作室、校企合作推进办公室等功能齐全的"五区二室"布局，如图5所示 2023年8月，圣东尼公司向学校赠送5台价值200多万的针织机械设备，校企生产性学习工厂暨产教融合基地经过2年的建设正式落成，该基地集技能鉴定、社会培训、项目教学、定制生产为一体，见表2所示。从宏观上的生产运营到微观教学系统化设计，聚焦学生专业实践能力，将价值链管理和精益生产融入教学过程。在企业生产的真实场景中完成学习，从而培养传统职业教育所欠缺的学生对过程知识与方法知识、生产系统设计和调整的能力、生产

图5 圣东尼"生产性学习工厂"

过程中的流程观念和工作的热情[1]。校企整合双方可利用的资源,在学生培养、员工培养、技能鉴定、专业建设、产品生产等方面互融共进,将企业与学校紧密地联系在一起,实现校企深度融合。

表 2　圣东尼生产性学习工厂功能及实施内容

功　能	具体实施内容	负　责
技能鉴定	可为企业员工及社会人员开展国家无缝针织服装制版师四级、三级、技师、高级技师鉴定	校企融合师资团队
员工培训	可进行企业员工培训,培训内容包括针织机器设计电子电路、电气控制、气动控制等专业知识和技能	
定制生产	共有 5 台针织机器,其中 1 台为大圆机、2 台为无缝针织机器、2 台袜机,校企可以共同接单为社会定制产品,如带有企业 LOGO 或特定图案的 T恤、袜子等物品	
项目教学	校企共同开发教学项目,学校智能制造专业群部分专业课程教学可在基地完成,教师专业课堂教学载体来源企业真实设备,学生在生产区真实设备上学习电子、电气、气动等控制元器件、设备系统调试及设备运维,实现岗课融合实岗培养,即课堂教学内容对接企业岗位能力	

三、成果成效

六年来校企在学生培养、员工培训、实训基地建设等各方面,凝聚合力,互融共进,2023 年校企完成上海湾区产教融合育人基地建设。构建产教融合协同育人基地,形成专业群产教融合新生态。

---

[1] 徐佩玉,王利华. 德国职业教育产教融合的实施经验及借鉴——基于"学习工厂"的分析[J]. 中国职业技术教育,2021(27):88 - 96.

（一）人才培养有成效

自 2017 年 4 月，学校与圣东尼公司举行合作签约暨首届"圣东尼国际班"开班。6 年来校企共建订单班 3 个，企业冠名班 4 个，为合作企业培养了优秀的岗位人才，获得企业的好评。共有近 300 名学生在圣东尼公司设备安装、调试、产品设计等岗位完成岗位实习，校企联合举行学生技能大赛 3 场。学生在机器人虚拟仿真大赛、机电设备安装与调试等技术技能大赛中屡获佳绩，如 2020 年订单班学生在全国首届"华航唯实杯"机器人虚拟仿真大赛中获得个人一等奖等。

2022 年校企共同完成针织机器用于 PCB 机器＋HMI 板调试的桌面模拟器及新板 C1900700 的 SignalItaly 模拟器调整技术研发。学校专业教师为圣东尼公司机械设备安装人员进行了常用机电设备气压系统的安装与调试、气源装置的识别与安装、机电设备电气控制柜安装与调试等知识、技能培训，让企业员工"充电"足不出"沪"，企业对于培训的满意度是 100％，从而为企业发展提供可靠人才保证。

（二）专业建设有成果

智能制造专业群共有 120 人次师资在圣东尼公司完成企业实践活动。校企每年优化人才培养方案和课程标准，共开发 3 门企业课程资源，教师为企业提供技术培训 100 多人次，在专业建设、课程改革、教学研究等方面均取得了丰硕的成果。2021 年学校机电教学团队被立项成为国家级职业教育教师教学创新团队。在提升智能制造专业群专业人才培养质量的同时，教师专业建设的能力、科研能力等都得到了显著的提升。

四、经验总结

（一）创新产教融合基地管理机制

围绕产教融合协同育人基地的管理和运行，校企建立完整的管理机制，协同制定《产教融合协同育人基地管理制度》《教师参加企业挂职实践管理办法》《企业兼职教师管理办法》等。做好人财物保障措施。在校企合作框架下，校企双方各选派一人，具体负责基地建设工作，共同承担项目运行管理责任。建立以二级学院院长、企业人事总监为组长的项目实施工作小组，落实试点的各项具体工作。完善相应的教学管理制度与人才培养质量监控机制，建立适应产业发展需求的人才培养过程，不断优化的动态响应机制。

（二）建立项目实施有效沟通机制

校企双方共建有效沟通机制，管理层建立每月工作例会制度，有效推进项目实施方案及各阶段工作重点等事项，校企共同推进基地工作，实施专业骨干教师与企业兼职教师每两周一次教研活动，针对专业课程教学实施有效沟通。

（三）形成"双师双向"师资交流机制

圣东尼产教融合协同育人采用专兼职教师队伍的双班主任使用与培养机制，学校教师在无课期间，动态安排企业岗位实践，在学生企业板块实习期间，均安排1—2名专业教师赴企业参与企业培训和学生管理，通过培训和实践，了解企业所需岗位技能及要求，将企业所需的知识和技能融入自己的教学过程中，满足企业对人才的需求。从而形成常态化的学校教师赴企业、企业培训师来学校的"双师双向"交流机制。同时，聘任圣东尼公司高质量的企业兼职教师，既优化了智能制造学院师资队伍结构，又为学院强化专业建设、提升教师技能水平发挥重要作用。

五、推广应用

学校与圣东尼公司校企产教融合基地建设经验可作为高端装备类或智能制造类兄弟院校产教融合基地建设参考，也可以为企业冠名班和现代学徒制的人才培养方案的制定、工学结合的实施提供借鉴。基于产教融合生产性学习工厂的"双元融合三站联动"人才培养模式已在我校所有专业得以推广应用，同时辐射其他职业院校。2018 年至今，共接待全国各地教师及学校来访1 500 多人次，在同类学校中起着一定的示范引领的作用。

产教融合作为培养技术技能人才的成功架构，既提供了许多组织性支撑，也提供了许多机制创新探索的积累[1]。上海现代化工职业学院与圣东尼公司的产教融合基地通过不断融合，定将为学院的培养模式、专业发展、课程建设、师资水平提升以及企业和区域经济的发展提供有力支撑，推动企业和学院命运共同体的构建，通过持续推进产教融合基地建设，必将持续不断地提升人才培养质量，为区域企业源源不断地提供人才支撑。

吴　敏（上海现代化工职业学院）

朱海华（圣东尼［上海］针织机器有限公司）

---

〔1〕 陆俊杰.产教融合背景下创新型技术技能人才培养的理论与策略[J].高等职业教育探索，2023，22(1)：1-7.

校企携手育人才，产教融合促发展："邻里家"实训基地助力特殊中职生成长成才

一、实施背景

上海市聋哑青年技术学校是一所四年制高中阶段特殊教育学校，在校就读的有中餐烹饪专业和中西面点专业的聋生以及自闭症、脑瘫、智力障碍学生（以下简称辅读生），这些特殊中职学生在完成四年中职教育后将踏入社会求职和工作。由于不同残疾类型、不同残疾程度等特殊性，学校在推荐毕业班学生下企业顶岗实习以及推荐就业工作的过程中一直面临着许多困难和挑战：一是多重残疾学生的比重增多，毕业生的自身条件达不到用人单位的招聘需求，如何把多重残疾的中职生培养成自食其力的社会劳动者是学校亟待解决的难题；二是大多学生抗压能力低，遇到挫折时心理承受能力较脆弱，开始顶岗实习后会出现不同程度的适应困难；三是由于特殊学生从小被家庭保护，生活在自己的小圈子，踏上社会后会出现人际交往能力弱、职业技能不熟练等问题。因此，本着"思想道德高尚、文化基础扎实、专业技能熟练、社会适应良好"的办学目标，学校亟须探索出适合特殊中职生的校企合作模式，让学生掌握较为熟练的职业技能，提升社会适应能

力,为成为自食其力的社会劳动者做好准备。

二、主要做法

(一)模式提炼

开辟"邻里家"实训基地,构建紧密型"1+1+1"(学校教师、企业人员、专业指导老师)协同育人模式,开展职业技能培训、职业素养讲座、公益活动、创新创业实践等校企合作方式,围绕学生个性特点、学习能力、专业特长等情况,为特殊中职生成长成才提供更有针对性的指导服务,推动校企携手、共育良才,培养具备"职业素养+专业技能+创新创业意识"的特殊职业人才。

图1 "邻里家"实训基地协同育人模式

(二)具体做法

1. 开辟"邻里家"实训基地,开发学生潜能、培养职业技能

2021 年 5 月 16 日,学校与宝山路街道党工委、团区委签署合作协议,共同为"邻里家学生实践基地"揭牌,此实践基地为上海

市第 19 号公益基地。标志着校企双方将通过实施现代学徒制实现校企双主体育人,对学生进行双重培养与双重管理。为什么要开辟"邻里家"实训基地?校党支部书记李颖表示,学校为特殊中等职业教育学校,学生以听障学生和自闭、脑瘫、轻度智力残疾的辅读生为主,学生在校已学习过咖啡、烘焙等技能,学生可以在"邻里家"的服务岗位中学以致用,让特殊学生更好地提升职业技能、参与社会生活、实现美好梦想。"邻里家"吾家咖啡为学生提供专业设备物料,学生们可以在这里学习制作咖啡、接待顾客,也可以在烘焙教室学习点心烹饪技能,还可以在二楼的阅读区图书馆担任志愿者,在一楼的健康驿站和瑜伽舞蹈房为社区居民提供服务。此次校企共建校外"邻里家"实训基地是校企合作的新尝试,也是学校推进一站式社区服务、丰富校园生活的新探索,将有效助力特殊学生人才培养质量和教师教育教学能力的高质量提升。

2. 打造融合师资团队,提升校企合作质量

学校积极挖掘社会资源,在社会各界的支持下,建立了由学校教师、企业员工、专业指导老师组成的校企合作团队。融合师资团队的构建,为特殊学生提供了更专业的服务,提高了特殊教育学校校企合作的质量。在"邻里家"吾家咖啡实践基地,专业指导老师是吾家咖啡的店长和在吾家咖啡实习就业的聋生,学姐会耐心地教学弟学妹们制作咖啡,一边讲解一边演示,然后指导动手制作,根据学弟学妹掌握的实际情况,学姐有时示范,有时手把手辅助,她还特别注意大家的安全,常常提醒同学们千万不要用手触摸蒸汽棒的金属部分,防止烫伤。除此之外,学姐还会教同学们了解店内咖啡豆的产地、识别咖啡豆的不同风味。对于特殊学生来说,通过学姐打手语来学习技能要比普通人更难记忆和掌握。为了帮助学生更好地理解操作步骤和要领,学校特意组建了教师服务队,老师不仅充当起孩子们的手语翻译,还会手把手配

合吾家咖啡的咖啡师学姐开展指导,鼓励孩子们从分辨一粒咖啡豆到打发奶泡学习如何做咖啡,从主动帮助点单到给顾客送餐。手把手带教学生的吾家咖啡店长宾湘玉也竖起大拇指给同学们点赞,"聋青技的学生特别阳光好学,会及时与我们分享他们的疑惑和收获,待人接物也很有礼貌"。学生在老师的陪伴帮助下,从刚开始的紧张到应对自如,变得更加自信阳光。

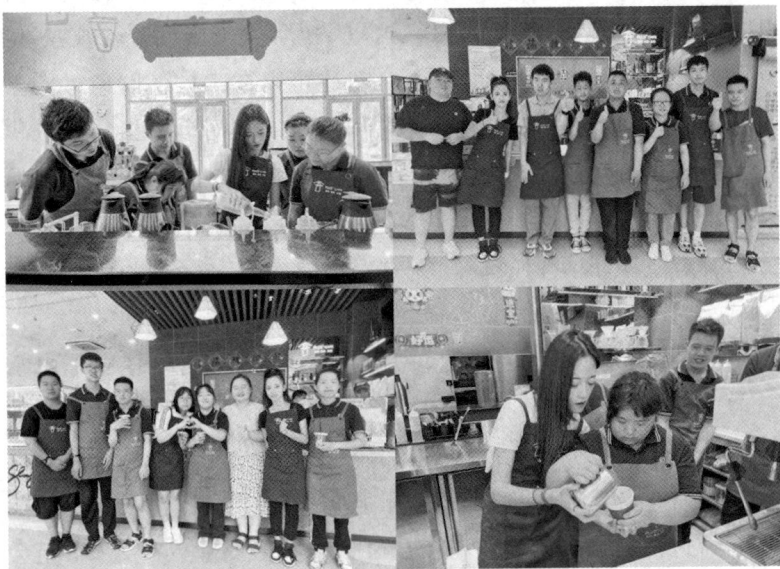

图 2　校企合作团队指导学生开展活动

3. 热心公益传递温暖,传递校企合作的力量

在全国助残日活动中,邻里家的二楼为工艺美术专业的学生办起了画展,一楼大门外的集市上还有工艺美术专业学生现场手绘的明信片和帆布包参加爱心义卖,在邻里家一楼的中央舞台上学生们和社区居民手拉手载歌载舞。在"我们的节日·重阳"邻里家成立一周年主题宣传教育活动中,我校学生和社区老年代表

合作朗诵诗歌,并向光荣在党50年老党员回赠自制敬老糕点,学生用手语歌《最好的未来》表达对宝山路街道邻里家和社会各界对特殊学生的关心和帮助,也希望通过自己的努力筑造更加美好的未来。学校和邻里家持续开展公益实践活动,将校企合作的"小爱"发展成为善尽社会责任的"大爱",带动更多人去关注特殊群体,去实现爱的传递。学校将校企合作的爱心延续到校内教育教学的过程中,通过邻里家进校园宣讲会、毕业生分享会等形式,企业领导从企业文化、技术要求、职业素养等方面做了详细介绍,毕业生从学生身份转换、社会适应、公益活动等方面做了贴心的分享,为特殊学生迈好从校园步入社会的第一步打下坚实的基础,进一步培养学生"知感恩、爱家庭、爱社会、爱国家、讲奉献"的家国情怀,带动大家为集体、为社会奉献更大的力量。

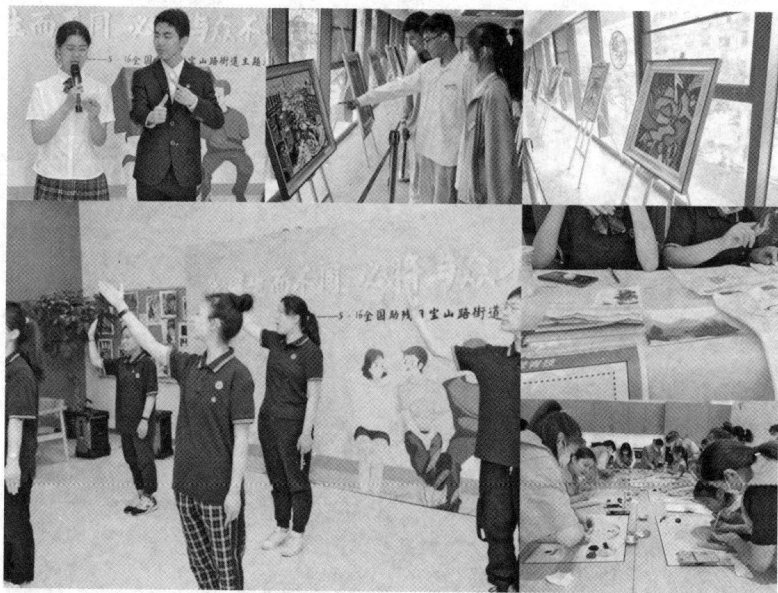

图3 学生在邻里家开展公益实践活动

4. 孵化学生创业项目，形成产教融合新模式

学校结合学生的创业意向，积极支持孵化学生创业项目，并以此为基础逐步形成了适应当前特殊职业教育发展需求的产教融合新模式。在第十二届"挑战杯"中国大学生创业计划竞赛中，爱好创业的同学们设计了"微微声活馆"创业项目，希望打造出一个具有特殊人群人文关怀的生活方式综合体验馆，在"微微声活馆"里，既能喝咖啡品茶做烘焙，也能看书插花做手工，还能提供亲子课程和各种为老服务项目……其实，这些技能学生们平时在学校里多少都学过，唯独缺少创业经验。为了让创业计划付诸实践，同学们采访了"邻里家"吾家咖啡的创始人，了解他的创业心得和店铺运营模式，拍摄了"微微声活馆"创业宣传片，并到邻里家进行为期一个月的模拟开店社会实践体验了静默咖啡师、整理

图 4　师生在邻里家开展创新创业项目实践

图书馆书籍、为社区居民测量血压等社区服务。从成员分工、店铺运营、咖啡制作、活动策划等方面指导聋哑中职生经营战略及实施。此外，学校还有意识地在中职三年级开展职业生涯指导，以政策宣导、市场分析、实践考察等方式，培养学生的创业意识。对于有创业意向的学生，学校特别安排了就业指导教师为其制订个别化创业孵化方案，从市场调研到确定创业方案，再到创业技能培训，全方位给予支持与指导。在毕业后持续开展创业实践研究的学生，回校参与到学校组织的创新创业结对带教工作。这种学生创业反哺学校的产教融合新模式，一定程度上解决了目前特殊学生创业能力不足、创业经验缺乏的困境。

三、成果成效

经过"邻里家"实训基地的实践，学生基本掌握了咖啡饮品制作、社会服务的基本要求，专业技能的熟练度有所提高，与社会的交流沟通更广泛更融洽，学生的动手实践能力与社会竞争力进一步增强，我校毕业生近两年的就业率都在98％以上，他们用自己的所学、所长为社会发展做出自己的一份贡献。步入四年级实习阶段的学生因为在邻里家的出色表现，被邻里家正式聘请成为正式员工。由我校中职生设计、校企联合指导的"微微声活馆"创业计划荣获2020年"挑战杯"全国大学生创业计划大赛国赛铜奖、上海市银奖，"德吉食光体验馆"创业计划荣获2022年第八届中国国际"互联网＋"大学生创新创业大赛暨第三届上海市中职学生创新创业大赛上海市金奖，我校老师获评"优秀指导教师奖"。在邻里家实践的过程中，同学们增长知识、收获成长，展现出了青技学子阳光向上的精神面貌，学校校企合作、产教融合机制也进一步深化，同时也促进教师创新创业和教育教学能力的提升。

四、经验总结

学校重视校企合作机制建设。成立了校企合作领导小组,制订了《"邻里家"校企合作管理办法》,促进了校企合作规范化、常态化。学校自开展该项目校企合作以来,积极探索、扎实推进,构建了"5321机制",即提升"5"个共同——共建实训基地、共建融合师资队伍、共同评价管理、共促实习就业、共同创新创业;实现"3"个目标——提升专业技能、自信融入社会、实现就业梦想;建好"2"种课堂——把企业搬进学校,把课堂搬进企业;最终实现"1"个愿景——企业公益效益和学校教育性效益共享共赢。

五、推广应用

"邻里家"校企合作模式让特殊中职学生提升了职业适应性和可持续竞争力,为特殊学生学会技能、融入社会、自食其力找到了一条有效途径,为全国同类特殊教育学校提供校企合作范式。

郁丽倩(上海市聋哑青年技术学校)